DE LA VESTIMENTA Y LOS HOMBRES

CLAUDE STRESSER-PÉAN

De la vestimenta
y los hombres

UNA PERSPECTIVA HISTÓRICA DE
LA INDUMENTARIA INDÍGENA EN MÉXICO

FONDO DE CULTURA ECONÓMICA
CENTRO DE ESTUDIOS MEXICANOS Y CENTROAMERICANOS
FUNDACIÓN ALFREDO HARP HELÚ
MUSEO TEXTIL DE OAXACA

Primera edición, 2012

Stresser-Péan, Claude
    De la vestimenta y los hombres. Una perspectiva histórica de la indumentaria indígena en México / Claude Stresser-Péan ; trad. de Ángela Silva, Haydée Silva ; rev. de la trad. de Érika Gil Lozada – México : FCE, 2012
    348 pp. + 120 pp. láminas : ilus., maps. ; 27 × 19 cm + 1 DVD – (Colec. Sección de Obras de Antropología)
    Título original: Des vêtements et des hommes. Une perspective historique du vêtement indigène au Mexique. Le vêtement precortésien
    Material complementario: 1 DVD
    ISBN 978-607-16-0975-5

LC F1219.3 C75   Dewey 391.00972 S863d

Distribución mundial

Título original: *Des vêtements et des hommes. Une perspective historique du vêtement indigène au Mexique. Le vêtement precortésien.*
© 2011, Riveneuve éditions

Traducción: Ángela Silva y Haydée Silva
Revisión de la traducción: Érika Gil Lozada
Dibujos: Françoise Bagot
Gouaches: Andy Seuffert
Fotografías: El crédito de las fotografías se incluye en el pie de foto de cada una.
DVD: *El tejido en curva en México*, película realizada por Guy y Claude Stresser-Péan, 1988.
Voz de la versión en francés: Claude Stresser-Péan.
Voz de la versión en español: Luz María Sánchez.

Diseño de portada: Teresa Guzmán Romero

D. R. © 2012, Centro de Estudios Mexicanos y Centroamericanos
Sierra Leona, 330; 11000 México, D. F.
Ministère des Affaires Étrangères et Européennes, París, Francia
www.cemca.org.mx

D. R. © 2012, Fundación Alfredo Harp Helú Oaxaca, A. C.
Hidalgo, 907 altos; 68000 Oaxaca, México

D. R. © 2012, Museo Textil de Oaxaca
Hidalgo, 907; 68000 Oaxaca, México

D. R. © 2012, Fondo de Cultura Económica
Carretera Picacho-Ajusco, 227; 14738 México, D. F.
Empresa certificada ISO 9001:2008

Comentarios: editorial@fondodeculturaeconomica.com
www.fondodeculturaeconomica.com
Tel. (55) 5227-4672; fax (55) 5227-4640

ISBN 978-607-16-0975-5

Impreso en México • *Printed in Mexico*

A mi esposo
Guy Stresser-Péan

SUMARIO

LA INDUMENTARIA
PRECORTESIANA

PRÓLOGO

Hay, en el universo de la cultura, creaciones en las que participan y disfrutan mujeres y hombres de variadas formas. Tales creaciones, cuya elaboración supone con frecuencia técnicas complejas, se requieren, se sienten y se aprecian. Son ellas la gama enorme de los vestidos y cuanto a ellos está asociado. Cabe decir que no hay pueblo de tan escaso desarrollo cultural que, de un modo o de otro, haya carecido de al menos algún vestigio de atavío. No es fácil enumerar y describir los principales atributos y significados que pueden tener los que genéricamente llaman vestido o indumentaria. En primer lugar debe notarse que se trata de algo que se elabora para proteger el cuerpo de la intemperie. Indispensables son los vestidos cuando hace frío y también se requieren incluso en situaciones de extremo calor como ocurre en los desiertos. Pero el vestido tiene atributos más allá de los meramente utilitarios.

Los vestidos son remedio del natural pudor que las mujeres y los hombres suelen tener si dejan descubiertas las que se han llamado "sus vergüenzas", es decir sus órganos genitales. Incluso tratándose de algunos pueblos en que parecen haber subsistido una especie de paleolítico fosilizado, como fueron los aborígenes de la península de California, y otros de la selva amazónica y de distintos lugares de África y Australia, quienes establecieron los primeros contactos con ellos reportan que, sobre todo las mujeres, se cubrían con faldillas elaboradas con pieles de animal o con hojas de palmas y otros vegetales no precisamente tejidos sino engarzados con fibras. Las mujeres y también los hombres con frecuencia se han adornado, colgándose collares y ataviando sus brazos con variadas especies de brazaletes.

Esto nos lleva a otro atributo de los atavíos: el de engalanarse. Patente es éste en las vestimentas de innumerables gentes. Tema de este libro de Claude Stresser-Péan es precisamente la descripción y el estudio de las diversas prendas manufacturadas por los pueblos mesoamericanos, antes de la Conquista y luego de consumada ésta, a lo largo del periodo colonial hasta llegar al presente.

Múltiples son los testimonios en los que Claude apoya su trabajo en relación con los vestidos indígenas prehispánicos. Hay representaciones en códices o libros indígenas; objetos arqueológicos como esculturas y pinturas; crónicas de indios y españoles, así como en los conocimientos de su esposo, el distinguido arqueólogo, historiador y etnólogo Guy Stresser-Péan. Si bien Claude ha revisado tales testimonios, son también de gran valor los reunidos por ella misma en sus observaciones directas a lo largo de muchos años de trabajo de campo.

Al tratar de la indumentaria básica de hombres y mujeres indígenas, lo hace acudiendo a dos expresiones del género de los difrasismos: *máxtlatl* y *tilmatli*,

13

el braguero y la capa, en el caso del hombre; *cueitl* y *huipilli*, falda y camisa, respecto de las mujeres.

Al describir con precisión los aspectos físicos y rituales de estas vestimentas, la autora nos informa acerca de su origen y distribución geográfica que abarca la mayor parte de Mesoamérica. Las prendas estaban elaboradas con telas de algodón, y en el caso de algunas tilmas o capas, también se hacían de fibra de maguey. Sencillas —nos dice— que eran tales vestimentas en los casos de los hombres y las mujeres del pueblo, los *macehualtin*. En contraste, las había con bordados, algunos estilizados, de gran belleza y colorido propias de los hombres y mujeres nobles, los *pipiltin*. Con acierto se destaca que, más allá del propósito utilitario de protección de la intemperie, los vestidos prehispánicos ostentaban grandes diferencias que denotaban los rangos y profesiones de quienes las usaban. Unas veces eran guerreros o mercaderes, otras sacerdotes, jueces, maestros, gobernantes y, en fin el gran *tlahtoani*, gobernante supremo, y sus respectivas mujeres.

La indumentaria era espejo en el que se reflejaban las diferencias sociales, económicas y de rango. La profusión de imágenes que acompañan al texto ilustran de maravilla todo esto. Al ocuparse de las prendas de vestir femeninas Claude no se olvida del *quechquémitl*, el atavío que pasa por el cuello y es de corte triangular con hermosos diseños y bordados de colores. A propósito de la vestimenta masculina, al hablar de los guerreros, se fija también en el *xicolli*, especie de chaleco de los que se conserva uno que fue descubierto no hace mucho en la Ciudad de México.

Y, así como atiende a los atavíos como reflejo de la condición social de quienes los llevan, también describe, en el caso de dioses y diosas, sus vestimentas y otros ornamentos que ponen de manifiesto sus atributos.

En un recorrido a través de los varios periodos de la cultura mesoamericana Claude nos acerca a la indumentaria de los guerreros. Se fija así en aquella hecha de *éhuatl*, o sea de piel, que cubría esa especie de coraza que se nombraba *ichcahuipil*, "camisa de algodón", de tan considerable grosor que protegía de las flechas. Añadiré que era tan eficaz como protección que los españoles la adoptaron para sustituir con ella sus pesadas armaduras.

Y también al describir los *éhuatl* y los *ichcahuipiles*, nota Claude cómo en sus diseños y ornamentaciones se reflejaban los diversos rangos dignatarios de quienes los portaban. Una vez más, las bien escogidas ilustraciones dejan ver esto.

Son esclarecedoras las consideraciones con que enriquece la descripción de las varias formas de *xicolli* que ha sido ya mencionado. ¿Se trata de un vocablo originalmente maya, *xikul*, que significa "chamarrilla, camisa, chaqueta" que más tarde se nahuatlizó? Calificado por Claude de "túnica abierta", en ocasiones podía tener un carácter ceremonial. Como muestra de esto, la autora presenta las imágenes de cuatro sacerdotes que aparecen en el *Códice de Xicotepec* —publicado por Guy Stresser Péan— que visten sendos *xicolli*.

Al hablar de la difusión geográfica que llegó a tener el *xicolli*, alude a la existencia de algunos, ya no hechos de algodón, sino de fibra de maguey y trata con sentido etnográfico, algunas prendas que se usan en la actualidad —según analiza— y ostentan algunas semejanzas con él. Se trata de los cotones y las cotorinas, una de las cuales refiere haberla adquirido en 1991, en el pueblo totonaca de Tepetzintla.

Tras ocuparse de las vestimentas relacionadas con el oficio de la guerra, la atención de la autora se dirige a "los dioses que tomaban parte en el combate". Esto la lleva a describir otro atavío de los guerreros, el *tlahuiztli*, vocablo equivalente a "insignia" que relacionaría a los dioses con los guerreros. El *Códice Mendoza* y el *Matritense* de fray Bernardino de Sahagún le proporcionan amplia información sobre los variados géneros de *tlahuiztli*. Evocan los atributos de distintos animales, como el tigre, el águila o el coyote, y bien pueden tenerse como especie de "armas divinas" con plumas de colores y variadas formas de tocados. Códices y arqueología son las principales fuentes para el conocimiento de los *tlahuiztli*. Son acertadas las interpretaciones de Claude que, acudiendo a estas insignias, acerca a los hombres con los dioses en la magna empresa de la guerra que era un combate sangriento y ritual.

En tanto que en casi la mitad de este libro, se habla de la vestimenta, en la segunda parte se dirige la atención a todo aquello que es complemento del atavío corporal. Abarca desde las varias formas de peinado, los *cactli* o sandalias, los abanicos, las joyas, bien sea las piedras semipreciosas, los adornos de metal, los cascabeles, las conchas y perlas, así como otros objetos de coral, madera, terracota, pieles y plumas, todo ello de diversos colores portadores a su vez de significaciones.

Como en el caso de los vestidos, Claude también proporciona información respecto de todos estos complementos. Así, acerca de los peinados, hace ver lo que denotaban en hombres y mujeres: que eran gente de linaje, con diversos rangos y profesiones. Esto la lleva a una especie de breve digresión, consistente en registrar lo que ocurría con los varones que, consumada la Conquista, se convertían al cristianismo y aceptaban que se les cortara su larga cabellera.

Los orígenes de los distintos complementos corporales son rastreados con atinadas referencias a la forma en que eran trabajados. Puede decirse que en su presentación encontramos un amplio cuadro que lleva a preguntarse si todos esos ornamentos complementarios tenían un destino particular en el contexto ritual o si se empleaban tal vez con un sentido frívolo. En cierto modo la misma Claude proporciona elementos para responder a tales planteamientos.

Por ejemplo, al hablar de las sandalias, describe hallazgos de origen funerario en los que algunas han aparecido, enterradas con el difunto, como para facilitarle su recorrido en el inframundo. También muestra cómo los bastones y abanicos que aparecen en representaciones de mercaderes en varios códices, además de su propósito utilitario —apoyarse y refrescarse a lo largo de sus viajes comerciales— tenían también sus propias significaciones asociadas a sus formas y colores.

Al fijarse en los otros objetos que ya he mencionado, como las joyas y demás adornos, pondera su belleza. Tal es el caso de los finos trabajos en oro descubiertos en Oaxaca y aporta noticias poco conocidas. Entre ellas está la referente a la colección de joyas de oro formada por Gustave Bellon, por cierto muy semejantes a las halladas por Alfonso Caso en la Tumba 7 de Monte Albán.

Desde otro punto de vista, el estudio de las joyas confeccionadas a partir de los elementos ya mencionados —metales, conchas, piedras finas, plumajes, barro—, además de aportar un acercamiento a la vasta geografía de las materias primas del arte mesoamericano, inquiere en la identificación, tanto de los propósitos más o menos utilitarios y ornamentales de los diversos objetos, como en sus significaciones rituales relacionadas con la visión mesoamericana del mundo. Y cabe añadir que, al aducir hallazgos de determinados objetos, con cierta frecuencia recuerda que los mismos se debieron a las investigaciones de Guy Stresser-Péan, a cuyo lado ella solía estar.

Consideración aparte merece el especial tratamiento que concede Claude a las creaciones elaboradas con finos plumajes. Aporta muchos ejemplos de objetos realizados con plumas de quetzal, de aras y colibríes. Asimismo, da entrada a las formas de trabajo de los *amantecas*, maestros del arte plumario.

En el capítulo final ofrece una apreciación pormenorizada de lo que significaban para los antiguos mexicanos los vestidos y sus complementos. Afortunado es el título con el que introduce su apreciación: "El espejo de la sociedad". Efectivamente lo es. Así lo expresan también las palabras de Roche que se incluyen a modo de epígrafe: "La historia de los atavíos ofrece testimonio profundo de lo que han sido las civilizaciones. Esa historia revela lo que fueron sus formas de vida y pensamiento".

La apreciación se inicia poniendo de relieve la importancia del arte del tejido en el todo cultural de Mesoamérica. Tal arte estuvo estrechamente relacionado con el universo de la divinidad, de modo especial con Xochiquetzal y Tlazoltéotl. Los tejidos no se destinaban sólo a la producción de vestidos. También se producían tapices con ellos y había, asimismo, tejidos con plumas, como se ve en numerosas imágenes de códices y esculturas, así como en las referencias de cronistas que ilustran todo esto.

Diversas formas de bordados ornamentados con joyas de oro o de conchas y corales, elevan a la perfección la producción textil prehispánica. Los *quechquemes* vuelven a ser aquí objeto de atención.

Otro aspecto de la civilización mesoamericana, que se refleja en los vestidos y otros atavíos, es el de la economía. Desarrollada a través de artesanos, el comercio, los tributos y conquistas, la economía hacía posible la grandeza de los jerarcas mesoamericanos. Pero los atuendos también jugaban un papel muy especial en la religión y sus diversos rituales. Con buen tino Claude cita los nombres de varias deidades que incluyen raíces de vocablos que designan prendas de ropa. Entre esos nombres están los de *Coatlicue*, "La de la falda de serpientes, *Citlalinicue*, "La de la falda de estrellas"; *Chalchiohtlicue*, "La de la falda de jades". Asimismo en los vestidos y atavíos de tal vez todos los dioses y diosas aparecen pintados o bordados signos que evocan sus atributos y formas de actuar.

Los *tlahuiztli*, insignias de los guerreros con sus plumas y otros ornamentos de colores no son un mero adorno sino que aparecen como portadores de un poder divino y, añade nuestra autora, constituyen "una forma de nahualismo eficaz en la medida en que los adversarios participaban en las mismas creencias".

La sociedad mesoamericana, profundamente estructurada, encontraba en los vestidos y atavíos un elemento poderoso que hacía posible su existencia volviendo patentes las diferencias de sus distintos estamentos o, si se quiere, clases sociales.

Al tratar acerca de esto, Claude se plantea varias preguntas: ¿era posible en esa sociedad una cierta forma de coquetería? ¿Puede hablarse de la existencia de "modas"? ¿Es perceptible en tal sociedad una cierta manera de "fatiga cultural"? La autora admite la existencia prehispánica de una coquetería, y la ilustra con imágenes de códices y con expresiones de algunos cronistas. Las mujeres se ataviaban a veces para atraer a los hombres.

Respecto de la aparición de modas, la rechaza por ser la sociedad mesoamericana tan rígidamente organizada en función de sus creencias y tradiciones, que difícilmente podían aparecer en ella cambios en su indumentaria en forma de moda.

Acerca de si hubo o no una especie de "fatiga cultural" entre los antiguos mexicanos, Claude cita a su esposo, Guy Stresser-Péan quien en *Le Soleil-Dieu et le Christ. La christianisation des indiens du Mexique vue de la Sierra de Puebla* (2005) [*El Sol-Dios y Cristo. La cristianización de los indios de México vista desde la Sierra de Puebla*, 2010] comenta que "en parte la conversión masiva de los indios al cristianismo se explica como consecuencia del fenómeno de la fatiga cultural. Así, en el Altiplano, abandonaron de grado su religión". A lo cual Claude añade que "los mismos indios se defendieron lo mejor que pudieron por conservar sus vestidos que correspondían a su bienestar corporal. La introducción de los calzones de manta fue para los hombres una imposición desagradable". Feliz conclusión es la que ofrece ella cuando expresa que "el vestido es por sí mismo un lenguaje. Describía la vida y las creencias de ese mundo precortesiano, pero después de la Conquista, su papel se modificó y vino a ser reflejo de una sociedad desorientada [...]".

La obra cierra con un "Anexo" o apéndice sobre las técnicas prehispánicas del tejido y muy particularmente del tejido en curva. Aquí sólo notaré que para hacer su descripción Claude acude, como lo hace tantas veces en su libro, a lo que pueden aportarle los objetos arqueológicos, los códices, los cronistas y sus propias y detenidas observaciones. Como procedió Guy Stresser-Peán, ella adopta las metodologías del arqueólogo, el historiador y el etnólogo, lo cual confiere a ésta su valiosa aportación, significado y valor perdurables.

MIGUEL LEÓN-PORTILLA
Investigador emérito de la UNAM
miembro de El Colegio Nacional

INTRODUCCIÓN

Estudiar la historia de México equivale a descubrir el pasado para conocer más cabalmente el presente. México es, en efecto, uno de los contados países en que el primero explica al segundo.

Inicialmente, había forjado el proyecto de escribir la historia de la indumentaria de Cuetzalan y de Hueyapan (Pue.). Sin embargo, entre más avanzaba en mi trabajo, más desamparada me sentía. En Cuetzalan el presente se confundía con el pasado; en Hueyapan el pasado permanecía vivo, aunque más en segundo plano. De ahí que haya decidido concebir una obra más completa, *De la vestimenta y los hombres*, que lleva por subtítulo "Una perspectiva histórica de la indumentaria indígena en México".

Tras un estudio bastante completo de la indumentaria precortesiana, intentaremos exponer los cambios que provocó en el vestir el choque de dos culturas. Puesto que la indumentaria precortesiana sirve para definir una sociedad y que esa sociedad, a su vez, da vida a la indumentaria, ¿ocurre lo mismo con el aporte colonial de nuevas prendas de vestir? ¿O predominará acaso la imagen del choque de dos culturas?

A final de cuentas, la historia de la indumentaria indígena contemporánea habrá de aparecer como la historia de la resistencia indígena, de su lucha por conservar total o parcialmente su identidad étnica.

Puedo hoy redactar estas páginas gracias al aprendizaje realizado en compañía de mi esposo, Guy Stresser-Péan. Juntos conocimos este país y su cultura; juntos realizamos numerosas investigaciones de campo que fueron para mí de invaluable apoyo; juntos, durante casi medio siglo, fuimos constituyendo tanto nuestra colección de ropa indígena como una fototeca multidisciplinaria. Ambas bases de datos resultaron indispensables para la investigación antropológica.

Felipe Solís, director del Museo Nacional de Antropología hasta su fallecimiento, en abril de 2009, me abrió las puertas de ese museo y me proporcionó incontables indicaciones bibliográficas. Gracias a su vasta erudición, nuestras prolongadas charlas me permitieron esclarecer muchos aspectos de la cultura mexica. Él también está muy presente en este libro.

Leonardo López Luján, arqueólogo en el Templo Mayor de la Ciudad de México y en Teotihuacán, me brindó valiosas informaciones acerca de los descubrimientos recientes efectuados en sendos sitios.

Alejando de Ávila, director del Jardín Etnobotánico de Oaxaca, me dio muchos consejos que me ayudaron a rectificar ciertos detalles en mi obra.

Tuve asimismo el privilegio de gozar de la erudición y la amistad de Grégory Pereira, arqueólogo investigador del Centre National de la Recherche

Scientifique, y de Guilhem Olivier, adscrito al Instituto de Investigaciones Históricas de la Universidad Nacional Autónoma de México. Ambos me guiaron útilmente durante mis lecturas.

Entre 1970 y 1980, mi esposo y yo realizamos a menudo trabajo de campo en compañía de Irmgard Weitlaner Johnson. Su amistad constante y fiel me enriqueció considerablemente. Con ella aprendí cómo analizar una tela.

Este libro no hubiera podido ser llevado a buen término sin el apoyo de un buen equipo.

Los notables dibujos realizados por Françoise Bagot son indispensables para la comprensión del texto escrito. Publicamos asimismo tres *gouaches* de Andy Seuffert (†).

Diversas fotografías completan la ilustración de este libro y contribuyen a darle vida:

Bodil Christensen (†) puso a nuestra disposición su fototeca, autorizándonos a mi esposo y a mí a publicar sus fotografías. El permiso fue renovado por Ted Leyenaar (†) y por el Museo de Leiden. Para ellos, nuestro agradecimiento.

Irmgard W. Johnson, fallecida en abril de 2011, compartió conmigo algunas fotografías muy antiguas, provenientes del acervo de su padre, Roberto Weitlaner (†).

Felipe Solís (†) pidió a su amigo Francisco Javier Ruiz del Prado que fotografiase para mí una figurilla de Tlatelolco.

Gracias a Laura Filloy, publicamos en este libro dos excepcionales fotografías de Pakal y su peto de jadeíta.

Otros 15 fotógrafos, cuyos nombres se mencionan en el pie de cada fotografía, aportaron también su contribución.

Este libro no hubiera podido llegar a completarse sin la asistencia constante y abnegada de Érika Gil Lozada. Suplió mi vista desfalleciente, participó en la corrección de los textos y les dio forma en repetidas ocasiones, con infinita paciencia.

La presente edición pudo realizarse gracias al apoyo de la Embajada de Francia y de sus servicios culturales que se encargaron de la traducción realizada por Ángela y Haydée Silva.

Muchas gracias a la Fundación Alfredo Harp Helú Oaxaca y al Museo Textil de Oaxaca que, de la mano de su directora la doctora María Isabél Grañén Porrúa y del doctor Alejandro de Ávila, aceptaron coeditar este libro.

Finalmente, quiero agradecer al Fondo de Cultura Económica la publicación de este libro y a todos sus colaboradores quienes, como siempre, me brindaron un gran apoyo.

CLAUDE STRESSER-PÉAN
Ciudad de México, enero de 2012

CUADRO CRONOLÓGICO
Y MAPAS PARA FACILITAR LA LECTURA
DE ESTA OBRA

		Tlatilco	Teotihuacán	Xochitécatl	Aztecas	
					Mexicas	Acolhuas
1600						
1521	Posclásico					
1500	tardío				Tenochtitlan*	Nezahualpilli
1400						(1470-1515)**
1300	Posclásico					
1250	medio					
1200						
1100	Posclásico					
1000	temprano					
900						
800	Clásico			Figurillas		
700	tardío					
650						
600	Clásico					
500	medio					
400						
300			Pirámides			
200	Clásico		del Sol y			
100	temprano		de la Luna			
0						
-200	Preclásico					
-300	tardío					
-400						
-500						
-600						
-700						
-800	Preclásico					
-850	medio					
-900						
-1000						
-1500						
-1600	Preclásico					
-1700	temprano					

* México-Tenochtitlan.
** Nezahualpilli, el príncipe más refinado de su época.
*** Participaban en la triple alianza los mexicas de Tenochtitlan, los acolhuas de Texcoco y la gente de Tlacopan.

las principales culturas precortesianas

Triple alianza***	Zapotecos	Mixtecos	Mayas	Región de El Tajín	Tampico-Pánuco
		Oaxaca	Región del Sureste	Centro de Veracruz	Huasteca

Triple alianza***	Zapotecos	Mixtecos	Mayas	Región de El Tajín	Tampico-Pánuco
		Tumba núm. 7 de Monte Albán (ajuar funerario)	Chichén Itzá		Pánuco VI
				Sitio arqueológico de El Tajín	Las Flores V
	Monte Albán		Jaina (desde 300 hasta 1000 d. C.)		

MAPA 1. *El México de hoy, con sus estados y principales ciudades.*

Estados Unidos de América

Nuevo León

Tamaulipas

● Ciudad Victoria

San Luis
Potosí

● San Luis Potosí

Guanajuato

● najuato

Querétaro
●

● Querétaro

Hidalgo

● Pachuca

Morelia
●

Estado
de
México

DF

Tlaxcala

● Puebla

Morelos

Puebla

Chilpancingo
●

Guerrero

Xalapa
●

Veracruz

● Oaxaca

Oaxaca

Golfo de México

N
E   O
S

Cabo Catoche

● Motul

Mérida
●

Valladolid

Yucatán

● Campeche

Quintana
Roo

Campeche

Chetumal ●

Tabasco

● Tuxtla Gutiérrez

Chiapas

Guatemala

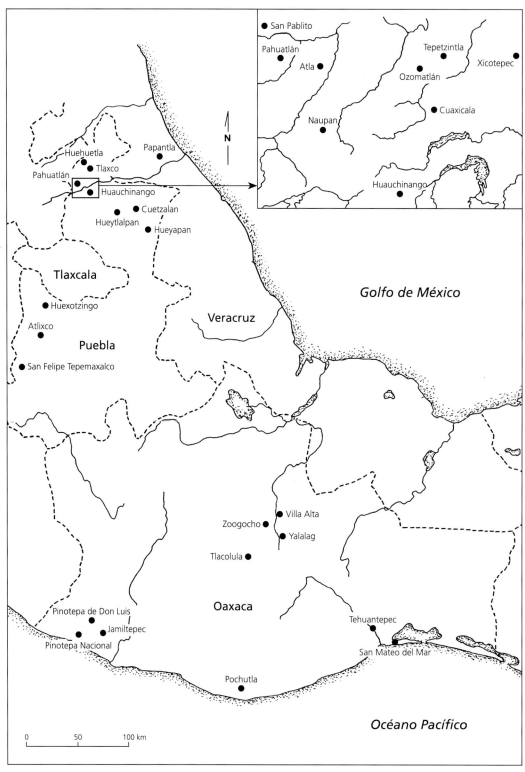

Inset map labels:
San Pablito
Pahuatlán
Atla
Tepetzintla
Xicotepec
Ozomatlán
Naupan
Cuaxicala
Huauchinango

Main map labels:
San Pablito
Pahuatlán
Atla
Tepetzintla
Ozomatlán
Xicotepec
Naupan
Cuaxicala
Huauchinango
Papantla
Huehuetla
Tlaxco
Pahuatlán
Huauchinango
Cuetzalan
Hueytlalpan
Hueyapan
Tlaxcala
Huexotzingo
Atlixco
Puebla
San Felipe Tepemaxalco
Veracruz
Golfo de México
Villa Alta
Zoogocho
Yalalag
Tlacolula
Oaxaca
Pinotepa de Don Luis
Jamiltepec
Pinotepa Nacional
Tehuantepec
San Mateo del Mar
Pochutla
Océano Pacífico

N

0   50   100 km

MAPA 2. *Estados de Oaxaca, Puebla y Veracruz, con las localidades mencionadas en el presente estudio.*

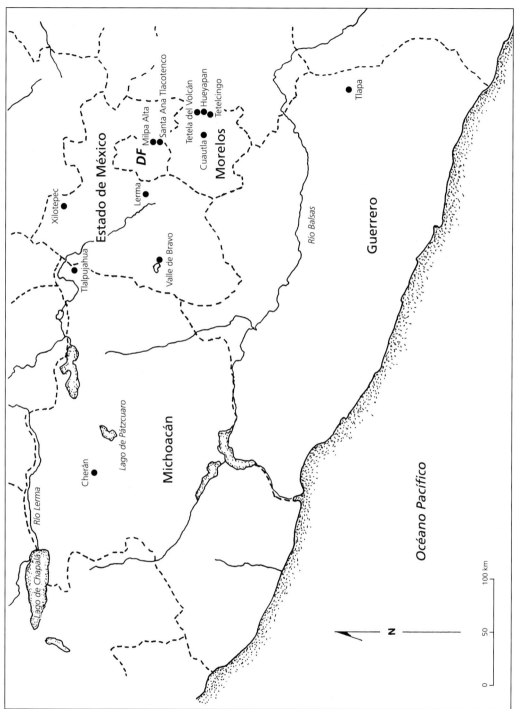

MAPA 3. *Estado de México, Morelos, Michoacán, Guerrero y el Distrito Federal, con las localidades mencionadas en esta obra.*

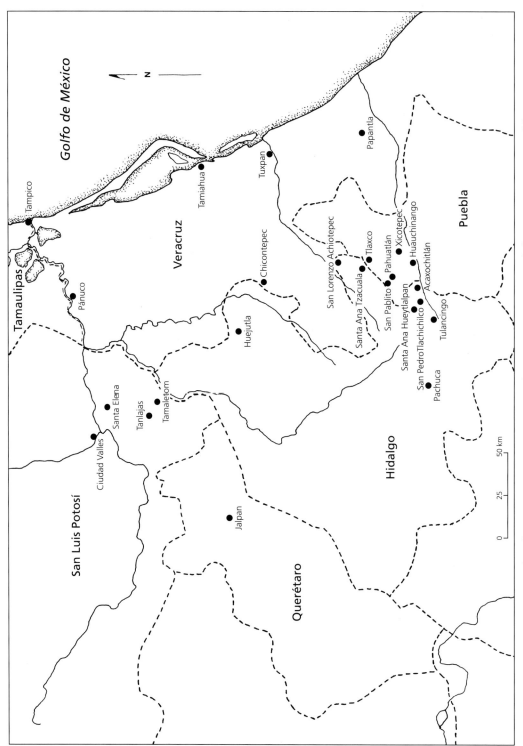

MAPA 4. *Estados de San Luis Potosí, Tamaulipas, Querétaro, Hidalgo, Veracruz y Puebla, con las localidades mencionadas en esta obra.*

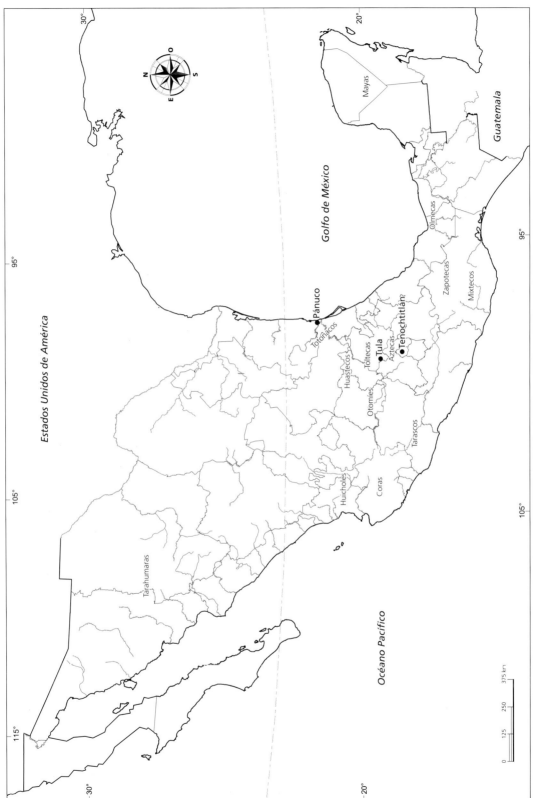

MAPA 5. *Etnias de los tiempos precortesianos citadas en esta obra.*

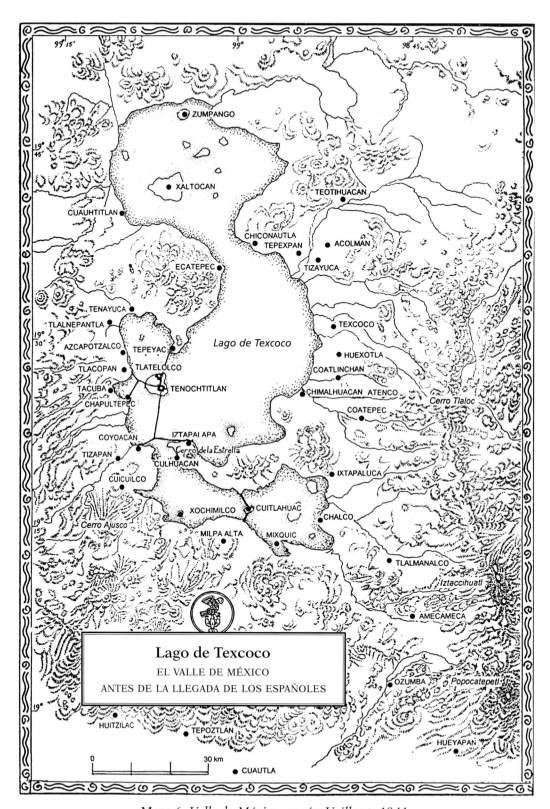

MAPA 6. *Valle de México, según Vaillant, 1941.*

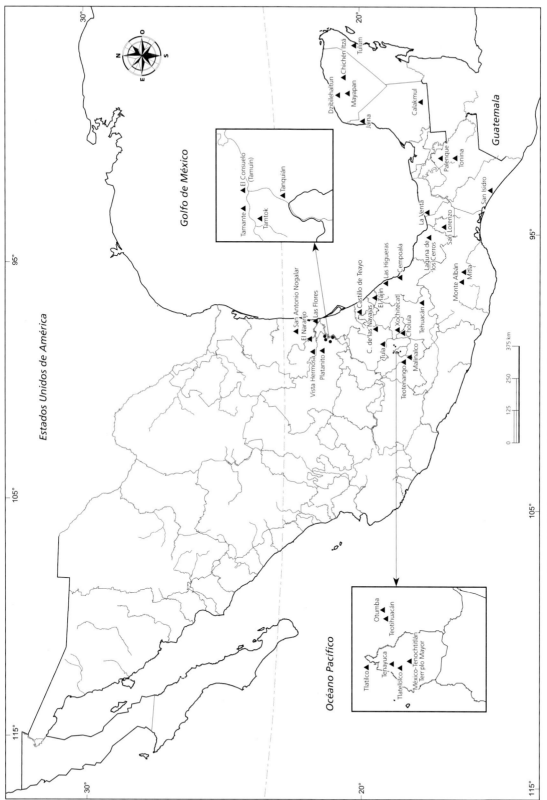

MAPA 7. *Sitios arqueológicos mencionados en esta obra.*

Estados Unidos de América

Golfo de México

Océano Pacífico

Guatemala

Tamante
El Consuelo (Tamuín)
Tamtok
Tanquián

Dzibilchaltún
Chichén Itzá
Tulúm
Mayapán
Jaina
Calakmul

Palenque
Toniná
San Isidro

La Venta
San Lorenzo
Laguna de los Cerros
Monte Albán
Mitla

San Antonio Nogalar
Las Flores
Castillo de Teayo
Las Higueras
Cempoala
El Tajín
C. de las Navajas
Xochitécatl
Cholula
Tehuacán
El Naranjo
Vista Hermosa
Platanito
Tula
Teotenango
Malinalco

Tlatilco
Tenayuca
Otumba
Teotihuacán
Tlatelolco
México-Tenochtitlán
Templo Mayor

0 125 250 375 km

I. DE LA DESNUDEZ AL VESTIR

> Hay ciento noventa y tres especies vivientes de simios y
> monos. Ciento noventa y dos de ellas están cubiertas de
> pelo. La excepción la constituye un mono desnudo que
> se ha puesto a sí mismo el nombre de *Homo sapiens*.
> DESMOND MORRIS (1973)

I. LA DESNUDEZ Y LA DOLOROSA EXPERIENCIA
DE ÁLVAR NÚÑEZ CABEZA DE VACA

Sabido es que incluso en nuestro siglo de gran desarrollo científico los seres humanos llegamos totalmente desnudos al mundo, con una piel frágil, sin pelaje alguno para protegernos.

Unos cuantos de nosotros siguen viviendo totalmente desnudos en algunos rincones del mundo —en África, en Asia o en América—. En efecto, el ser humano puede sobrevivir al reto que significa la desnudez, tanto en climas calurosos como en climas fríos. Los habitantes de Tierra del Fuego solían zambullirse desnudos en el agua helada.

En el siglo XVI, según hace constar Álvar Núñez Cabeza de Vaca, muchos de los moradores de Texas iban desnudos en pleno invierno, a pesar del frío y de la nieve. Eran nómadas primitivos.

Cuando Álvar Núñez Cabeza de Vaca naufragó en 1528 en la costa atlántica de Florida, fue hecho esclavo por los indios de la región. Compartió su vida cotidiana, su desnudez y sus sufrimientos físicos, magistralmente narrados en su libro *Naufragios* (1985). En su relato describe la penuria de aquella pobre gente que padecía permanentemente hambre y a menudo frío. En invierno los indios vivían agazapados en sus refugios, comían miserablemente y les era casi imposible defenderse de un eventual enemigo (Núñez Cabeza de Vaca, 1980: 112). Él mismo y sus compañeros, tan desnudos como sus "amos", sufrían mucho por las inclemencias de la intemperie: "Ya he dicho cómo por toda esa tierra anduvimos desnudos; y como no estábamos acostumbrados a ello, a manera de serpientes mudábamos los cueros dos veces en el año, y con el Sol y el aire hacíansenos en los pechos y en las espaldas unos empeines muy grandes […]" (Núñez Cabeza de Vaca, 1944: 47). Llevaban los pies descalzos y siempre ensangrentados. Debido a la gran cantidad de maleza, "nos corría por muchas partes sangre de las espinas y matas con que topavamos que nos rompían por donde alcançavan" (Núñez Cabeza de Vaca, 1985: 129). Sin embargo, Álvar Núñez Cabeza de Vaca y sus tres compañeros lograron

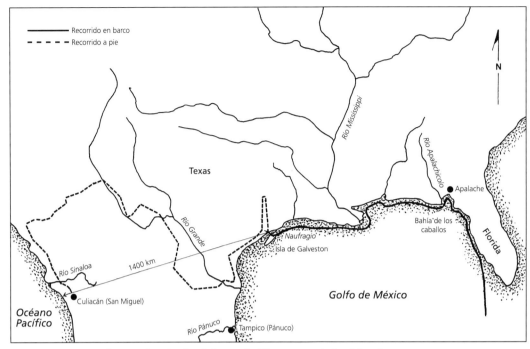

MAPA 8. *Lugar de naufragio de Cabeza de Vaca y periplo del mismo para reencontrarse con los españoles en Culiacán (según Menget, 1980).*

resistir la adversidad. Habiéndose ganado poco a poco la confianza de los indígenas, y habiéndose convertido en curandero y posteriormente en vendedor ambulante, fue acercándose lentamente a la costa del Pacífico, donde tenía la esperanza de encontrar a los españoles. Al cabo de ocho años, en 1536, él y sus compañeros llegaron a Culiacán, a orillas del Océano Pacífico (Núñez Cabeza de Vaca, 1985: 15).

II. CUBRIR EL CUERPO

Cuando los primeros españoles llegaron a México, establecieron contacto con indios relativamente civilizados que portaban ropa tejida. Se trataba de agricultores sedentarios, que cultivaban maíz, construían casas y vivían en pueblos.

Sin embargo, más tarde, esos indios evolucionados señalaron a los españoles la existencia de indios nómadas que vivían desnudos y ocupaban sobre todo las regiones áridas y semidesérticas del norte de México. En náhuatl, eran conocidos con el nombre de "chichimecas", es decir, "descendientes de perros". Esos nómadas subsistían gracias a la caza y la recolección. Estaban organizados en pequeños grupos que se desplazaban constantemente, rastreando las huellas de sus presas de caza. Por ende, habían conservado el modo de vida arcaico propio de los primeros hombres, que los indios del México meridional empezaron a abandonar en el cuarto milenio antes de nuestra era, cuando iniciaron el cultivo del maíz (Mac Neish, 1967a: 181).

Antes del siglo XII d. C., los chichimecas habían aprendido de los pueblos del norte a usar el arco y las flechas, pues ello les brindaba una ventaja militar apreciable. Algunos de los que vivían en el oeste de México la aprovecharon para conquistar las regiones civilizadas de México central hasta la Sierra de Puebla. El contacto con esas poblaciones propició un intercambio cultural. Los chichimecas introdujeron dos mejoras técnicas importantes: por un lado, el arco y la flecha; por el otro, el huacal, cesta rígida para cargar hecha de fibras trenzadas en red, cuyo uso se extendió por toda la Sierra de Puebla (G. Stresser-Péan, 1998: 77-80). Pero también aprendieron de los vencidos el arte de cultivar el maíz, la alfarería y el tejido. Inclusive adoptaron ciertos elementos culturales mesoamericanos, tales como el culto a los ídolos, los sacrificios humanos, etcétera (G. Stresser-Péan, 1998: 75). Si damos fe a las representaciones de chichimecas del *Mapa Tlotzin* (Aubin, 1885), las mujeres habían adoptado la falda y el huipil; los hombres, el taparrabos y la tilma. Poco a poco, los nómadas se tornaban sedentarios, con todas las mejoras en su nivel de vida que ello implicaba.

Cuando eran meros chichimecas invasores, cubrían parcialmente su cuerpo con pieles de animales sin corte ni confección. Al entrar en contacto con vencidos más civilizados y sedentarios, aprendieron paulatinamente a vivir en sociedad y, por ende, a fabricar y a usar prendas tejidas.

III. Vestirse

Vestirse parece ser, antes que nada, una necesidad para combatir los efectos del entorno. Sin embargo, la ropa es también producto de un hábito social. Por lo mismo, contribuye a definir parcialmente los criterios de una sociedad a cuyas exigencias y reglas debe plegarse.

Mapa Quinatzin *(lám. 1).*

LA INDUMENTARIA DE LOS INDIOS DE MÉXICO EN EL SIGLO XVI, ANTES Y DESPUÉS DE LA LLEGADA DE CORTÉS

Durante todo el siglo XVI la indumentaria indígena conservó la misma apariencia. Después de la conquista sufrió paulatinamente ciertas modificaciones.

I. LAS PRENDAS DRAPEADAS

Están hechas con lienzos rectangulares, de cuatro orillos, tejidos en telar indígena, a veces cosidos entre sí, con los cuales se tapa el cuerpo. Esas prendas eran principalmente de ixtle (fibra de maguey) o de algodón. El primero era cultivado en tierra fría, el segundo en tierra caliente. La gente de tierra caliente vestía entonces ropa hecha de tela de algodón, más agradable de llevar que el ixtle. Gracias al comercio y a los tributos, las prendas de algodón llegaban a las tierras frías, pero sólo para el uso y disfrute de las clases dirigentes. Por lo tanto, representaban un símbolo social, ya que un macehual no tenía derecho a vestir ropa de algodón. En los años treinta del siglo XX, los otomíes de San Pedro Azcapotzaltongo (Estado de México), hoy Nicolás Romero, seguían vistiendo prendas de ixtle, tal como lo demuestran las fotografías tomadas por Bodil Christensen en 1935.

1. La vestimenta masculina

La vestimenta masculina incluía dos elementos principales: el taparrabos y la tilma.

a) El taparrabos

Definición y descripción
Según Diego Muñoz Camargo (1972 [1892]: 11), el taparrabos (*maxtlatl* en náhuatl) era una pieza de tela rectangular, que medía aproximadamente cuatro brazas (seis metros) de largo y palma y media de ancho (entre 15 y 20 cm). Efectivamente, tenía varios metros de largo, puesto que Pedro de Carranza (1960: 151) cuenta cómo, mientras cazaba con ballesta cerca de Chiametla (Sinaloa), en 1531, descubrió a un indio ahorcado, colgado de su *maxtlatl*.

Uso
El taparrabos iba enrollado alrededor de la cintura y pasaba también entre las piernas. Era anudado de tal manera que los dos extremos colgaban al frente,

 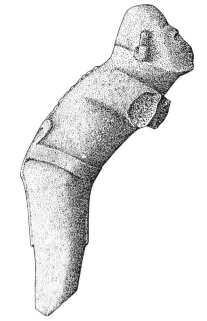 

Estatua huasteca. Personaje con taparrabos.
Región de Huejutla, Hidalgo.

aunque en ocasiones uno de los extremos colgaba al frente y otro por detrás. Era la única prenda que el hombre solía usar para dormir. Una estatua huasteca, de piedra arenisca calcárea, hallada por Guy Stresser-Péan en la región de Huejutla, Hidalgo, y cuya imagen publicamos aquí, resulta particularmente interesante. Se trata de un personaje masculino, con el cráneo deformado, que lleva puesto un taparrabos. La atadura colocada a la espalda se distingue claramente, siendo que los aztecas siempre colocaban el nudo al frente.

Felipe Solís (1982: 194) publica por su parte una escultura azteca de origen desconocido (MNA, cat. 11-3362). El personaje está de pie y lleva por único vestido su taparrabos, que presenta al frente un nudo doble.

El taparrabos era el signo de la virilidad. Por ello, si bien usaban una tilma, los niños varones aztecas no llevaban aún taparrabos, tal como se puede ver en el *Códice Mendocino* (1992: fol. 58r). Empezaban a usarlo cuando cumplían siete u ocho años.

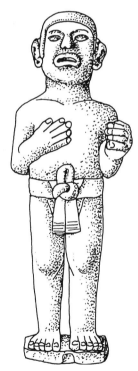

Estatua azteca
de origen desconocido
(MNA, cat. 11-3362).

Códice Mendocino *(fol. 58r)*.

En Yucatán, en 1566, los niños mayas andaban totalmente desnudos hasta los cuatro o cinco años. Después, se les daba un taparrabos estrecho como un listón así como una pequeña manta para dormir. De esta manera permanecían hasta la adolescencia, en la que podían ya vestirse como sus padres (Landa, 1938: 57).

Todos los dignatarios de las diferentes poblaciones de México vestían taparrabos de algodón, con puntas adornadas en mayor o menor grado, en función de su rango. Cuenta Bernal Díaz del Castillo (1944, I: 187) que los españoles quedaron particularmente impresionados en Cempoala (Veracruz) cuando vieron llegar a los recaudadores aztecas suntuosamente ataviados, pues eran personajes sumamente importantes y temidos. Sus taparrabos tenían extremos ricamente adornados.

Fray Diego de Landa (1959: 36) describe el taparrabos de los mayas de Yucatán en 1566. Los extremos colgaban uno al frente, otro por detrás; "y que estos cabos les hacían sus mujeres con curiosidad y labores de pluma". La costumbre de adornar los dos cabos del taparrabos con plumas e hilos de colores también es mencionada por las autoridades españolas responsables de redactar, en 1579 y 1581, un informe sobre la provincia yucateca cuya administración tenían a su cargo (*Relaciones histórico-geográficas de la gobernación de Yucatán*, 1983).

Cronología

El uso del taparrabos en México se remonta a tiempos muy antiguos. Durante el Preclásico, entre 1000 y 600 años a. C., lo llevaban principalmente los olmecas, tal como es posible apreciarlo en ciertas de sus estatuas, entre ellas la de San Lorenzo Tenochtitlan, Veracruz (Cyphers, 2004), o bien aquella, monumental e impresionante, que se encuentra en el Museo de Antropología de Xalapa, y que proviene del sitio arqueológico de Laguna de los Cerros (Acayucan, Ver.). Representa a un hombre de pie, vestido con un taparrabos y una capa.

Los tarascos, por su parte, vestían sólo una túnica que bajaba hasta los glúteos, mientras que los huastecos tenían fama de andar completamente desnudos. Diversos mitos fueron creados para explicar tal desnudez, vista por el pueblo azteca como una incongruencia y una falta de dignidad.

Un primer mito narra el asentamiento de los tarascos en Michoacán. Se decía que al salir de Chicomoztoc, los tarascos formaban una sola y única "congregación" con los mexicanos y los oriundos de Malinalco, con quienes estaban emparentados. Durante su peregrinación pasaron juntos a orillas del lago de Pátzcuaro. A los tarascos el sitio les pareció encantador y decidieron asentarse allí. Para ello, consultaron a su dios Huitzilopochtli, quien les hizo saber en voz de sus sacerdotes que podían permanecer en el lugar y les ordenó bañarse en el lago. Entonces, aconsejados por el mismo dios, los mexicanos les hurtaron la ropa a los tarascos, con el fin de impedir que

Estatua olmeca de Laguna de los Cerros, Acayucan, Veracruz (Museo de Antropología de Xalapa).

los siguieran en su periplo. Fue así cómo los que recibieron desde ese momento el nombre de tarascos se asentaron en el lugar y adoptaron la costumbre de vivir "desnudos", es decir, sin taparrabos (Durán, 1951, I: cap. III, 21-22). Tezozómoc (1878: 225) ofrece una versión similar para explicar el traje de los tarascos en aquella época. Los hombres portaban una túnica que no tapaba los glúteos y las mujeres una tela "a manera de capisayo" que les cubría los hombros y, en ocasiones, la cabeza.

En 1580 el corregidor Pedro Montes de Oca describe el traje precortesiano de los habitantes de Tiripitío (Michoacán). Efectivamente, no usaban taparrabos, sino una tela de "vara y media" (1.20 m) de largo atada a la cintura. Los cabos del nudo colgaban al frente. El corregidor hace notar que al menor movimiento su "honestidad" quedaba al descubierto (Relaciones geográficas del siglo XVI, "Relación de Tiripitío", 1987, IX: 344, citado por Berthe, 1988: 67).

Por su parte, la desnudez de los huastecos es mencionada en un mito contado por Sahagún en su *Códice Matritense del Real Palacio* (1905-1907: 142-144), según el cual la hija de Huemac, jefe de Tula, se enamoró perdidamente de un huasteco tras haberlo visto completamente desnudo en la plaza del mercado.

A los huastecos, empero, el taparrabos no les resultaba desconocido. Muchas de las estatuas publicadas en el catálogo de Beatriz de la Fuente y Nelly Gutiérrez (1980) así lo demuestran. Tal es el caso, por ejemplo, de ciertas estatuas con tocado, originarias de Veracruz (CXLIX, CLV, CLVI), así como de otras que lucen un gorro cónico (Ciudad Valles y Tanquián, San Luis Potosí, CLXX,

CLXXI). Casi todas las estatuas que representan a ancianos encorvados y apoyados en un bastón llevan taparrabos. La estatua del joven huasteco, de época posclásica, originaria de Jalpan (Querétaro), luce un amplio taparrabos ricamente adornado, cuyos extremos cuelgan al frente y por detrás. Este importante personaje tiene el cráneo deformado, el septum nasal perforado, adornos circulares en las orejas, una especie de tocado a manera de diadema y una pulsera en la muñeca derecha. La pieza se encuentra en el Museo Nacional de Antropología (MNA). Aparece publicada en el catálogo de De la Fuente y Gutiérrez con los números CLIXa y CLIXb. En 1985 pudimos adquirir en el pueblo totonaco de Tepetzintla (Huauchinango, Puebla), una faja de danzante santiaguero, de unos 50 años de antigüedad en aquel entonces. Mide 2.53 m de largo por 34 cm de ancho. Cada extremo lleva un adorno bordado que cubre una superficie de 34 × 34 cm, y de 34 × 30 cm respectivamente. Dicha faja presenta una asombrosa semejanza con el taparrabos del joven varón de Jalpan (véase lámina 1).

El *Lienzo de Tuxpan* núm. 1, conocido también como *Mapa local* (Melgarejo, 1970) muestra personajes huastecos vestidos con tan sólo un taparrabos. Ese lienzo es un mapa geográfico indígena que data de mediados del siglo XVI y representa la región de Tuxpan, Teayo, Tuzapan, etcétera.

Todos estos ejemplos hacen pensar que, tal como lo señala Guy Stresser-Péan (1953: 226), la desnudez completa atribuida a los huastecos por los informantes nahuas de Sahagún, era más bien de origen ritual. El huasteco con el que la hija de Huemac contrajo esponsales era en realidad un dios-brujo llamado Tezcatlipoca (Olivier, 1997: 48). El famoso adolescente huasteco hallado en El Consuelo (SLP) está perfectamente desnudo, pero representa al dios del maíz. Ciertos dioses,

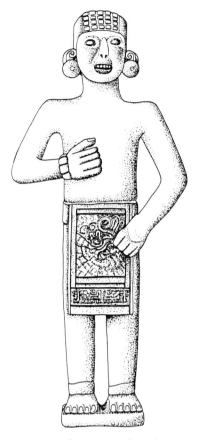

Estatua huasteca de Jalpan, Querétaro.

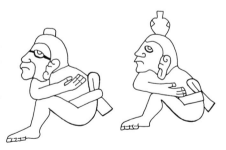

Lienzo de Tuxpan *núm. 1, también llamado* Mapa local.

Estatua huasteca de Jalpan, Querétaro.

LÁMINA 1. *Extremo bordado de la faja de Santiaguero de los totonacos de Tepetzintla, Huauchinango, Puebla.*

como Camaxtli, exhiben en ocasiones una desnudez ritual que traduce una decisión de sacrificio o de autosacrificio (Olivier, 2001: 38-41).

Significado ritual

El uso del taparrabos se hallaba muy extendido en el México precortesiano. Condicionaba la dignidad del hombre.

Un mito referido por Sahagún (1956, X: cap. XXIX) ilustra cabalmente el papel primordial de esa prenda de vestir. Algunos de los inmigrantes que desembarcaron en la costa del Golfo de México llegaron a las inmediaciones de Teotihuacán y se asentaron en Tamoanchan. Allí, sus eruditos inventaron el calendario ritual y el pulque. Organizaron entonces una fiesta durante la cual cada participante debía beber no más de cuatro jarros de pulque. Sin embargo, uno de los comensales, el jefe de los huastecos, tomó de más y se bebió cinco jarros. Ya ebrio, se le cayó el taparrabos. Ante el escándalo provocado, y habiendo perdido su prestigio, huyó avergonzado —seguido por su pueblo— hasta llegar a Pánuco.

Persistencia del taparrabos

Hoy en día, en ciertas regiones del campo mexicano, prevalece el recuerdo del taparrabos, pues todavía a finales del siglo XIX e inclusive durante la primera mitad del XX había quien seguía llevándolo. Désiré Charnay describió a dos choles que lo guiaron durante su recorrido por la selva entre Palenque y Tumbalá. Según Charnay, iban desnudos "como la mano", a no ser por una estrecha franja de algodón "para suplir la hoja de viña" (1863: 447); es decir, llevaban taparrabos.

En 1938, Guy Stresser-Péan señala entre los huastecos del municipio de Tanlajás, el recuerdo aún vivaz del taparrabos que solían llevar sus abuelos durante el siglo XIX. En la ranchería El May (Tanlajás, SLP), uno de sus informantes, José Santiago, le enseñó al mismo tiempo cómo llevar esa prenda y cómo manejar el arco y las flechas.

Los huastecos de Tamaletom (Tancanhuitz, SLP) seguían utilizando, en 1951, un taparrabos para ir a la milpa (G. Stresser-Péan; comunicación personal). Frederick Starr (1908: 169) visitó en 1899 la localidad huave de San Mateo del Mar (Tehuantepec, Oaxaca). Todos los pescadores a los que retrató (Starr, 1899: fot. CXV) llevaban taparrabos. Mi esposo y yo, en el año 2000, logramos convencer a una anciana, Octaviana Salazar, de que tejiera para nosotros una réplica del taparrabos que usaba su difunto marido, pescador de oficio. El taparrabos mide 2.70 m de largo, sin incluir los 14 cm de flecos en cada extremo. Tiene 14 cm de ancho. La tejedora pudo también explicarnos el modo de llevar la prenda (véase lámina 2).

En Santa Ana Tlacotenco (Milpa Alta, DF), a 50 km de la Ciudad de México, nuestra informante Gabina de Caballeros nos contó, en 1990, que cuando ella era niña, hacia 1940, ciertos hombres todavía usaban el taparrabos, conocido localmente como "el caballo". En el náhuatl de la región, cuando no se

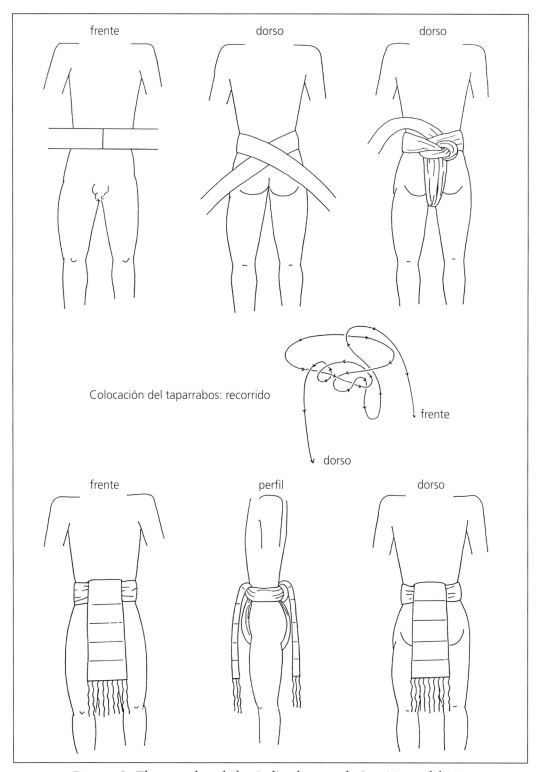

LÁMINA 2. *El taparrabos de los indios huaves de San Mateo del Mar Tehuantepec, Oaxaca.*

llevaba puesto se le llamaba *maxtlatl*, pero cuando sí se llevaba puesto, se le decía *tzin maxtlatl*, aludiendo así al *tzintli* (culo), por ser la prenda destinada a tapar las "vergüenzas".

Así pues, hasta el siglo XX, el taparrabos no había desaparecido por completo de la vestimenta de ciertos indios. Cabe por otra parte señalar un detalle histórico interesante, que confirma la relativa lentitud con que se llevó a cabo el cambio en la indumentaria masculina. El *Códice de Cholula* es un códice colonial con abundantes glosas; la 141 cuenta que, en 1564, aproximadamente 40 años después de la conquista de México por Cortés, el virrey don Luis de Velasco obligó a los habitantes de Cholula a renunciar a sus taparrabos así como a sus espadas de obsidiana y a sus escudos (González-Hermosillo y Reyes García, 2002: 115).

Prendas complementarias del taparrabos
No existe nombre conocido en náhuatl ni en ninguna otra lengua indígena de México para referirse a una prenda complementaria del taparrabos, de uso ritual, que los estadounidenses llaman *hip-cloth* y que nosotros llamaremos aquí "paño de cadera", siguiendo el ejemplo de Felipe Solís (1982: 39). Se trata de un paño que portan muchos personajes en diversos códices. Siempre era llevado encima del taparrabos, cuyos dos cabos colgantes seguían siendo visibles la mayoría de las veces. Era una prenda usada por los notables, aunque no era obligatorio llevarla. En el *Códice Mendocino* (1992: fol. 68r) la luce un guerrero; en el *Codex Borbonicus* (1899: 26) el dios Tezcatlipoca va ataviado con una.

Empero, en el *Códice Kingsborough* (1912: fol. 219v), el dibujo que lleva por título "Los mill y doscientos tamemes y los prencipales" muestra a los digna-

Códice Mendocino *(fol. 68r).*
Guerrero de alto rango ataviado con un
paño de cadera encima de su taparrabos.

Codex Borbonicus,
p. 26. Tezcatlipoca.

tarios y a los cargadores engalanados con un paño encima de su taparrabos. Es posible que el paño de cadera fuese una prenda adecuada para los viajes; en tal caso, su uso no estaba reservado a los dignatarios.

Jorge Acosta (1961: 225) describe otro tipo de paño, al que llama "delantal triangular". En efecto, los atlantes de Tula llevan al frente una especie de faldilla o delantal triangular cuyos extremos le dan vuelta a la cintura y se anudan al frente. Acosta señala que los atlantes no llevan taparrabos. Sin embargo, el delantal triangular no era frecuente y seguramente estaba reservado a los principales y a las deidades. Era una prenda ritual. En el *Codex Borbonicus* (1899: 10), Mictlantecutli lleva encima del taparrabos un delantal idéntico al de los atlantes de Tula (véase lámina 3).

La estatua de un portaestandarte azteca proveniente de Churubusco (DF, MNA, cat. 11-3327; véase Solís, 1982: 201), también lleva encima del taparrabos, un delantal triangular profusamente adornado. Va ataviado con un *xicolli*, lo cual subraya la índole ritual del personaje (véase lámina 3).

Beatriz de la Fuente y Nelly Gutiérrez Solana, en su libro *Escultura huasteca en piedra*, incluyen dos estatuas que llevan delantales triangulares o prendas semejantes. La estatua CLXXVIII porta un delantal muy corto encima de un taparrabos muy largo. Dicha estatua representa probablemente al dios del pulque (Fuente y Gutiérrez Solana, 1980: 182). La estatua CLXXIV lleva una especie de delantal triangular atado por detrás. Se trata de un personaje importante, que va engalanado con un pectoral circular y orejeras llamadas *epcololli*, atributo distintivo de Quetzalcóatl.

En general, ese "delantal" era llevado por encima del indispensable taparrabos. Sin embargo, los atlantes de Tula parecen en efecto, no llevar taparrabos; ello remite al carácter divino de ciertos desnudos huastecos, como el del

Códice Kingsborough *(fol. 219v).*
Tameme y dignatarios con paño de cadera y taparrabos.

Mictlantecuhtli. *Codex Borbonicus*, 10

Estatua azteca de un porta-estandarte
(Churubusco, DF) MNA, cat. 11-3327

El delantal triangular de los atlantes de Tula
(según J. R. Acosta, 1961: fig. 10)

LÁMINA 3. *Un paño de cadera en forma de delantal.*

dios del maíz representado por el adolescente huasteco, o bien el de Tezcatlipoca, encarnado por el huasteco desnudo del cual se enamora la hija de Huemac.

Durante los primeros años del siglo XX, Carl Lumholtz (1902) describió el traje de los indios huicholes. Llevaban una túnica que les llegaba a las rodillas y cuyo faldón delantero ocultaba sus genitales. Un pequeño morral para llevar tabaco colgaba a menudo al frente, inmovilizando así la túnica. En 1938, Bodil Christensen pudo fotografiar aún a un huichol vestido de esa manera.

Entre los tarahumaras, en 1958, el R. P. André Lionnet S. J. fotografió la prenda usada por ciertos hombres. Hace las veces de taparrabos y de paño al mismo tiempo: se trata de una tela grande que pasa entre las piernas pero

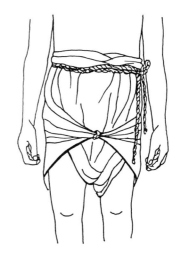

Paño de cadera tarahumara (según una fotografía del R. P. André Lionnet S. J., 1958).

tapa íntegramente las nalgas. Sus extremos se anudan al frente. Guy Stresser-Péan, en 1954, había mandado hacer fotografías de los tzotziles de Huistán (Chiapas). Ellos acostumbraban arremangar sus calzones de tal forma que se asemejaban al paño de los tarahumaras.

b) La tilma

Definición

La tilma, llamada también manta o manto, es una pieza de tela cuadrada o rectangular, hecha de algodón o de ixtle, y tejida en lienzos (*Códice Magliabechiano*: fol. 85r). Era suficientemente grande como para tapar el cuerpo del hombre sin lograr empero ocultar del todo su desnudez. En náhuatl se le llamaba *tilmatli*.

Otra palabra náhuatl, *ayatl*, empleada en ocasiones para referirse a la tilma, designa principalmente una pieza de tela de algodón o ixtle. Cierto es que la tilma es una pieza de tela. Seguramente por esa razón el significado de *ayatl* evolucionó al hispanizarse: hoy en día, el "ayate" remite sobre todo a la "tela rala de hilo de maguey" (Santamaría, 1978: 102) que sirve para cargar cosas.

Uso

La tilma iba anudada en el hombro derecho y, más rara vez, al frente. Para las clases privilegiadas, era de algodón o de fibra de maguey finamente hilada y tejida. Solía ir adornada en mayor o menor grado. Además, un noble no lucía la misma tilma en todas las circunstancias y ceremonias. Entre los aztecas, cuyas reglas sociales eran sumamente estrictas, los adornos de la tilma correspondían a lo indicado para tal o cual personaje en tal o cual circunstancia de-

Códice Magliabechiano
(fol. 85r).

terminada (Durán, 1951: 236). El príncipe Nezahualpilli, siempre ricamente ataviado, es un ejemplo célebre: va engalanado con la tilma de los
jefes (*Códice Ixtlilxóchitl*: fol. 108r). Irmgard W.
Johnson (1988 y 1989) describe una suntuosa tilma obsequiada al jefe tlaxcalteca Axotécatl hacia
1534, conservada hoy en el Museo Etnográfico
y Prehistórico de Roma. Dicha tilma, conocida
como *tlamachayatl* ("pieza de tela adornada")
está compuesta por tres lienzos tejidos de algodón.
Los adornos, de múltiples colores, fueron realizados con lana, seda y plumas. La pieza mide
1.71 × 1.58 m.

La tilma de uso cotidiano, por su parte, era muy probablemente blanca,
e incluía muy a menudo una franja decorativa de color a lo largo de la orilla, tal
como puede apreciarse en varios códices, entre ellos el *Códice Magliabechiano*
(fol. 85r). En la "Relación de la ciudad y provincia de Tezcoco", Juan Bautista
de Pomar (1891: 88) insiste en señalar que los dignatarios e inclusive el jefe de
Texcoco vestían todos los días, salvo para las fiestas y ceremonias rituales, una
tilma blanca muy sencilla (G. Stresser-Péan, 1995: 43). La tilma desempeñaba entonces una función social, ya que su apariencia designaba la calidad de
la persona que la llevaba puesta.

Los guerreros llamados otómitl (*Códice Vaticano Ríos*: fol. 59r) llevaban un
manto de red con mallas muy sueltas y un peinado especial. Así iban al combate, prácticamente desnudos, para demostrar su valentía. La tilma transmite
entonces un mensaje que habremos de mencionar en el capítulo II.

Los nobles de alto rango gozaban del privilegio de sentarse en asientos con
respaldo, mientras que sus súbditos se acuclillaban a ras del suelo. En ambos
casos, la tilma los tapaba casi por completo, tal como puede apreciarse en varios códices, entre ellos el *Códice Kingsborough* (fol. 251r) y el *Códice de Xicotepec* (secc. 9 y 11).

Códice de Xicotepec
(secc. 9).

Códice de Xicotepec
(secc. 11).

Códice Kingsborough
(fol. 251r).

Función ritual de la tilma

El dios Huitzilopochtli iba ataviado con una tilma adornada con huesos y calaveras (*Códice Ramírez*, lám. XXII). Los huesos, que representaban la superficie de la tierra, y la calavera, símbolo de muerte, remitían a su descenso al centro de la tierra, su muerte ritual seguida de su resurrección (Olivier, 1997: 99-103). Otras telas rituales, como las que aparecen en el *Códice Tudela* (fol. 50r) presentan el mismo ornamento. Sahagún, en el *Florentine Codex* (Sahagún, 1950-1969: libro VIII, 62), relata las ceremonias de entronización del futuro *tlatoani* o jefe azteca y de sus cuatro ministros: durante cuatro días, encerra-

Códice Tudela
(fol. 50r).

dos en el templo de Huitzilopochtli, llevaban la cabeza y el rostro cubiertos con una tela (*quachtli*) adornada con los atributos macabros de ese dios, y realizaban ejercicios rituales. El personaje cubierto con esa prenda se tornaba divino, al ser poseído por el dios invocado. Desde luego, la Iglesia prohibió de inmediato el uso de esa gran tela ritual que, desde entonces, habría de ser sustituida a menudo por la tilma.

Así, en el siglo XVII, los adivinos utilizaban la tilma a manera de tienda durante el proceso de adivinación, en cuyo interior entraban en contacto con los dioses (Gruzinski, 1985: 65, acerca del juicio de Gregorio Juan en 1659).

Este uso ritual de la tilma perduró prácticamente hasta nuestros días. Rodney Gallop (1939: 267) describe una ceremonia de adivinación en San Pablito (Pahuatlán, Pue.). El adivino lleva la cabeza cubierta con una tilma. Bodil Christensen, en 1940, apunta que ese tipo de tilma suele también ir terciado sobre el pecho para cargar las tortillas o el dinero. Empero, los adivinos de esa localidad siguen llevando hoy en día esa prenda durante sus sesiones de adivinación. En 1989, mi esposo y yo tuvimos la oportunidad de adquirir una de ellas. Mide 0.83 × 0.94 m; no alcanza las dimensiones de la tilma tradicional (véase lámina 4).

Fines utilitarios

La tilma tenía fines utilitarios, puesto que podía servir como manta durante la noche; además, la gente del pueblo la aprovechaba para transportar carga. Por lo tanto, era una prenda de gran valor para todos los indios. A este respecto Gonzalo Gómez de Cervantes (1944: 107) escribe, a finales del siglo XVI, que ciertos patrones exigían en prenda la tilma de sus peones, para impedir que se fuesen.

83 cm

94 cm

0 1 2 3 cm

San Pablito, Pahuatlán, Puebla. Tela tejida en 1989 y destinada a las sesiones de adivinación.
Colección Claude y Guy Stresser-Péan.

Sesión de adivinación en 1937. R. Gallop, 1939: 267.

LÁMINA 4. *Uso ritual de la tilma por los indios otomíes.*

Gómez de Cervantes denuncia también los malos tratos a los que eran sometidos, en 1599, los trabajadores indígenas en ciertas explotaciones mineras. Se les obligaba a utilizar sus tilmas para cargar el mineral y subirlo a la superficie. La prenda quedaba destrozada por el uso y los trabajadores debían comprar otra, a un precio tan alto que superaba su ganancia de una semana. Además, el mineral estaba lleno de lodo "y cuando el miserable del indio va a dormir, está la manta con que había de abrigarse, mojada y llena de barro" (1944: 110).

En 1935, Bodil Christensen pudo fotografiar aún en el municipio de Huixquilucan (Edo. de Méx.) a un otomí cosechando elotes, que iba guardando en su tilma de ixtle.

En la actualidad, el ayate es una pieza de tela de fibra de maguey que los campesinos indígenas siguen utilizando para cosechar y transportar mazorcas. En Santa Ana Tlacotenco (Milpa Alta, DF), nuestra amiga Gabina de Caballeros tejía cada año ayates para quienes ayudaban a su marido durante la cosecha de elotes. Cada ayate duraba apenas una temporada.

En la región de Atlixco (Pue.), pudimos estudiar en 1988 la manera usual de anudar el ayate para llenarlo de mazorcas. Para empezar, el ayate es colocado sobre los hombros y anudado del lado derecho, a la manera de una tilma. Luego se levantan y atan las dos puntas aún libres, para formar una especie de bolsa (véase lámina 5).

La tilma del pobre tenía ante todo fines utilitarios. Los mantos ricamente adornados indicaban por su parte el rango social de su dueño; conferían a quien los portaba cierta dignidad y cierto poder.

Distribución geográfica

Durante el Posclásico tardío, el uso de la tilma era muy común entre los aztecas y entre casi todos los pueblos de México.

Entre los mixtecos de Oaxaca, solía llevarse en la época precortesiana una tilma corta. Patricia R. Anawalt (1981) cita 13 ejemplos de ella en los códices mixtecos. La misma autora sugiere, sin embargo, que bajo la influencia de los aztecas, durante la segunda mitad del siglo XVI, hubo tilmas que llegaban hasta los tobillos, tales como las que son descritas en las *Relaciones histórico-geográficas de la gobernación de Yucatán*.

Entre los mayas, la tilma solía ser bastante corta y nunca llegaba más abajo que la rodilla (*Relaciones histórico-geográficas de la gobernación de Yucatán*, 1983).

Muñoz Camargo (1972 [1892]: 9) describe las tilmas más o menos largas de los tarascos, ricamente adornadas con colores vivos, obtenidos gracias a los pelos de conejo entremezclados con los hilos de algodón, que favorecen una mejor adherencia del tinte.

Las estatuas huastecas llevan el torso desnudo. En efecto, todo parece indicar que los huastecos preferían cubrir su pecho con tatuajes antes que con una tela.

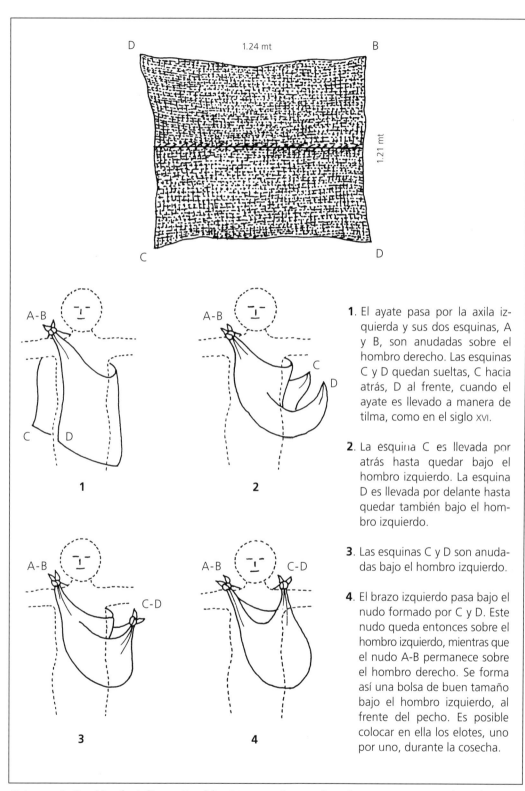

D 1.24 mt B

1.21 mt

C D

1. El ayate pasa por la axila izquierda y sus dos esquinas, A y B, son anudadas sobre el hombro derecho. Las esquinas C y D quedan sueltas, C hacia atrás, D al frente, cuando el ayate es llevado a manera de tilma, como en el siglo XVI.

2. La esquina C es llevada por atrás hasta quedar bajo el hombro izquierdo. La esquina D es llevada por delante hasta quedar también bajo el hombro izquierdo.

3. Las esquinas C y D son anudadas bajo el hombro izquierdo.

4. El brazo izquierdo pasa bajo el nudo formado por C y D. Este nudo queda entonces sobre el hombro izquierdo, mientras que el nudo A-B permanece sobre el hombro derecho. Se forma así una bolsa de buen tamaño bajo el hombro izquierdo, al frente del pecho. Es posible colocar en ella los elotes, uno por uno, durante la cosecha.

LÁMINA 5. *Región de Atlixco, Puebla. Manera de anudar el ayate para cosechar el maíz.*

En el campo, la aplicación de las reglas del vestir dictadas por la Iglesia fue muy paulatina. Durante mucho tiempo, por ejemplo, los campesinos de algunos lugares retirados de la Sierra de Puebla que no podían ser vigilados de manera constante, conservaron su taparrabos y su tilma. En 1599, los más miserables poseían tan sólo un taparrabos y dormían directamente en el suelo, con una piedra a manera de almohada. Algunos, más afortunados, tenían "una mantilleja hecha de qué ni qué; es como una red" (Gómez de Cervantes, 1944: 135-136), probablemente un ayate.

Soustelle (1937: 96) describe las tilmas en uso en los años 1930, en la región de Lerma. Esas tilmas, llamadas ayates, eran de fibra de maguey tejidas en dos lienzos. Tenían adornos brocados de lana de colores y se anudaban al frente. En la época de Jacques Soustelle ya sólo los tejían en dos localidades de montaña del municipio de Huixquilucan: Santa Ana Jilotzingo y San Juan Yautepec. Los ayates eran vendidos cerca de Toluca, en el mercado de San Bartolo Otzolotepec, y eran recordados incluso en Valle de Bravo donde, sin embargo, ya no servían como prendas de vestir, sino que eran utilizados para cargar. En 1937, según apunta Soustelle, el porte de esas tilmas ya sólo subsistía en una zona claramente delimitada, la región de Lerma. Y, en efecto, en el transcurso de ese mismo año Bodil Christensen fotografió a varios indios otomíes del municipio de Lerma vestidos con su ayate. Lo llevan anudado al frente, aunque el joven campesino que cosecha elotes y el que extrae néctar de maguey lo llevan anudado sobre el hombro derecho, seguramente en aras de mayor comodidad.

c) La vestimenta masculina precortesiana y las exigencias de la Iglesia española

Una vez concluida la conquista de México, la Iglesia consideró que los varones no iban decentemente vestidos. Así como se prohibió el uso de adornos en orejas, labios y nariz ("ni bezotes y otros abominables usos y costumbres"), se exigió a los hombres renunciar a su taparrabos, conminándolos a "que se quitasen los bragueros que traían y se pusiesen zaragüelles y camisas y que no anduviesen en carnes como antes andaban" (Relaciones geográficas del siglo XVI, "Relación de Tlaxcala", 1984, I: 264).

La *Matrícula de Huexotzinco* (1560) muestra cómo se las ingeniaron los indios para responder a los exhortos de los religiosos, realizando ciertas adaptaciones. Trataron, por ejemplo, de transformar su tilma en una especie de camisa, gracias a dos nudos laterales, conservando así su taparrabos (fol. 483v y 484r). Luego, en vista de que probablemente el esfuerzo no había sido suficiente, el taparrabos fue sustituido o incluso cubierto por un calzón (fol. 484v). Poco a poco se fue imponiendo el calzón tejido en telar de cintura. Los zaragüelles eran pantalones cortos que llegaban a la rodilla, y que seguían en uso en la España del siglo XVI (Ortiz Echagüe, 1953). El vocablo *zaragüelles* es utilizado constantemente en las *Relaciones geográficas* para referirse a dicha prenda de los indios, ya que esa palabra designaba también los pantalones de los marineros de la época (*Relaciones geográficas del siglo* XVI, "Relación de Guatemala", 1982, I: 41). El uso de esos pantalones cortos y anchos se conservó hasta principios del siglo XX en Chiapas, en el centro de la Huasteca potosina y en la Sierra de Puebla. En 1962, en Atla (Pahuatlán, Pue.), pudimos recabar uno de esos calzones, que iba acompañado de una larga túnica.

No obstante, los indios resistieron cuanto pudieron para intentar salvaguardar sus costumbres en el vestir. Los caciques, que estaban en contacto permanente con los españoles y se hallaban bajo su autoridad, se tapaban con dos tilmas sobrepuestas, disimulando así su desnudez. Así puede apreciarse en el *Códice Kingsborough*, donde podemos ver a don Diego Tlilpotonqui, cacique de Tepetlaoztoc, vestido aún con el traje indígena (fol. 218v). Francisco Clavijero (1958, II: 334) señala además que los hombres, para sus actividades cotidianas, solían ponerse dos o tres tilmas, una encima de otra.

Por su parte, Juan Suárez de Peralta (1878: 30) describe las tilmas que seguían llevando los indios después de la conquista española, ricamente adornadas con motivos de pájaros, flores y plumas. Señala que los jefes mandaban tejer en ellas grandes águilas como señal de autoridad y de pertenencia al mundo indio. Muchos de esos caciques empezaron pronto a portar el traje español cubierto con una tilma, para subrayar su autoridad (*Códice de Huitzilac*, Morelos, códice 30; y *Matrícula de Huexotzinco*, fol. 840v y 612v). Las *Relaciones geográficas del siglo* XVI ("Relación de Tlaxcala", 1985) al igual que las *Relaciones histórico-geográficas de la gobernación de Yucatán* (1983) mencionan muy a menudo que la tilma era llevada encima de la camisa y el calzón.

Matrícula de Huexotzinco
(fol. 483v).

Matrícula de Huexotzinco
(fol. 484v).

El cacique don Diego Tlilpotonqui
con dos tilmas sobrepuestas.
Códice Kingsborough *(fol. 218v).*

Matrícula de Huexotzinco
(fol. 612v).

A finales del siglo xvi, la gente del pueblo intentaba vestir como los nobles, ya que la sociedad india iba perdiendo poco a poco sus estrictas reglas de vida (Tezozómoc, 1878: 495).

2. La vestimenta de la mujer

La falda era la prenda de vestir básica para las mujeres. El busto podía ir desnudo o cubierto con un huipil o con un quechquémitl.

La falda

Definición y descripción
La falda es llamada en náhuatl *cueitl*, palabra que fray Alonso de Molina traduce en su *Vocabulario…* (1970 [1571]) como "saya, faldellín, faldillas, naguas". Las palabras "faldellín" y "naguas" sirven para designar la falda indígena en las *Relaciones geográficas del siglo XVI*. En España, "faldellín" designa una enagua más o menos elegante, que se lleva bajo la falda, y en ocasiones por encima. Las palabras "nagua", "naguas", o "enagua", "enaguas", sirven para referirse a la misma prenda. En el siglo xx en todas las provincias españolas se le seguía llamando "enaguas" al fondo blanco de algodón que se llevaba bajo la falda (Espasa Calpe, 1958, y Real Academia Española, 1992). El *Diccionario de uso del español* (1989) de María Moliner añade que el uso del sustantivo plural ("naguas", "enaguas") es más bien popular.

Al parecer, los cronistas del siglo XVI se sintieron desconcertados ante la falda indígena prehispánica. Hablan de ella cual si de enaguas se tratara, porque era de tela ligera y no podía por lo tanto ser equiparada con la pesada falda española, tan distinta de la falda indígena. Fray Diego de Landa, en 1566, designa la falda de las mujeres mayas con la palabra "cobertura". La describe como una tela abierta por ambos lados, es decir, no cosida en forma de aro (1959: XXXI, 56). Es posible hallar una descripción idéntica en las *Relaciones histórico-geográficas de la gobernación de Yucatán*.

Por lo general, la falda indígena de ixtle o de algodón estaba hecha con un solo lienzo cuando llegaba a la mitad de la pierna, o con dos lienzos cosidos entre sí a lo largo de la tela cuando la prenda llegaba a los tobillos. El largo de la prenda variaba, en efecto, según las regiones y los grupos étnicos. Esa tela rectangular de grandes dimensiones era enrollada alrededor del cuerpo, de la cintura para abajo. La falda era recta, sin pliegues.

Al parecer, esa misma tela podía en ocasiones ir cosida en forma de aro (*Códice Magliabechiano*: fol. 41r).

Uso

¿Cómo se mantenía fija la falda? Los documentos pictográficos no dejan ver la cintura de la mujer, siempre oculta por el huipil o el quechquémitl. Sin embargo, en el *Codex Borbonicus* (1899: 30) vemos a un sacerdote que lleva puestas la piel y la falda de una mujer sacrificada. Como la mujer tiene el busto desnudo, es posible observar que su falda parece ir ceñida con una faja.

Las figurillas femeninas del sitio maya de Jaina (Campeche) se presentan casi siempre vestidas con un huipil, que no permite apreciar si la falda va o no ceñida por una faja. Sólo dos figurillas tienen el busto desnudo. Una de ellas,

Falda de un solo lienzo enrollado en torno a la cadera. Códice Magliabechiano *(fol. 85r).*

Falda cosida en forma de aro. Códice Magliabechiano *(fol. 41r).*

El sacerdote viste la piel y la falda de una mujer sacrificada. Codex Borbonicus *(p. 30).*

publicada por Marta Foncerrada y Amalia Cardós (1988: lám. 38) lleva una faja. La otra, publicada por Piña Chan (1968: fig. 61) no la tiene.

En la "Relación de Michoacán" (Jerónimo de Alcalá, 2000), las mujeres no llevan el busto cubierto. Visten falda corta, sin faja. Muñoz Camargo (1972 [1892]: 11) señala la ausencia de faja para mantener en su sitio la falda taras-ca, que va acomodada alrededor de la cintura "con una vuelta a manera de ñudo", es decir, con una punta hacia adentro. Las *Relaciones geográficas del siglo XVI* no mencionan las fajas. Tampoco los tributos enumerados en el *Códice Mendocino*, por ejemplo, o en el *Códice Kingsborough*, mencionan nunca faja alguna. Toda la cerámica antropomorfa huasteca que representa figuras femeninas vestidas con falda las muestra sin faja.

En cambio, las estatuas aztecas posclásicas que visten falda y quechqué-mitl llevan, casi todas, fajas de distinta factura, lisas o en forma de serpiente (Solís, 1982: lám. XX y XXI). Así ocurre con la estatua azteca de diorita, prove-niente de la Ciudad de México, que representa a Chalchiuhtlicue, la diosa del agua. Va ataviada con una falda ricamente adornada, ceñida con una faja en forma de serpiente de cascabel. La estatua pertenece al periodo Posclásico tar-dío (Museo Nacional de Antropología). Las figurillas del Clásico tardío, que quizá representan a la diosa Xochiquétzal (Spranz, 1982) y descubiertas en Xochitécatl (Nativitas, Tlaxcala) por Mari Carmen Serra Puche, visten casi to-das falda con faja. Una de las fajas muestra incluso dos cabos adornados con borlas que caen sobre las caderas, lo cual hace pensar que se trata de una falda tejida en forma de aro (véase lámina 6).

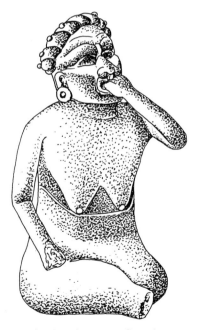

(M. Foncerrada y A. Cardós, 1988: lám. 38)   (R. Piña Chan, 1968: fig. 61)

Figurillas femeninas, Jaina, Campeche.

Las estatuas aztecas llevan la faja anudada al frente, mientras que las figurillas de Xochitécatl lucen fajas sin nudo, según la tradición indígena actual: la punta de la faja se mete dentro de la falda.

En su *Vocabulario...* (1970 [1571]), Molina propone en la entrada correspondiente a "faxa de muger" los equivalentes siguientes en náhuatl: *nexillan ylpiloni, ciua nelpiloni, ciua necuitlalpiloni*. *Ni* es un sufijo que se usa al final

Estatua azteca que representa a Chalchiuhtlicue, deidad del agua.
Museo Nacional de Antropología, Ciudad de México.

La falda va sujeta por una faja.

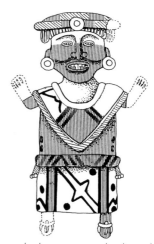

Faja con borlas que caen sobre las caderas.

Xochitécatl, Nativitas, Tlaxcala.

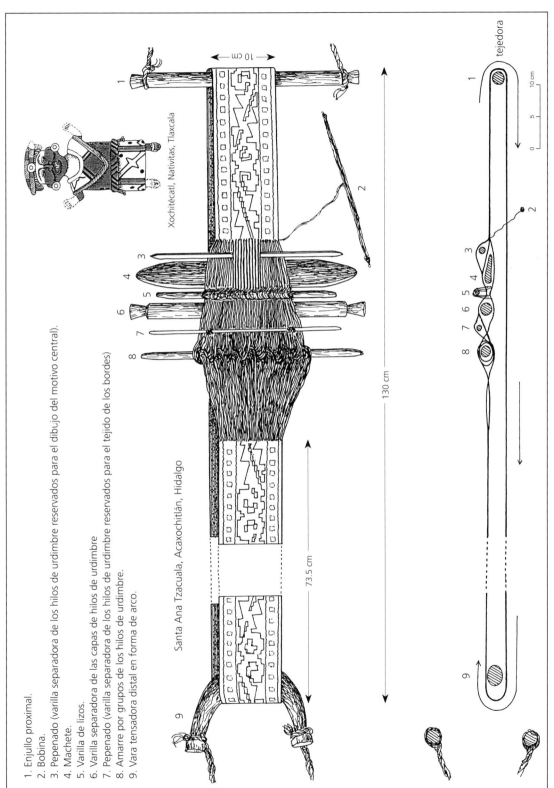

1. Enjullo proximal.
2. Bobina.
3. Pepenado (varilla separadora de los hilos de urdimbre reservados para el dibujo del motivo central).
4. Machete.
5. Varilla de lizos.
6. Varilla separadora de las capas de hilos de urdimbre
7. Pepenado (varilla separadora de los hilos de urdimbre reservados para el tejido de los bordes)
8. Amarre por grupos de los hilos de urdimbre.
9. Vara tensadora distal en forma de arco.

Xochitécatl, Nativitas, Tlaxcala

Santa Ana Tzacuala, Acaxochitlán, Hidalgo

tejedora

LÁMINA 6. *Tejido en forma de aro.*

de un verbo para referirse a "lo que es digno de [ser atado]", mientras que *ne* significa "la gente". Molina traduce *xillan* como "en la barriga o vientre". Cuitla- tecomatl significa también "vientre". El diccionario de Siméon (1965) indica que la palabra *ylpilo* viene del verbo *ilpia*, "atar". Estas palabras náhuatl son palabras compuestas, que indican tanto el gesto como el uso. La palabra *ciua* precisa que se trata de una faja de mujer.

A través de los siglos esas palabras del náhuatl clásico desaparecieron casi por completo de la lengua hablada de los indios o sufrieron una transforma- ción. Casi en todos los lugares donde se sigue hablando el náhuatl, la faja de mujer es conocida como *pasha* (deformación de "faja"), sobre todo en la región de Huauchinango, Naupan y Xicotepec (Pue.). La palabra es usada también en la región de Hueyapan y Cuetzalan (Pue.). Sin embargo, en ambas regiones, se usa sobre todo *ilpikat*, "lo que ata". En Tetelcingo (Cuautla, Morelos), la faja ancha de mujer es conocida como *paxajtle*, mientras que la faja estrecha es lla- mada *cuitlapilli*.

Todo parece entonces indicar que la faja existía desde antes de la conquista. No obstante, es probable que no constituyese en aquella época un elemento esencial de la vestimenta femenina. Seguramente estaba reservada a las faldas de las deidades y de las mujeres de alto rango; quizá solía usarse también so- lamente en ocasión de ceremonias determinadas. Ciertos grupos sociales de- ben de haberla adoptado antes que otros.

La educación social

Las niñas aztecas sólo empezaban a usar falda a partir de los cinco años (*Có- dice Mendocino*, 1992: fol. 58r). Incluso en nuestros días, en ciertas localidades indias, los niños y las niñas de muy corta edad andan con las nalgas al aire; sin embargo, a partir de los cinco o seis años se les pone a las niñas una faldita de tela ligera tejida por su madre. A esa falda se le llama "mantila" en la región de Huauchinango.

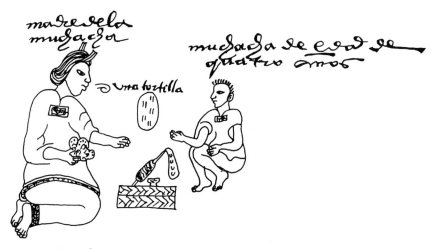

Niña de cuatro años. Códice Mendocino *(fol. 58r).*

El algodón y la lana

Durante el siglo XVI, en tierra caliente, donde se cultiva el algodón, todas las mujeres vestían faldas de ese material. La *Relación de la conquista que hizo Nuño Beltrán* menciona que en todas las localidades de la costa de Nayarit y del sur de Sinaloa, hacia 1530-1532, la gente vestía ropa de algodón: "así anda la gente bien vestida con sus mantas é naguas, é hay mujeres hermosas" (1963: 320).

La cerámica antropomorfa posclásica de la Huasteca muestra a las mujeres vestidas con faldas de algodón con rayas horizontales blancas, negras o rojas. Las mujeres tarascas iban ataviadas con faldas cortas de tela cuadriculada o rayada. En la lámina XIX de la "Relación de Michoacán" (Jerónimo de Alcalá, 2000: 495), la diosa Xaratanga lleva una falda muy corta, con cuatro franjas horizontales, rojas y blancas sucesivamente. Las mujeres mayas tenían faldas de colores que iban de la cintura hasta media pierna (*Relaciones histórico-geográficas…*, "Relación de Motul", 1983, I:). Las totonacas, por su parte, que eran muy buenas tejedoras, lucían faldas adornadas en toda su superficie o sólo cerca del borde inferior, probablemente en función del rango que ocupaban. Así aparecen vestidas en la lámina V del *Códice de Huexotzinco* (1531) que muestra a 12 mujeres totonacas vendidas como esclavas en 1529. Todas ellas visten quechquémitl, y es probable que sean oriundas de Hueytlalpan, región totonaca vecina de Huexotzingo.

En el Altiplano, las prendas de fibra de maguey fueron rápidamente abandonadas por la clase privilegiada, que prefería las prendas de algodón recibidas como tributo. Las relaciones geográficas de Coatepec y de Chimalhuacán (1577-1589) describen las faldas de las mujeres nobles hechas de tela ligera

Falda sin faja. Platanito, Valles, San Luis Potosí
(colección particular).

Códice de Huexotzinco, *lámina v.*

de algodón, adornadas con hilos de colores teñidos gracias al uso de pelo de conejo y plumas. El *Códice Kingsborough* representa los huipiles y faldas exigidos como tributo. Se trata de faldas ricamente adornadas con dibujos geométricos que cubren toda la superficie de la tela o forman franjas decorativas bastante anchas.

Las faldas de algodón siguen siendo usadas en varias regiones de tierra caliente de México, como por ejemplo en las regiones de Tehuantepec, Jamiltepec o Pinotepa de Don Luis, en el litoral del océano Pacífico. El peso de las faldas varía y es de entre 400 y 700 g, según la riqueza del tejido y la cantidad de hilo de algodón utilizado. Esas faldas se llevan sin faja. Las mujeres poseen sólo una o dos de ellas, y se las ponen en circunstancias muy particulares, embarazo o fallecimiento (Drucker, 1963). Una punta de la falda se dobla y mete debajo de la tela, a la altura de la cintura, para evitar que se caiga.

Mujer tarasca de Cherán, Michoacán, según una fotografía de Donald Cordry tomada en 1936.

El virrey Antonio de Mendoza, durante su mandato (1535-1550), introdujo las ovejas en la Nueva España. La lana obtuvo rápidamente gran éxito, y los indios de las tierras frías empezaron a vestir ropa hecha de ese material (Muñoz Camargo, 1972 [1892]: 264-265). Las faldas de lana son más pesadas que las de algodón, y su peso aumenta cuando se incrementa su amplitud o en función de los dictados de la moda. Acomodar los pocos o muchos pliegues alrededor de la cintura se torna entonces una necesidad.

Las faldas de lana actuales de las indias zapotecas del valle de Mitla (Oaxaca) pesan entre 2 y 3 kg. Sería imposible llevarlas sin recurrir a una faja, que permite además mantener los pliegues en su lugar. En los años treinta, las mujeres tarascas de Cherán (Michoacán), vestían faldas tan pesadas y con tantos pliegues que se precisaban varias fajas para mantenerlas en su lugar (Cordry, 1968: 111-112, figs. 74 y 75).

Función social y ritual de la falda

Los tributos representados en el *Códice Mendocino* muestran faldas adornadas con motivos simbólicos. Seguramente esas prendas sólo eran usadas para ceremonias determinadas.

Sin embargo, la falda, al igual que el taparrabos, era el símbolo mismo del pudor indígena. Ambas prendas eran las únicas consideradas indispensables. Quien se veía privado por la fuerza de alguna de ellas perdía su dignidad.

II. LAS PRENDAS SIN AJUSTAR

Estas prendas cuelgan sobre los hombros y tienen una abertura para pasar la cabeza.

1. Prendas para el busto

a) Los tatuajes

En tierra caliente las mujeres solían llevar el busto desnudo. Aún ocurre así en nuestros días. En efecto, el busto femenino carece para los indios de connotaciones sensuales. Tiene un fin utilitario: amamantar bebés.

Durante el periplo que lo llevó de Palenque a Tumbalá, Désiré Charnay (1863: 454) llegó a San Pedro (Savana). En busca de algo de comer, entró en la choza del "gobernador" del pueblo, donde dice haber visto a tres jóvenes, desnudas de la cintura para arriba, moliendo maíz en su metate, en tanto que una anciana de senos caídos movía con una cuchara de madera el contenido de una olla humeante.

En la Huasteca, hace 50 años, las mujeres indias de tierra caliente llevaban el torso desnudo mientras estaban en casa o cuando trabajaban en la milpa (G. Stresser-Péan, 1953: 227). Sólo se tapaban la parte alta del tronco para ir al mercado o para asistir a un acontecimiento público.

La cerámica antropomorfa huasteca del Posclásico representa siempre a las mujeres con el torso desnudo. Sin embargo, llevan el busto cubierto de tatuajes o de pinturas corporales, mismos que seguramente hacían las veces de vestimenta, en la medida en que el vestir pertenece al ámbito del parecer, cuyo papel consiste entonces en transmitir un mensaje. Sahagún (1938, III: 123) confirma esa costumbre cuando dice que los otomíes y los huastecos se adornaban el pecho y los brazos con tatuajes azules de gran finura.

Por su parte, las mujeres mayas tenían el pecho adornado con pinturas corporales, excepto los senos, que servían para amamantar a los niños (Landa, 1959: XXXI, 55). La "Relación de Motul" (1983: 272), escrita en 1581, dice que los hombres, al llegar a la edad de 25 años, se tatuaban "el cuerpo, brazos, piernas y el rostro", mientras que las mujeres lucían tatuajes en pecho y brazos.

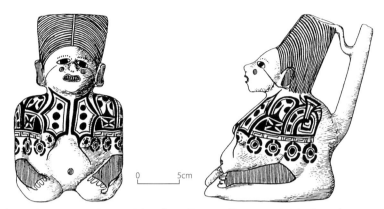

Vista Hermosa, Nuevo Morelos, Tamaulipas. VH 10, Sepultura II.

b) Lienzos para tapar el busto

En la península de Yucatán, en la región de Campeche, en 1566, fray Diego de Landa describe el traje femenino. Las mujeres iban generalmente con el torso desnudo, aunque también "se tapaban los pechos atándoselos por debajo de los sobacos con una manta doblada" (1959: XXXI, 55-56). La "Relación de Valladolid", que data de 1579, describe también el traje femenino de esa región: las mujeres andan con el busto desnudo, pero en ocasiones tapan su larga cabellera "con un pañuelo de algodón abierto a manera de habitillo corto, que también les servía de tapar los pechos" (1983, I: 40).

En 1952, en Pinotepa Nacional (Jamiltepec, Oax.), Bodil Christensen fotografió a una mujer mixteca ataviada con esa prenda, llamada localmente "huipil cuadrado" o "huipil de tapar". En 1960, en Pinotepa de Don Luis (Jamiltepec, Oax.), Cordry (1968: 303) señala la existencia de una prenda similar, cuadrada o rectangular, que cubre la cabeza, los hombros y el busto de la mujer. En una fotografía tomada por Cordry en 1965 en Jamiltepec es posible apreciar a una mujer así vestida (1968: 303, lám. XIII). En 2005 adquirimos uno de esos huipiles cuadrados tejidos en Pinotepa de Don Luis, pertenecía a la colección de la familia Franco, oriunda de Pinotepa Nacional. La prenda data de mediados del siglo XX. Hecha de algodón blanco, está compuesta por tres lienzos de cuatro orillos, tejidos por separado. El tejido es fino, tupido y regular, y lleva rayas decorativas transversales, producto de la introducción de tramas dobles. Las costuras de unión de los tres lienzos están hechas con puntada calada. Cada lienzo tiene la misma longitud pero los anchos varían ligeramente. Este huipil cuadrado mide 1.16 × 0.95 m (véase lámina 7).

Cabe asimismo hacer notar que en toda esa región de la Mixteca Baja, la túnica llamada huipil es llevada de la misma manera; no es colocada por completo, excepto al momento de morir para el gran viaje. Por lo tanto, es posible que el porte de esa prenda haya antecedido el uso del huipil como tal.

En Yucatán, para salir las mujeres se tapaban el busto con prendas comparables al huipil cuadrado o al huipil de tapar de la región de Jamiltepec.

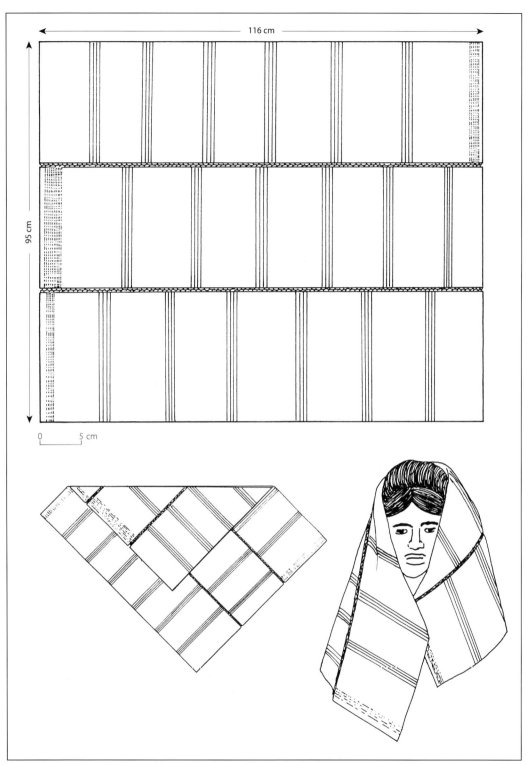

LÁMINA 7. *Pinotepa de Don Luis, Jamiltepec, Oaxaca.*
Manera de llevar el huipil cuadrado.

2. El huipil

a) Definición, descripción

El huipil era una de las prendas de vestir tradicionales de Mesoamérica para cubrir de la cintura para arriba el cuerpo femenino, y a menudo el cuerpo entero. Fray Toribio de Benavente "Motolinía" (1903: 192) dice que los españoles llamaban "camisa" al huipil "por ser ropa delgada".

La palabra náhuatl *uipilli* no tiene etimología conocida. El huipil es una tela rectangular de dos o tres lienzos tejida en telar de cintura. Los lienzos van cosidos juntos a lo largo (*Códice Magliabechiano*, fol. 85r). El trozo de tela obtenido es doblado a la mitad. Al centro del pliegue, una abertura vertical permite pasar la cabeza. Cada extremo de la abertura va marcado por un tejido pequeño de forma rectangular. Al coser entre sí los dos bordes laterales se obtiene una túnica, habiéndose dejado en la parte superior de cada lado una abertura más o menos grande por donde pasan los brazos. El huipil mesoamericano es pues una prenda femenina muy sencilla, de fácil realización. Había por supuesto huipiles de diferentes tallas y de ancho variable.

Los huipiles de los códices mixtecos eran cortos y llegaban apenas a medio cuerpo, a semejanza del huipil de la lámina 61r del *Códice Vaticano Ríos*, que representa la vestimenta de las mujeres mexicanas, zapotecas o mixtecas. Hoy en día, las mujeres zapotecas del Istmo de Tehuantepec siguen llevando ese tipo de huipil.

Sin embargo, la mayoría de los huipiles eran largos y a menudo muy amplios. En el *Lienzo de Tlaxcala* (1983, fol. 6), el huipil de la Malinche cae hasta la mitad de la pierna, y es tan amplio que tapa los brazos hasta las muñecas. En el siglo XX, Irmgard W. Johnson (1953) señala la existencia de huipiles más largos que anchos, por ejemplo en el estado de Oaxaca, entre las cuicatecas de San Andrés Teotilapan o entre las mazatecas de Huautla de Jiménez. Tenemos en nuestra posesión dos huipiles zapotecos: el primero (Zap/45), de Yalalag, mide 83 cm de largo por 1.10 m de ancho; el segundo (Zap/62), de San Melchor Betaza (Villa Alta, Oax.) es casi cuadrado (1.08 × 1.10 m).

El huipil iba casi siempre adornado con una franja decorativa en la parte inferior. También podía llevar una o más franjas verticales o bien ir adornado en su totalidad. El *Códice Azcatitlán* (lám. 24) representa a cinco mujeres, probablemente nobles, ataviadas con huipiles ricamente adornados. Esos huipiles de lujo, al igual que las tilmas de los hombres (Relaciones geográficas del siglo XVI, "Relación de Tlaxcala", 1985, II: 36), eran a menudo tejidos con hilos de algodón y pelos de conejo *(tochomitl)*. Motolinía afirma que eran tan suaves como la seda (1903: 192). En efecto, el algodón era hilado con pelos de conejo para facilitar la adherencia del tinte. En Papantla existe una semejanza entre palabras que confirma esa costumbre: los totonacos llaman al conejo *tampanamac*, mientras que *panamac* designa el algodón (G. Stresser-Péan, 2003: 33-34).

Huipil de tres lienzos.
Códice Magliabechiano *(fol. 85r).*

La Malinche viste un huipil muy amplio.
Lienzo de Tlaxcala *(fol. 6).*

Huipiles ricamente adornados. Códice Azcatitlán, *lám. 24.*

En el Museo Nacional de Antropología de la Ciudad de México se encuentra un huipil que según análisis data de finales del siglo XVII, principios del XVIII; se le llama "el huipil de la Malinche" (H. Meneses, 2008, p. 23). La tela muestra finas rayas verticales de algodón blanco y otras de algodón café, conocido como coyuchi. La prenda está compuesta por tres lienzos. Cerca del borde inferior, va ricamente adornado. Los hilos empleados para el brocado y la tapicería son de algodón, lana y seda. El adorno incluye plumón muy fino (Johnson, 1989: 171). El huipil, casi cuadrado, mide 1.08 m de alto por 1.40 m de ancho. Caía entonces hasta medio muslo.

Recientemente, en los años ochenta, fue adquirido en la ciudad de Puebla un fragmento textil antiguo que tuvimos la oportunidad de conservar unos días para tomarle fotografías. Irmgard W. Johnson (1989: 171-172) pudo estudiarlo; se trataba de un fragmento de huipil muy semejante al conocido como "de la Malinche". Una franja decorativa adornaba la parte inferior de la prenda, había sido tejida con hilos de lana, seda y algodón torcido con plumón. Las técnicas de tejido son las mismas: brocado de trama y tapicería. De la misma manera, el plumón forma parte de la decoración. Se trata de un fragmento de tela finamente tejido que data de 1770, +/- 40 años (H. Meneses, 2008, p. 29).

b) Distribución geográfica

El huipil se encuentra visiblemente emparentado con las túnicas de los indios del noroeste de América del Sur, utilizadas por ambos sexos y que podían llegar a ser muy anchas, por ejemplo entre los arhuacos de la Sierra Nevada de Santa Marta, en Colombia. Esas túnicas sudamericanas también eran llevadas en América Central, y su existencia ha sido señalada entre los misquitos, los sumus y los jicaques, así como entre los lacandones de Chiapas.

Helga Larsen (1964) relata la visita que realizó en 1936 a la localidad maya de Xcacal (Quintana Roo). En los cuatro puntos cardinales, a orillas del pueblo, había cruces cristianas vestidas con una túnica, que cumplían una función protectora. Otras cruces más pequeñas, de 28 cm de alto, también vestidas con una túnica, habían sido colocadas en el altar doméstico para velar por la familia. Esa cruz recibía en maya el nombre de *cichcelem yum*, "joven, poderoso y hermoso Señor".

En la última década del siglo XX, Alonso Ángeles (1994) señala la presencia de cruces semejantes en la región de Felipe Carrillo Puerto, probablemente en el mismo pueblo de Xcacal. Empero, las cruces con túnicas de hombre ya sólo se encontraban en los altares domésticos y en casa del curandero. Se trata pues de una añeja tradición que ha perdurado hasta nuestros días y que hace pensar que tiempo atrás los hombres de la península solían llevar túnicas, como en América del Sur.

Bernal Díaz del Castillo (1944, I: 62) describe asimismo a los sacerdotes mayas que vio en Yucatán, ataviados con una larga túnica de algodón blanco que les llegaba a los pies. Menciona también su cabellera, impregnada de sangre.

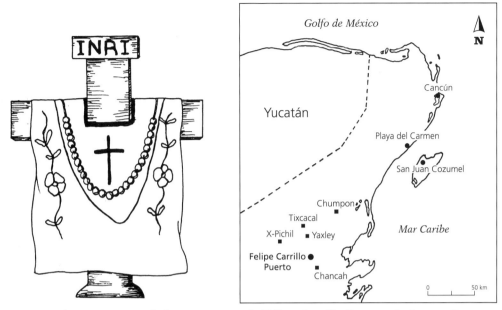

Cruz vestida proveniente de la zona maya de Felipe Carrillo Puerto, Quintana Roo.
(según un dibujo de W. E. Morris Jr.).

Los cronistas dan fe de que a la llegada de los españoles el huipil era usado en casi todo México meridional, excepto en Yucatán. Ciertos testimonios arqueológicos contradicen, sin embargo, las afirmaciones de los cronistas del siglo XVI. Así, el mural descubierto en Calakmul, Campeche, en 2004 (Carrasco Vargas y Colón González, 2005: 40), muestra a mujeres mayas ataviadas con un huipil probablemente ceremonial. Por su parte, las figurillas femeninas de Jaina (Camp.) parecen lucir huipiles muy amplios (Foncerrada y Cardós: 1988, lám. 28).

El clima sumamente caluroso que castiga todas las bajas tierras mayas explica la contradicción aparente entre lo que afirman los cronistas y las representaciones figurativas. La gran mayoría de las mujeres andaba con el torso desnudo, y el huipil sólo se usaba en circunstancias particulares.

Tras la conquista, la Iglesia logró extender el uso del huipil entre todas las mujeres mayas: "El traje que usan ahora (1581) [...] las mujeres traen unas camisetas de algodón que llaman guaupil [huipil], y sus tocas de manta de algodón". (Relaciones histórico-geográficas..., "Relación de Izamal y Santa María", 1983, I: 307; véase también "Relación de Motul", 272)

El huipil también era llevado en el Altiplano por las mexicas, las acolhuas, las chalcas, las tlaxcaltecas, las tlahuicas, las otomíes, etcétera.

En lo que atañe a las otomíes, Soustelle (1937) parece pensar que las mujeres abandonaron el huipil poco después de la Conquista y lo sustituyeron por el quechquémitl. Sin embargo, el cambio no fue ni inmediato ni total, pues las *Relaciones geográficas* de 1580 muestran que llevar huipil seguía siendo habitual en la mayoría de los pueblos otomíes. El cambio siguió su curso en

*Mujer noble vestida
con un huipil.
Jaina, Campeche.
MNA, Ciudad de México.*

el transcurso de la época colonial, de tal manera que Soustelle, durante sus investigaciones de campo entre 1932 y 1934, sólo vio mujeres otomíes vestidas con quechquémitl. No menciona el huipil entre las prendas de vestir otomíes. El autor concluye que el quechquémitl sustituyó al huipil, llegando al punto de ser confundido con este último (Soustelle, 1937: 515) y de haber contribuido a su olvido. Probablemente, Soustelle va demasiado lejos ya que, en 1898, Starr (1900: 7) a su paso por Huixquilucan (Edo. de Méx.), vio aún a las mujeres otomíes llevar huipil. Compró una de aquellas prendas, misma que se encuentra hoy en el Field Museum de la ciudad de Chicago.

En el transcurso de la época colonial, el quechquémitl sustituyó también al huipil entre los nahuas del centro de México central, llegando incluso hasta el estado de Morelos, principalmente a la localidad de Tepoztlán.

3. El quechquémitl

a) Definición

El quechquémitl (*kechkemitl* en náhuatl) designa una prenda destinada a tapar la parte superior del cuerpo de las mujeres. *Kechtli* significa "cuello" en náhuatl y *kemitl* "tela". Es una prenda que se lleva alrededor del cuello. Los españoles conocieron el quechquémitl mucho después que el huipil y, en el siglo XVI, no sabían bien a bien cómo llamarlo. Molina mismo en su *Vocabulario…* (1571), traduce *quechquémitl* como "papahigo", es decir, "gorro de paño que cubre el cuello y parte de la cara para resguardar del frío" (Espasa Calpe, 1958). Es probable que Molina no hubiese visto nunca un quechquémitl. El padre Ríos, quien escribió su comentario hacia 1570 (*Códice Vaticano Ríos*, lám. 61r) declaraba no haber visto nunca personalmente un quechquémitl, pero comentaba que a decir de los ancianos, era parte de la vestimenta de las mujeres "gerastecas", es decir, huastecas. Fray Alonso Ponce (1873, II: 58-59) describe en 1587 el quechquémitl como "capisayos con dos puntas o picos largos, uno detrás y otro delante". Tezozómoc habla de "huipiles puntiagudos que llaman quechquémitl" (1878: 483), mientras que el encomendero Cristóbal de Tapia describe en 1577 el traje de las mujeres totonacas de Papantla como un "güipil a manera de sambenito" (Relaciones geográficas del siglo XVI, "Relación de Hueytlalpa", 1985, II: 174), siendo el "sambenito" una prenda de penitencia destinada a los condenados por la Inquisición.

Finalmente, en los *Primeros memoriales*, los informantes de Sahagún (1997) llaman *uipil* al quechquémitl con el que van ataviadas las diosas. Cihuacóatl (fol. 264r) va engalanada con "su huipil florido de la tarde" *(y yaxochiauipil ypan)*. Sin embargo, en el *Códice Florentino*, escrito varios años más tarde, los informantes utilizan la palabra "quechquémitl" para referirse al traje de las mujeres totonacas: *"cioa in tlatlapalcue catca, quechquemeque catca, tlatlapalli, çanitli in jinquechque in toveliecaoa in pilchioa"* (Sahagún, 1950-1969: libro x, 184).

Primeros Memoriales
(fol. 264r).

b) Descripción

Existían en el siglo XVI tres tipos diferentes de quechquémitl.

1) Al parecer, el quechquémitl más antiguo era de forma cuadrada, obtenido con un solo lienzo rectangular doblado en dos. Una sola costura cerraba la prenda, dejando una única apertura para dejar pasar la cabeza. Por lo tanto, no incluía escote. Las puntas de la prenda sólo podían caer una al frente y otra por detrás. Cuando el quechquémitl era amplio, tapaba los brazos; cuando era más pequeño, dejaba los brazos libres. Esta descripción explica la confusión de los cronistas españoles, cuando hablan de "capisayos con puntas" o "huipiles puntiagudos" (véase lámina 8).

Este quechquémitl es muy fácil de confeccionar, de allí que en nuestra opinión sea anterior a los otros dos tipos de quechquémitl que mencionaremos ahora.

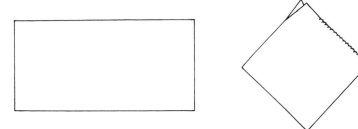

2) El quechquémitl compuesto por dos lienzos rectangulares de idéntico tamaño, da también como resultado una prenda con un pico al frente y otro por detrás. El lado más estrecho de uno de los lienzos va unido al lado más largo del otro. Se obtiene así un escote cuadrado, por donde puede pasar la cabeza. Los brazos permanecen destapados.

Para confeccionar un quechquémitl así es preciso, para empezar, que la tejedora sea lo suficientemente hábil como para tejer dos lienzos de idéntica dimensión. También se requirió en su momento, el poder necesario de abs-

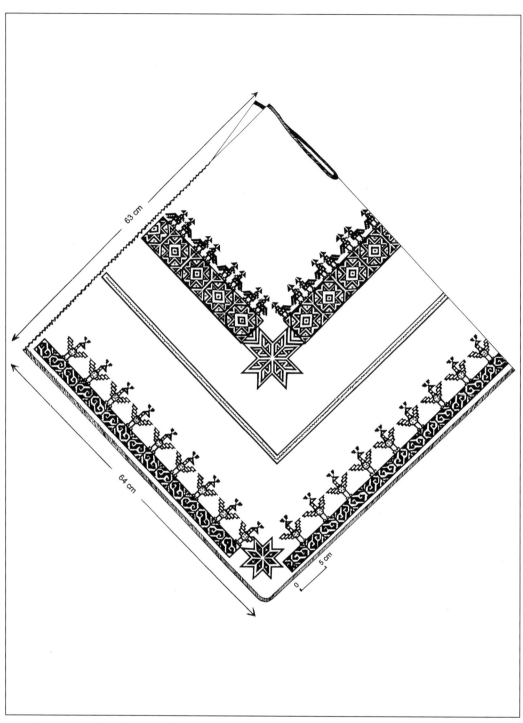

LÁMINA 8. *Quechquémitl cuadrado que las mujeres huicholas seguían llevando en el siglo XX. Colección Guy y Claude Stresser-Péan (70/HUIC-01664). San Andrés Coamiata, Mezquitic, Jalisco.*

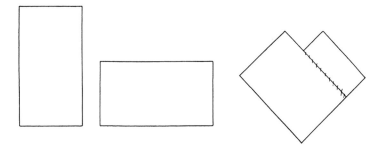

tracción como para imaginar semejante figura de geometría plana que, al unir en circuito cerrado dos lienzos, crea este tipo de prenda sin pasar por el corte.

3) La hechura del tercer tipo de quechquémitl es muy semejante a la anterior. Incluye también, dos lienzos idénticos de forma casi rectangular. Sin embargo, una vez puesto, la parte trasera y la parte delantera van redondeadas. Lleva un escote que puede ser muy amplio. Tejer este tipo de quechquémitl, es un proceso muy complejo, pues requiere aplicar dos técnicas diferentes, el tejido "en curva", que es una técnica precortesiana característica de México, y el tejido "en forma", al que recurren todas las tejedoras para transformar la hechura de una prenda, y que consiste en introducir tramas de relleno irregulares que modifican los contornos del lienzo y van dándole forma a la tela (véase lámina 9).

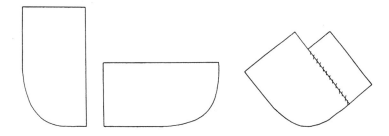

El tejido en curva es un tejido muy sofisticado, en el cual ciertos hilos de urdimbre previamente cortados por la tejedora son introducidos como hilos de trama, formando así una curva sin recurrir ni al corte ni a la costura. Este último tipo de quechquémitl parece estar especialmente bien representado en las figurillas del Clásico terminal de Xochitécatl, Tlaxcala (Serra Puche, 2001: 265; véase también Serra Puche, 1998).

Esta prenda subsiste aún en nuestros días tanto entre las otomíes de Santa Ana Hueytlalpan (Hidalgo) como en San Pablito (Pahuatlán, Pue.). También era llevado, hasta 1950, en la localidad nahua de Zontecomatlán (Ver.). (Véase el anexo, p. 249.)

Había quechquémitls de todos tamaños. En general, parecen haber sido muy amplios, de tal manera que la punta o el extremo redondeado caía por debajo del ombligo. Una de las figurillas del sitio arqueológico de Xochitécatl lleva a un niño del lado izquierdo, dentro de su quechquémitl en punta. Nicha,

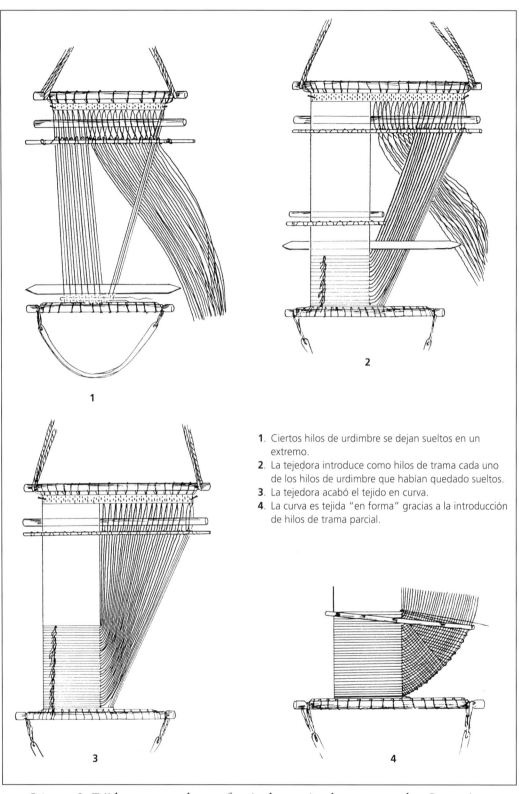

1. Ciertos hilos de urdimbre se dejan sueltos en un extremo.
2. La tejedora introduce como hilos de trama cada uno de los hilos de urdimbre que habían quedado sueltos.
3. La tejedora acabó el tejido en curva.
4. La curva es tejida "en forma" gracias a la introducción de hilos de trama parcial.

LÁMINA 9. *Tejido en curva de una franja decorativa bastante ancha. Santa Ana Hueytlalpan, Tulancingo, Hidalgo (véase el anexo).*

nuestra informante otomí de San Pedro Tlachichilco (Hgo.) nos contó que hace tiempo, cuando su madre era joven, es decir, alrededor de los años treinta, los quechquémitls eran tan grandes que servían para cargar a los niños pequeños, aunque ahora los cargan con rebozo.

Al igual que la figurilla de Xochitécatl, las mujeres indígenas de hoy cargan casi siempre a los niños sobre el costado izquierdo, seguramente porque resulta más cómodo para trabajar y porque permite conservar libre la mano derecha.

En los tiempos precortesianos había pues quechquémitls muy amplios, pero también los había más pequeños. El *Códice de Huexotzinco* de 1531 (lám. v) nos presenta a 12 mujeres totonacas vendidas como esclavas, vestidas con quechquémitls cortos que les llegan por encima del ombligo.

Los hermosos quechquémitls recabados en 1971 por Galinier en la región de Huehuetla (Hgo.) y Pantepec (Pue.), de los que hablaremos más adelante, son idénticos.

Desde el más sencillo hasta el más florido, los quechquémitls antiguos presentan una gran diversidad decorativa que obedece a las reglas sociales de un grupo étnico. Los quechquémitls de todos los días debían ser sencillos, con pocos adornos. El manuscrito del *Códice Florentino*, al final del capítulo sobre los totonacos (libro x, cap. xxix) muestra un pequeño dibujo donde aparece una pareja totonaca. La mujer va ataviada con un quechquémitl blanco, puntiagudo, con una estrecha franja decorativa roja y unos cuantos motivos de adorno a lo largo del borde. La franja decorativa estaba probablemente tejida en curva. De hecho, parece verosímil que la mayoría de los quechquémitls usados por las mujeres en tierra caliente, haya sido scmejante a ese quechqué-mitl totonaco, seguramente con algunas variantes.

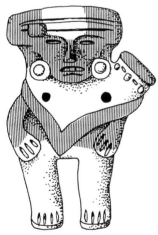

Cargando un bebé
con el quechquémitl.
Xochitécatl, Nativitas,
Tlaxcala.

Códice de
Huexotzinco,
lám. v.

Pareja totonaca.
Códice Florentino,
núm. 195, cap. 29.
Florentine Codex, vol. x.

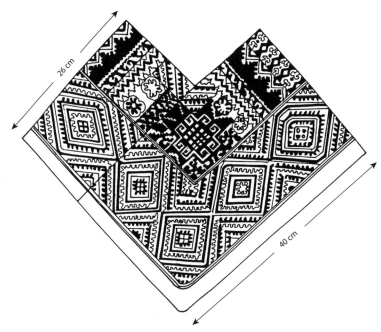

San Antonio, Huehuetla, Hidalgo. Indios otomíes, 1971.

Cabe añadir que esa franja decorativa debía de cumplir también, en ciertos casos, una función utilitaria, que consistía en impedir la deformación de la tcla. Es probable que por esa razón numerosos "lienzos" o documentos pictográficos sobre tela hayan incluido un marco de hilos tejidos en curva. El *Lienzo de Tuxpan* núm. 2, conocido también como *Mapa regional primero*, está hecho de algodón tejido e incluye tres lienzos. Lleva un marco de cuatro cordones tejidos en curva en cada esquina.

Irmgard W. Johnson (1966) describe el tejido del *Lienzo de Ocotepec*, que data del siglo XVI. Va enmarcado por cuatro cordones, al igual que el *Lienzo de Tuxpan* (véase lámina 10).

Otros quechquémitls de uso cotidiano eran sencillamente de tela roja, azul o verde, con una estrecha franja de tela blanca en la orilla de la prenda.

La mujer "gerasteca" del *Códice Vaticano Ríos* (lám. 61r) va ataviada con un quechquémitl rojo.

Los adornos de los quechquémitls presentaban una infinita variedad. La diosa Cihuacóatl (Sahagún, 1993: fol. 264r) va engalanada con un quechquémitl bicolor, con dos franjas blancas muy estrechas que separan ambos colores. Los informantes de Sahagún dicen que es una prenda "florida", es decir, con adornos.

Los pequeños quechquémitls totonacos que visten las 12 esclavas del *Códice de Huexotzinco* van cubiertos de motivos geométricos. Lo mismo ocurre en la Sierra de Puebla, donde Galinier (1979: 271-277) recabó en 1971, en los municipios de Tlaxco, San Lorenzo Achiotepec y Huehuetla, hermosos quechquémitls de adornos geométricos rojos y negros, hechos con un complejo te-

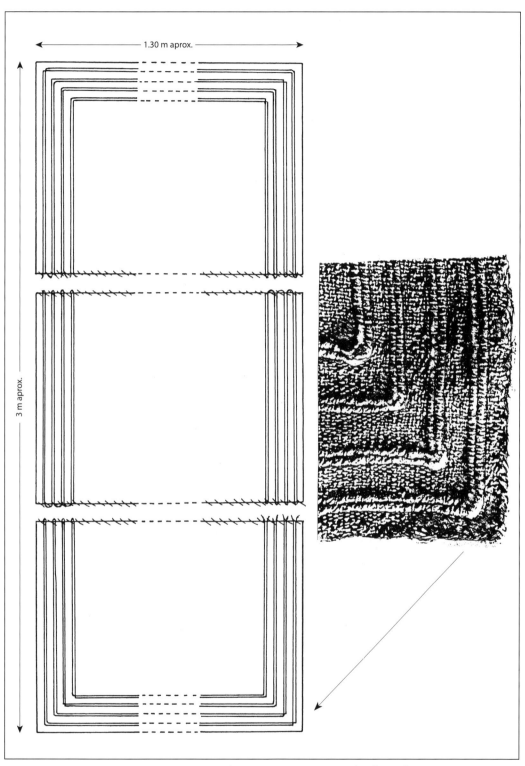

LÁMINA 10. *Lienzo de Ocotepec, Oaxaca (siglo XVI),*
según Irmgard W. Johnson, 1966.

La "gerasteca" viste un quechquémitl y la mexicana un huipil.
Códice Vaticano Ríos, *lám. 61r.*

jido que asocia en la misma prenda las caras de urdimbre y trama, el tejido
en curva y el brocado de trama. Esos quechquémitls son, con toda certeza, de
tradición precortesiana. El quechquémitl que las mujeres totonacas de Pantepec (Pue.) tejían y llevaban aún en los años sesenta sigue el mismo modelo
decorativo.

Por su parte, las diosas aztecas iban ataviadas con quechquémitls adornados con mayor o menor riqueza. Los bordes a menudo llevan borlas o flecos
(Solís, 1982). En el Altiplano, las mujeres mazahuas usan en la actualidad
quechquémitls con flecos. Sin embargo, en esa misma región, en Malinalco
(Edo. de Méx.), pudimos fotografiar y dibujar una figurilla femenina vestida
con un quechquémitl con borlas y una falda ricamente adornada. La figurilla
moldeada pertenece a todas luces a la época posclásica tardía, en tiempos de
la ocupación azteca. Representa a una deidad (véase lámina 11).

En la Huasteca también y sobre todo, en las regiones de Tancanhuitz y
Tanlajás (SLP), las mujeres usan quechquémitls con flecos (véase lámina 12).

Los quechquémitls que lucen las figurillas de Xochitécatl tienen en su mayoría un extremo redondeado. Sus adornos son tan complejos como su tejido.
La ancha franja central va enmarcada por estrechas franjas blancas, a menudo
cubiertas de motivos geométricos negros.

En ocasiones esa misma franja central alterna zonas rojas y zonas blancas con adornos negros geométricos. Casi todas las figurillas se presentan en
actitud de oración, con los brazos en alto; según Bodo Spranz (1982), se piensa
que representan a las diosas Xochiquétzal o Cihuateteo, es decir, a diosas de
la fertilidad y de la fecundidad.

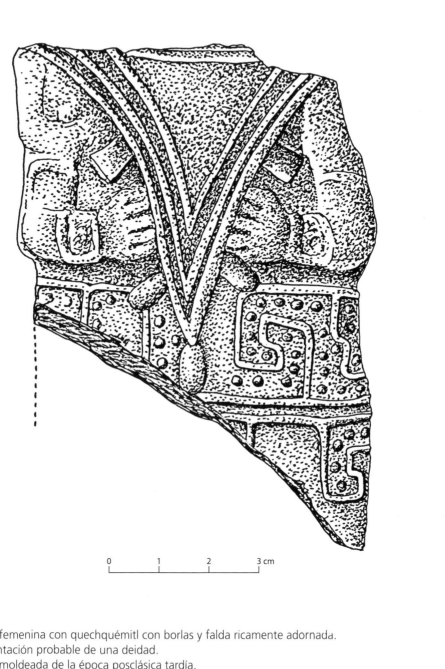

0   1   2   3 cm

Figurilla femenina con quechquémitl con borlas y falda ricamente adornada.
Representación probable de una deidad.
Figurilla moldeada de la época posclásica tardía.
Altura actual: 9.6 cm. Profundidad: 1.2 cm aprox.
Malinalco, Estado de México. Colección particular.

LÁMINA 11. *Las deidades femeninas aztecas vestían quechquémitl cuyos bordes podían ir adornados con borlas.*

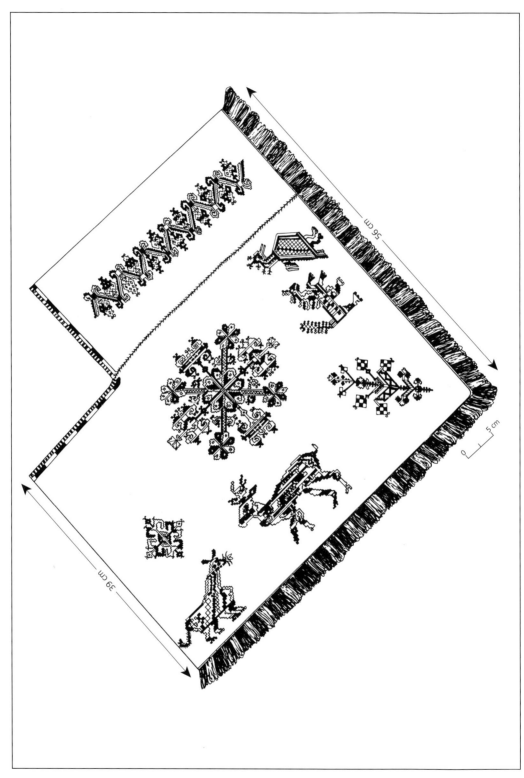

LÁMINA 12. *Quechquémitl con flecos de las huastecas de El Naranjal, Tanlajás (SLP) (38/HUAQ-00112) adquirido por Guy Stresser-Péan en 1938. Sus adornos representan la bóveda celeste.*

56 cm

39 cm

0   5 cm

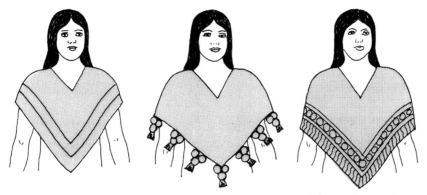

Quechquémitls del altiplano, según la lám. XVII del estudio inédito de Felipe Solís (1982).

Xochitécatl, Nativitas, Tlaxcala.

c) Cronología y distribución geográfica

La historia de la indumentaria está estrechamente relacionada con la de las conquistas y las migraciones. Así fue como los invasores mongoles, por ejemplo, introdujeron en Europa, la chaqueta de origen chino (Haudricourt, 1987).

El quechquémitl parece haber sido ideado por indios seminómadas y guerreros que vivían en la Sierra de Nayarit y sus alrededores. El noroeste de México era, en efecto, una zona marginal principalmente poblada por hablantes de lenguas uto-aztecas, entre ellas el náhuatl. En el siglo XVI, fray Antonio de Ciudad Real, que acompañaba a fray Alonso Ponce (1873, I: 352; II: 58-59) durante la gira de inspección de las misiones franciscanas, hizo constar en 1586 la presencia del quechquémitl entre los nahuas de Nicaragua. Posteriormente, quedó fuertemente impresionado durante uno de sus viajes, al encontrar de nuevo la misma prenda, no sólo en la Sierra de Nayarit sino también un poco más hacia el sureste, entre los cazcanes, que habían extendido su dominio hasta el gran lago de Chapala.

A principios del siglo XX, el quechquémitl seguía siendo tejido y llevado por las huicholas (Lumholtz, 1902, II) y por las coras. Se trata de una prenda de forma cuadrada, semejante a la que sigue hoy en uso entre las mujeres huicholas.

El quechquémitl habría llegado tardíamente a la planicie central de México, una vez que los pueblos nahuas empezaron a asentarse en ella.

Es factible pensar que los primeros en llegar hablaban un dialecto nahua bastante arcaico, y que no permanecieron demasiado tiempo en la parte central del país. Continuaron su migración y fueron a asentarse en la localidad de Pochutla, ubicada en el litoral meridional del Océano Pacífico, en el actual estado de Oaxaca. Franz Boas (1912), durante su estancia en México a principios del siglo XX, viajó a Pochutla para estudiar ese dialecto nahua que había logrado sobrevivir preservado por su aislamiento. Ahora bien, en el vocabulario publicado por Boas, "quechquémitl" aparece con el significado de "huipil". La transferencia de significado se explica probablemente por el hecho de que, desde hace siglos, el huipil constituye la vestimenta de todas las mujeres de la región de Pochutla.

De hecho, más adelante, Swadesh (1954-1955) aplicó al dialecto nahua de Pochutla sus métodos de glotocronología, llegando a la conclusión de que ese dialecto debía de haberse individualizado alrededor del siglo IX de nuestra era.

Durante el siglo X, cuando los toltecas-chichimecas abandonaron Tulancingo para fundar su capital en Tula (Jiménez Moreno, 1958), todo parece in-

Mujeres huicholas de finales del siglo XIX, con sus quechquémitls
(según una fotografía de Carl Lumholtz, 1902: 213).

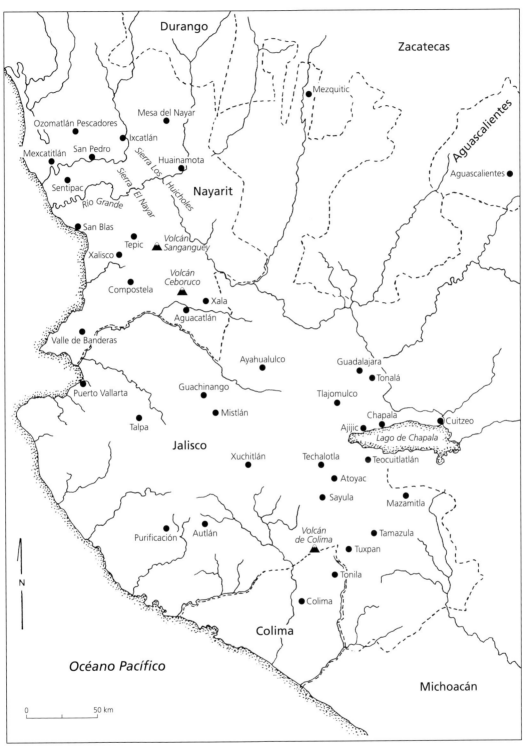

MAPA 9. *Sierra de Nayarit y regiones aledañas.*

dicar que las mujeres usaban el quechquémitl de las regiones indígenas occidentales. Las esculturas toltecas de Tula y sus alrededores muestran a mujeres toltecas ataviadas con el quechquémitl (Castillo, 1986: 245, fot. 13 y 15; Fuente *et al.*, 1988: fot. 5). Adela Breton dibujó y pintó en 1900, durante uno de sus periplos a caballo, la piedra de la Malinche ubicada en los alrededores de Tula (Romanría de Cantú y Piña Chan, 1993: 70). Ese bajorrelieve muestra a una mujer vestida con una falda y un quechquémitl. Aunque su peinado hace suponer que se trata de la diosa Xochiquétzal, las conchas que la rodean remiten también a Chalchiuhtlicue. El bajorrelieve data al parecer del Posclásico temprano.

Cuando los toltecas emprendieron la conquista de Nicaragua, introdujeron el uso del quechquémitl, así como la danza del *Volador* (G. Stresser-Péan, 2005).

En 1586 fray Alonso Ponce señala la presencia del quechquémitl en Nicaragua, describiéndolo puntiagudo, pequeño, negro con una franja decorativa de color, probablemente tejida en curva: "y échanles por orla y guarnición unas tiras anchas á manera de fajas". (1873, I: 352)

Acabamos de ver que el quechquémitl se extendió hasta América Central. También se propagó hacia el este, entre los huastecos, donde su presencia parece no ser muy antigua. Habría sido adoptado durante la época clásica, cuando los huastecos todavía eran vecinos directos de los pueblos nahuas del noroeste de México.

Durante los periodos Clásico y Posclásico temprano la Huasteca había podido, en efecto, establecer comunicación con el oeste de México, tomando prestados, entre otros, la técnica de la metalurgia (Hosler y Stresser-Péan, 1992)

Estatuas femeninas toltecas, ataviadas con quechquémitl. MNA, *Ciudad de México.*

Representación de una deidad ataviada con un quechquémitl. Bajorrelieve tolteca situado en los alrededores de Tula (según un dibujo de Adela Breton, 1993).

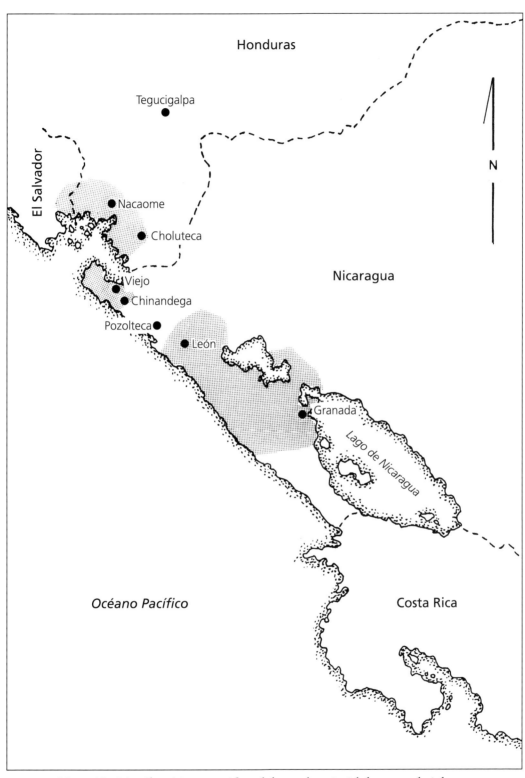

Honduras

Tegucigalpa

El Salvador

Nacaome

Choluteca

Nicaragua

N

Viejo

Chinandega

Pozolteca

León

Granada

Lago de Nicaragua

Océano Pacífico

Costa Rica

MAPA 10. *Distribución geográfica del quechquémitl durante el siglo XVI en Nicaragua y Honduras.*

y, probablemente, el uso del quechquémitl. Los totonacos habrían adoptado el quechquémitl al mismo tiempo que los huastecos. Sea como fuere, debido a lo caluroso del clima, las mujeres huastecas andaban generalmente con el torso desnudo.

En tiempos de la conquista, los huastecos ya no tenían contacto con el oeste de México, debido al avance de los nómadas chichimecas que habían ocupado la parte norte del centro de México.

Cuando los españoles llegaron a México el huipil seguía dominando en toda la zona meridional del país, así como el centro de México (incluso entre los otomíes), tal como lo demuestran las relaciones geográficas de 1580. Era parte de la vestimenta femenina entre los mexicas, los acolhuas, los chalcas, los tlaxcaltecas, los tlahuicas, etcétera.

La difusión del quechquémitl en la planicie central data de la época colonial, aunque quizá no fue tan amplia como podría haberlo sido debido a que la Iglesia, habiendo contribuido a extender en Yucatán el uso del huipil, prefería este último por ser más envolvente.

No obstante, el quechquémitl, vestimenta femenina entre los nahuas del oeste de México, logró alcanzar después una difusión extraordinaria, que comenzó en tiempos prehispánicos y se prolongó durante la época colonial. Obviamente, el fenómeno se vio consolidado por el prestigio cultural y militar de los nahuas; empero, parece probable que haya logrado buena aceptación entre las propias mujeres, que lo prefirieron al huipil por razones de comodidad: el quechquémitl permite cargar al bebé, facilita el amamantamiento, se presta a la práctica de diversas actividades técnicas como la molienda; además, es posible acomodar las puntas de cada lado del busto para facilitar los movimientos del cuerpo y de los brazos, tal como lo hacen hoy en día las mujeres de la Sierra de Puebla.

d) Contexto ritual

En Xochitécatl, el recuerdo del quechquémitl traído por los nahuas llegados del noroeste persistió. Ello podría explicar por qué las figurillas femeninas que representan deidades o que son utilizadas como exvotos, van ataviadas con quechquémitl.

Si bien los aztecas no desconocían el quechquémitl, según Patricia R. Anawalt (1984) éste era reservado a las diosas y sus representantes. A menudo, el quechquémitl se llevaba puesto por encima del huipil. Estamos entonces ante un contexto ritual principalmente relacionado con las ceremonias de sacrificio humano.

Las princesas y las deidades representadas en los códices del grupo Borgia van igualmente engalanadas con quechquémitls de uso ritual. En el *Códice Laud* (fol. 17), la diosa guerrera Cihuatéotl viste un quechquémitl pequeño. La prenda es roja y el escote va oculto por el peto de jadeíta que la diosa lleva al cuello.

Las 25 parejas divinas representadas en el *Códice Borgia* (fols. 58-60) muestran mujeres ataviadas con lo que parece igualmente ser un quechquémitl pequeño y puntiagudo.

Guy Stresser-Péan fotografió en 1956 el santuario pagano de Maitejá, entre los huastecos del rancho El Zopope (Aquismón, SLP). Se trata de un altar en honor a la diosa de las flores y de los bordados, que consta de dos piedras de unos 30 cm de altura, sin esculpir, que sirven de ídolos a las bordadoras; cada piedra va revestida con un quechquémitl miniatura.

Códice Borgia *(fol. 59).*

e) Una prenda similar al quechquémitl

Clavijero (1958, II: 334) escribe en el siglo XVIII que las mujeres aztecas solían llevar tres o cuatro huipiles, uno encima de otro, y hasta arriba un "camisón" o una especie de bolero que cubría los hombros. Tales boleros —o capas cortas— pudieron ser considerados muy similares a un quechquémitl.

Ciertos grandes personajes mayas, así como ciertas deidades de las regiones meridionales de México, solían llevar capa en ocasiones especiales. Las princesas y las diosas mixtecas, especialmente, son representadas en los códices del grupo Borgia ya sea con quechquémitl, ya sea con una especie de bolero o capa corta. Barbro Dahlgren emite la hipótesis de que todas las prendas que cubren el busto de esas deidades son boleros o capitas (1954: 119). Sin embargo, es muy posible que se trate en ciertos casos de quechquémitls puntiagudos.

Durante el periodo Clásico, entre los totonacos, las figurillas de barro y los murales como el de Las Higueras (Vega de Alatorre, Ver.) representan mujeres o deidades ataviadas con huipiles cortos. El sitio arqueológico de Las Remojadas (Soledad de Doblado, Ver.), presenta figurillas de barro que llevan capitas sin escote.

Las numerosas figurillas halladas en Teotihuacán, que datan por lo tanto del Clásico temprano y medio, visten a todas luces capas cortas, algunas de las cuales presentan una punta al frente y podrían hacer pensar en quechquémitls (Scott, 1993: figs. 1 y 2; Séjourné, 1966). Sin embargo, se trata sólo de la punta que forman sus brazos al levantar el centro de la tela, pues la prenda que cubre el pecho es recta en realidad. Podría pensarse que se trata de un quechquémitl con las puntas o extremos redondeados colocados sobre los hombros; empero, esa manera de ponérselo parece ser una costumbre reciente que se practica sobre todo en la Sierra de Puebla. Por añadidura, el quechquémitl cuadrado es difícil de llevar de esa manera.

Subrayemos, en efecto, ese importante detalle: todos los personajes femeninos representados en los códices y todas las estatuas aztecas llevan siempre puesto el quechquémitl con una punta al frente y otra por detrás.

Figurilla femenina de barro cocido, probablemente originaria de Las Remojadas (Ver.)
The American Museum of Natural History.

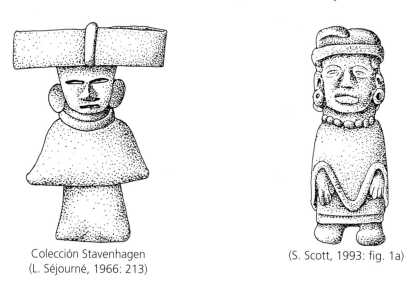

Colección Stavenhagen   (S. Scott, 1993: fig. 1a)
(L. Séjourné, 1966: 213)

Figurillas femeninas de barro cocido. Teotihuacán.

Las capitas en cuestión estaban tejidas en un solo lienzo rectangular, según podemos observar en ciertas figurillas de la isla de Jaina (Camp.). Dejan los hombros desnudos y los extremos del lienzo se unen en la espalda.

f) Huipil y quechquémitl

El huipil es una túnica que parece tener su origen en el sur del continente americano. Es una prenda fácil de confeccionar uniendo de manera sencilla lienzos relativamente estrechos. En el siglo XVI, el huipil estaba presente en

Tejedora con ave. Figurilla de barro. Jaina, Campeche.

toda la parte meridional de México así como en el Altiplano. El quechquémitl, que parece haber sido ideado en regiones situadas en el noroeste de México y cuya hechura puede ser sencilla o compleja, extendió paulatinamente su presencia hacia el sur. Se dio a conocer en el Altiplano, donde siguió siendo, sin embargo, una prenda de uso ceremonial, reservada a las deidades.

A partir del siglo XIX, el uso del quechquémitl habrá de extenderse por todo el Valle de México, en detrimento del huipil, principalmente por la facilidad que brindaba a las mujeres durante la ejecución de sus tareas cotidianas.

EL NORTE Y EL SUR

Existe gran variedad de fibras vegetales para tejer telas. En México predominaron el ixtle y el algodón. Los grandes y los poderosos identificaron rápidamente las ventajas de la ropa de algodón, que era más agradable para vestir y, sobre todo, que resultaba más fácil de adornar que la ropa de ixtle. Puesto que los motivos que engalanaban las prendas servían para transmitir un mensaje social y religioso, se prohibió a la gente del pueblo, so pena de muerte, usar ropa de algodón. La mera elección de la materia textil distinguía por sí sola a las clases sociales.

El taparrabos y la falda eran las dos únicas prendas indispensables entre los antiguos mexicanos. Quien perdía alguna de ellas, perdía con ello su dignidad y su honor. Eran, de alguna manera, prendas rituales, debido a su índole sagrada.

Ciertos personajes importantes, ciertos viajeros, así como las deidades masculinas, solían usar un taparrabos, acompañado en ocasiones de un paño de cadera. El paño de cadera es independiente del taparrabos y lo cubre parcialmente. Al parecer, según lo menciona Acosta (1961), los atlantes de Tula no llevan taparrabos bajo su paño. Sin embargo, cabe destacar que esa desnudez sería un privilegio divino, tal como ocurre con ciertas representaciones huastecas.

Hombres y mujeres podían andar con el busto desnudo, lo cual era frecuente en tierra caliente. Era común que los mayas y los huastecos llevasen el pecho cubierto de tatuajes o pinturas. El tatuaje se torna entonces en una especie de vestimenta.

La tilma, prenda masculina, es una pieza de tela de longitud variable, anudada casi siempre al frente, y en ocasiones al costado, izquierdo o derecho. No tapa el cuerpo por completo. Cuando sirve para indicar el rango social de quien la viste, va finamente tejida, con motivos decorativos simbólicos o rituales. Su segunda función es utilitaria. Se puede dormir en ella, y la gente del pueblo convierte a menudo la tilma en una tela para cargar.

La mujer podía taparse el busto ya sea con una túnica amplia, llamada huipil, ya sea con una especie de capisayo puntiagudo, llamado quechquémitl. Las más de las veces, ambas prendas iban suntuosamente adornadas.

El quechquémitl de la gente del norte incluía casi siempre un adorno sencillo y singular a la vez. Una franja decorativa más o menos ancha adornaba el borde del quechquémitl. Era obtenida gracias a la técnica del tejido en curva. Cuando la franja se hizo muy ancha, gracias a la asociación del tejido en curva y del tejido en forma, los extremos puntiagudos desaparecieron, cediendo su lugar a una forma redondeada y armoniosa.

La técnica del tejido en curva es una técnica precortesiana específica de México que parece haber nacido junto con el quechquémitl, ya que está presente prácticamente en todos los sitios donde se usa el quechquémitl.

El problema de la distribución geográfica del huipil y del quechquémitl es un tema importante que sin duda alguna amerita discusión. En efecto, demuestra cuán estrechamente relacionada está la historia de la indumentaria con la historia de los pueblos, de sus influencias culturales y de sus migraciones. Es factible considerar que el huipil está emparentado con las túnicas de los indios de América del Sur y de los lacandones. Se trataría pues de una prenda llegada del sur, máxime que la palabra *uipilli* carece de etimología náhuatl. Durante el siglo XVI, el huipil era llevado por las mujeres del Altiplano; sin embargo, paulatinamente, el quechquémitl ideado por los nahuas seminómadas del norte terminó desplazándolo hacia el sur. Gracias a las migraciones toltecas, el quechquémitl llegó incluso a Nicaragua. La buena aceptación del quechquémitl se explica en parte por la comodidad de la prenda, especialmente para amamantar a los bebés.

La forma de las prendas confeccionadas indica el tipo de vida de la sociedad que las concibió. Las prendas drapeadas y sin ajustar características de la vestimenta precortesiana permitían ponerse fácilmente en cuclillas. En efecto, la sociedad precortesiana vivía a ras del suelo. El maíz era molido en un metate colocado en el suelo. La tejedora, sentada sobre sus propias piernas, tensaba el telar con la cintura… Incluso en la actualidad, es poco frecuente encontrar sillas en las casas indígenas: predominan los bancos pequeños, de unos 20 cm de altura.

Cabe señalar, por otra parte, que las prendas aquí estudiadas engendran hábitos gestuales sumamente precisos. Esa forma de vestir no requiere disociar los movimientos de brazos y piernas. Ahora bien, veremos cómo la misma sociedad habrá de concebir otras prendas que obligarán a sus usuarios a modificar hasta cierto punto sus gestos corporales.

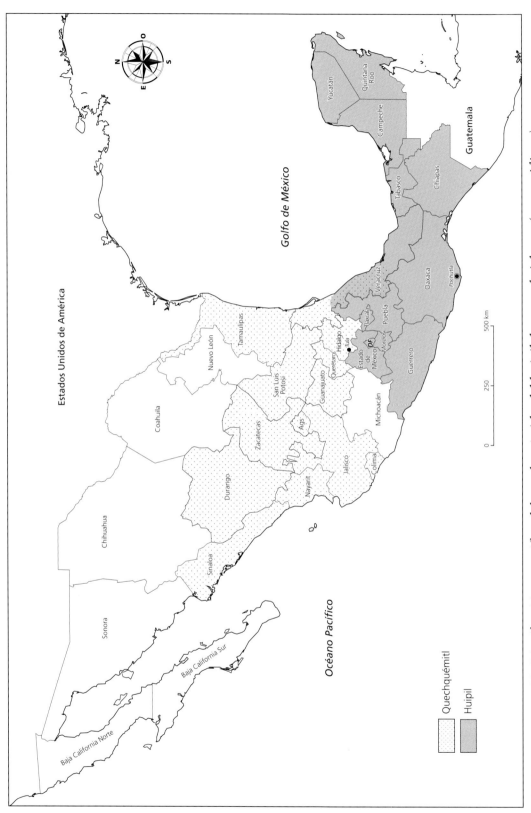

MAPA 11. *Distribución geográfica del quechquémitl y del huipil durante el siglo XVI (uso cotidiano).*

Estados Unidos de América

Golfo de México

Océano Pacífico

Guatemala

Baja California Norte

Baja California Sur

Sonora

Chihuahua

Coahuila

Nuevo León

Tamaulipas

Sinaloa

Durango

Zacatecas

San Luis Potosí

Nayarit

Ags.

Jalisco

Guanajuato

Querétaro

Hidalgo

Tula

Colima

Michoacán

Estado de México

DF

Morelos

Tlaxcala

Puebla

Veracruz

Guerrero

Oaxaca

Pochutla

Tabasco

Chiapas

Campeche

Yucatán

Quintana Roo

Quechquémitl

Huipil

0   250   500 km

II. LA VESTIMENTA DE GUERRA

I. DE LA TÚNICA CERRADA A LA TÚNICA ABIERTA

Algunas figurillas masculinas de barro cocido, que datan del Preclásico medio (1200 a 400 a. C.) y que provienen de Tlatilco o del Altiplano, están vestidas con una túnica corta y cerrada.

Según fray Alvarado (1962: fol. 25v), los mixtecos usaban túnicas idénticas hechas de manta de algodón o tejidas con "fibra de pita" ("armas pitadas: *dzononuuyecu, dzo no yecunuu*"). Es probable que hayan portado esas túnicas cerradas para ir al combate.

Uno de los pequeños atlantes de Tula está vestido con una túnica labrada en la piedra. La estatua, cuya altura actual es de 76 cm, conservó sus colores. Lleva puesta una túnica que le llega arriba de las rodillas. El cuerpo de este pequeño atlante es rojo (color de la guerra) y su túnica aparentemente está adornada con piedras azules o *chalchihuitl* (color de los reyes y de los príncipes). Data de la fase Tollan temprana (900 a 1150 d. C.) según Jorge Acosta (1942) y De la Fuente y Gutiérrez (1988: 44-45, fig. 25).

Acosta descubrió asimismo un Tláloc: aunque su estado de conservación no es idóneo, es posible distinguir su túnica, hecha también de piedras preciosas. En la mano derecha lleva una lanza y el brazo izquierdo está completamente cubierto por un arma de guerra ofensiva o protectora (De la Fuente y Gutiérrez, 1988: 44-45, fig. 2). Es probable que este tipo de túnica haya sido llevado únicamente por los guerreros, ya sea para ir al combate, o bien para identificarse como tales en la vida de todos los días.

Tlatilco. Preclásico medio.

azul

rojo

amarillo

Pequeño atlante   Tláloc

Tula, Hidalgo, sitio arqueológico.

En 1992 Robert H. Cobean y Guadalupe Mastache pusieron al descubierto una ofrenda contenida en una caja de adobe depositada en el centro de la sala 2 del Palacio Quemado, en el sitio arqueológico de Tula, Hidalgo (Mastache *et al.*, 2002: 123, fig. 5.39; Cobean y Mastache, 2003: 51-65). Contenía una túnica adornada con 1 400 plaquetas talladas en concha de espóndilo rojo, materia preciosa por excelencia. Decenas de caracoles del género *oliva* hacían las veces de flecos. Naturalmente, la tela se había desintegrado, pero una excavación minuciosa permitió a Adrián Velásquez y a Lourdes Gallardo reconstituir la prenda y determinar científicamente el tipo de conchas (comunicación personal de Lourdes Gallardo citada por Gamboa Cabezas, 2007: 47).

En realidad no se trata de una coraza, sino más bien de una túnica muy similar a aquellas portadas por el pequeño atlante o por el dios Tláloc. Los arqueólogos la han fechado en 900 d. C., es decir, muy al inicio de la fase Tollan temprana.

1. *El* cicuilli *tarasco*

Los tarascos tenían fama de andar poco vestidos (Durán, 1951, I: cap. III, 21-22; Tezozómoc, 1878: 225) y, a manera de broma, se decía que ellos habían tomado para cubrirse los huipiles de sus mujeres. De hecho, puede verse en la "Relación de Michoacán" (Jerónimo de Alcalá, 2000) a los jefes y a los sacerdotes llevar una túnica *(cicuilli)* que cae de sus hombros hasta las rodillas o hasta las nalgas. Tiene un escote muy abierto. Sin embargo, esta túnica, que recuerda la del Preclásico, es a menudo más ancha que alta; así, como sucede con ciertos huipiles, da la impresión de tener mangas. Muñoz Camargo lo describió con precisión en 1576: "Y este traje no les llegaba a las rodillas; era sin mangas, no tenía cuello, sino únicamente una abertura para la cabeza." (1972 [1892]: 9) Añade explícitamente que se trataba de una prenda totalmente cerrada.

Pedro Montes de Oca, corregidor de Tiripitío (Michoacán) confirma, en 1580, el uso de este tipo de indumentaria entre los tarascos: "Algunas veces se ponían una cuera, como jubón sin mangas, de algodón, la hilaza gorda; no era ropa que hacía estorbo al huir ni al alcanzar, ni muy honrosa, pues no arrastraba ni le cubría lo más necesario, pues no pasaba de los cuadriles, dejando lo demás al aire que lo cubriese" (Relaciones geográficas del siglo XVI, "Relación de Tiripitío", 1987, IX: 344).

Esta prenda era de uso cotidiano, aunque quizá en ocasiones fuese llevada durante las batallas. Su uso parece haber estado reservado a las personas importantes. Cubría el pecho y se llevaba sobre el cuerpo desnudo.

2. *El* ehuatl *es un atavío de guerra*

El *ehuatl* es una túnica de algodón, sin mangas, destinada a cubrir la coraza del guerrero noble o del guerrero que había adquirido alto rango gracias a sus hazañas de combate. Va muy adornado con plumas coloridas. Es probable que la calidad de las plumas utilizadas correspondiese al rango del personaje y, tal vez, a la deidad a la que deseaba honrar. El rojo, por ejemplo, era el símbolo del dios Xipe Totec.

Cicuilli. Relación de Michoacán
(p. 607, lám. 37).

Ehuatl. Códice Matritense
(Primeros memoriales, fol. 73r).

El *ehuatl* era, de hecho, una prenda que se solía llevar sobrepuesta. Molina en su *Vocabulario…* traduce la palabra *euatl* como "cuero por curtir" (1571: 29r) y señala que esta palabra designa también la piel de animal que va a ser preparada. La piel del sacrificado en honor de Xipe Totec, y con la que se viste el sacerdote, se llama *tlacaehuatl*, "piel humana" o "ropaje de piel humana" (Vié-Wohrer, 1999, I: 53). No cumplía ninguna función protectora, su único objetivo era transmitir un mensaje gráfico.

El *Códice Ixtlilxóchitl* (Durand-Forest, 1976: fol. 106r, 29) representa a Nezahualcóyotl vestido con un *ehuatl* suntuoso (véase lámina 13).

Clavijero describe una prenda que aparentemente llevaban los nobles además de su tilma, en tiempos de frío. Era una prenda sin mangas, como el *ehuatl*, y estaba tejida con hilos de algodón, pelos de conejo o plumas, para hacerla más caliente: "los señores añadían en el invierno a los demás vestidos una almilla de algodón entretejido de pluma o de pelo de conejo" (1958, II: 334). Clavijero escribía en el siglo XVIII, por lo que es posible que esta prenda, heredera evidente del *ehuatl*, haya sido ideada por las tejedoras después de la conquista. En efecto, Clavijero no señala ninguna palabra en náhuatl para designarla.

3. *El* ichcahuipilli

a) *Definición y descripción*

Ichcahuipilli es una palabra náhuatl que viene de *ichcatl*, "algodón", y *huipilli*, "túnica". La prenda era una especie de coraza acolchada de tela de algodón, utilizada por casi todos los guerreros en México para protegerse de las flechas enemigas. Tenía la forma de una túnica sin mangas que llegaba, la mayoría de las veces, hasta medio muslo. Patricia R. Anawalt (1981) da algunos ejemplos de *ichcahuipilli* ya sea cerrados, ya sea abiertos al frente, provistos de ataduras.

En el *Códice Telleriano-Remensis* (fol. 29r) un guerrero mexica que participa en la primera campaña ofensiva contra Culhuacán, en 1399, lleva puesta una de esas armaduras abiertas por delante. Es extremadamente corta, se detiene en la parte alta de los muslos. Otro ejemplo de coraza abierta al frente muestra a un combatiente mexica durante la guerra contra Tzinacantepec en 1484 (*Códice Telleriano-Remensis*, fol. 38v).

Esta prenda fue utilizada aparentemente desde el siglo XIV. Cabe preguntarse si ya desde entonces iba abierta al frente. Durante el siglo XV (1405, 1406 y 1444) Nezahualcóyotl y sus compañeros emprendieron la reconquista de territorios huastecos (*Códice de Xicotepec*, secc. 10). Todos llevaban una coraza abierta al frente. Unas lengüetas colgantes prolongaban la prenda hasta las rodillas.

Sin embargo, ninguna descripción del *ichcahuipilli* en las *Relaciones geográficas del siglo XVI* ni en las *Relaciones histórico-geográficas de la gobernación*

LÁMINA 13. *Nezahualcóyotl ataviado con un ehuatl suntuoso.*
Códice Ixtlilxóchitl *(fol. 106r).*

Códice Telleriano-Remensis *(fol. 29r).*

Cipactli, hijo de Nezahualcóyotl,
guerrero acolhua. Códice de Xicotepec,
sec. 10.

Ichcahuipilli *sin abertura al frente.*
Códice Xólotl, *lám.* ix.

de Yucatán, menciona que esta armadura estuviese abierta al frente. Bernal Díaz del Castillo (1944) tampoco hace referencia a este detalle. No tenemos tampoco ninguna descripción precisa del *ichcahuipilli* mixteco: "traían en sus guerras unos corseletes hechos de algodón colchados a manera de coraçinas hasta el ombligo" (Del Paso y Troncoso: 1905: 55).

Los señores mixtecos de Itztepexic iban a la batalla vestidos con el *ichca-huipilli*, mientras que el resto del ejército iba completamente desnudo (Relaciones geográficas del siglo xvi, "Relación de Itztepexic", 1984: 256).

Esta coraza era confeccionada con dos lienzos de manta de algodón de tejido muy apretado, colocados uno sobre el otro. La pieza doble así obtenida era posteriormente acolchada con algodón —o tal vez con kapok—. El procedimiento empleado debía ser bastante similar a la técnica provenzal de la tela de piqué de Marsella.

Los jefes aztecas llevaban *ichcahuipilli* ricamente adornados (Anawalt, 1981: 46-49). Bernal Díaz (1944, i: 347) describió los *ichcahuipilli* de Moctezuma, quien poseía una gran cantidad de ellos, todos adornados con plumas de colores. Los tlaxcaltecas de la región de Ahuatlán (*Relaciones geográficas del siglo XVI*, v: 73-74) adornaban sus *ichcahuipilli* con plumas de loro, entre otras.

b) Distribución geográfica

A la llegada de los españoles el uso del *ichcahuipilli* estaba difundido casi en todo México: entre los mayas (donde los españoles lo ven por primera vez en 1517), entre la gente de Tabasco, entre los zapotecos y los mixtecos, entre los aztecas, entre los tlaxcaltecas e incluso entre los tarascos (*Códice Telleriano-Remensis*, fol. 33v).

c) Eficacia del ichcahuipilli

Cuando los españoles desembarcaron en el noreste de Yucatán, en el cabo Catoche, tuvieron que enfrentar una dolorosa derrota. Muchos de ellos fueron heridos de muerte por las flechas de los guerreros mayas. Bernal Díaz y sus compañeros notaron entonces la protección eficaz que brindaba el *ichcahuipilli* a los indígenas (1944, I: 59). Regresaron a La Habana para curar sus heridas y para armarse de nuevo. Mandaron, asimismo, a confeccionar corazas acolchadas como las de los indios de México (Díaz del Castillo, 1944, I: 83).

Durante el siglo XVI, en las filas de los ejércitos cristianos de Francia, de Italia o de España, algunos soldados llevaban una coraza de hierro. Sin embargo, esa coraza resultaba cara y no todo el mundo podía adquirirla. Además, pesaba entre 20 y 40 kg, obviamente resultaba inadecuada para el clima tropical de algunas regiones de México o para el clima de altitud que encontraron después los españoles cuando subieron hacia Tenochtitlan. La coraza de algodón fue entonces adoptada por todos los combatientes españoles. La Relación de Mérida, escrita en 1581 (*Relaciones geográficas del siglo XVI*, 1983, I: 67), narra que los jinetes españoles utilizaban como protección adaptaciones del *ichcahuipilli*, tanto para ellos mismos como para sus caballos.

Sin embargo, cabe señalar que la eficacia indiscutible del *ichcahuipilli* no parecía ser una cualidad primordial para los combatientes mexicanos. Sabemos que algunos guerreros, por razones rituales, no llevaban coraza para ir a la batalla. Ya hemos descrito la desnudez relativa de los combatientes aztecas llamados otómitl. Los guerreros mayas de Izamal y de Santa María, en la región de Motul, iban desnudos a la batalla, con el cuerpo embadurnado de negro (*Relaciones histórico-geográficas de la gobernación de Yucatán*, 1983, I: 306). El mural descubierto en 1936 en Malinalco (García Payón, 1947) muestra tres guerreros, uno de los cuales es perfectamente visible. Su cuerpo desnudo está cubierto de pinturas. Lleva solamente un taparrabos triangular como el de los atlantes de Tula, así como suntuosos adornos y un penacho resplandeciente. La careta negra que cubre sus ojos indica que se trata de un guerrero muerto durante el combate, de los llamados *mimixcoua*. En cuanto a los huastecos, de manera general, no parecen haber utilizado el *ichcahuipilli*.

El lienzo de Tlaxcala (1983: 50-51) describe la conquista de la provincia de Pánuco llevada a cabo por Cortés. Los guerreros huastecos sólo llevaban un

Guerrero huasteco
con el torso desnudo.
Códice de Xicotepec, *secc. 10.*

El jefe huasteco recién capturado lleva
cascabeles que cuelgan en la parte inferior
de su coraza. Códice de Xicotepec, *secc. 10.*

taparrabos, con excepción de uno de ellos, que parece llevar una coraza. En la sección 10 del *Códice de Xicotepec* los guerreros huastecos tienen el torso desnudo, salvo el jefe huasteco hecho prisionero, que lleva el busto cubierto con una tela que no parece acolchada y de la que cuelgan tres grandes cascabeles de bronce (Stresser-Péan, 1995: 89). Sin embargo, Diego Durán (1967, II: 167) habla de corazas entre los huastecos, y confirma que les ponían cascabeles: "Y los huastecos arremetieron a ellos con un ruido de cascabeles de palo que traían por orla de las corazas".

Los ropajes decorados estaban tradicionalmente reservados a las clases privilegiadas de la sociedad precortesiana. El *ichcahuipilli* decorado distinguía durante la batalla a un personaje de alto rango, a un jefe.

Subrayemos además, que el lenguaje de los colores podía representar en aquel tiempo, un lenguaje de guerra, tal como ocurría con la sonoridad de los cascabeles que llevaban los huastecos.

Lo singular dentro de la historia de la indumentaria precortesiana, que constituye por ende un rasgo muy importante, es que el *ichcahuipilli* era de gran eficacia. Servía únicamente para proteger al combatiente contra el impacto de las flechas y de los dardos y carecía de connotación ritual.

4. *Una túnica abierta: el* xicolli

a) Definición y descripción

Es un chaleco o saco sin mangas, que se llevaba sobre el busto desnudo. No conocemos ni su lugar de origen, ni la fecha de su creación. En lengua maya esta prenda se llama *xikul*, que el diccionario *Cordemex* (Barrera Vázquez,

1980: 943), traduce como "chamarilla, camisa, camiseta o chaqueta". En el *Diccionario de mejicanismos*, se puede leer: "Shicol. (Del maya *xicul* —pr. *shicul*— camisilla corta.) Vulgarmente, entre campesinos en Tabasco, el cotón de los muchachitos" (Santamaría, 1978: 971). La palabra *xicolli*, que no tiene etimología en lengua náhuatl, es posiblemente un préstamo nahuatlizado de la lengua maya. Molina, en su *Vocabulario...* (1571), no menciona la palabra *xicolli*.

b) Distribución geográfica: uso cotidiano, uso ritual

El *xikul*, *shicol* o *xicol* es la túnica que llevaban los indios en Guatemala, en Tabasco, en Yucatán y probablemente en Chiapas.

Antes de la llegada de los españoles, en la región cakchiquel de Santiago Atitlán, zona montañosa de clima tropical húmedo (Relaciones geográficas del siglo XVI, "Relación de Guatemala", 1982: 107 y 129), los hombres usaban "xicoles" a los que, según el narrador, se daba localmente el nombre de *xahpot* (mientras que el huipil de las mujeres era el *pot*). El diccionario cakchiquel de fray Thomás de Coto, indica únicamente la palabra relativamente moderna que designa la cota de malla de los españoles: *xah potch'ich'* (1983: 43, col. 2; 117, col. 1; 330, col. 2), donde el término *ch'ich'* significa "metal". Por lo tanto, *xah pot* podría ser traducido como "cota" o "túnica" (comunicación personal de Alain Breton). La túnica de los caciques de Santiago Atitlán llegaba hasta medio muslo, mientras que la de los macehuales no bajaba más allá del ombligo.

Según Santamaría (1978), en Tabasco, después de la conquista, los jóvenes campesinos llevaban esta prenda de algodón llamada "xicol" o "cotón", lo cual encaja bien con la interpretación que damos nosotros a la palabra *xah pot*. Sin embargo, es probable que, al igual que en Yucatán, el *xicolli* fuera usado antes de la llegada de los españoles por las personas importantes de Tabasco. El Museo Nacional de Antropología posee una figura de barro incompleta que mide actualmente unos 20 cm de altura y que representa a un guerrero. Tiene el cabello largo y luce una nariguera. Lleva puesto un *xicolli* abierto por delante, que baja hasta lo alto de los muslos. Unas borlas adornan la orilla inferior de la prenda. Sabemos que esta pieza proviene de Tabasco, sin mayores precisiones, y que se integró a las colecciones del Museo Nacional muy al inicio del siglo XX. Édouard Seler la describió en 1907. Pertenece probablemente al Posclásico.

En Chiapas también era conocida la misma prenda; es factible suponer que era usada en las mismas condiciones en Tabasco o en Guatemala. Cabe destacar que en la región montañosa maya del municipio de Siltepec (Chiapas), no lejos de Guatemala y de la costa del océano Pacífico, fueron descubiertas varias cuevas cercanas a la ranchería de La Garrafa (Landa *et al.*, 1988). Desafortunadamente, ninguna excavación sistemática fue realizada en esas cuevas secas. No obstante, el estudio del material recabado (restos óseos, textiles varios, jícaras laqueadas, cestería, cerámica, una coa) permite suponer

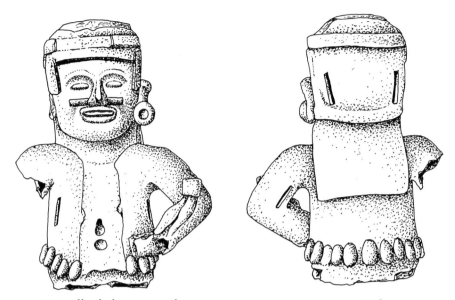

Figurilla de barro cocido que representa a un guerrero, Tabasco.

que se trataba de una necrópolis que data del Posclásico tardío. Estos objetos eran en su mayoría ofrendas funerarias. Algunas de las sepulturas debían de pertenecer a personajes importantes.

En efecto, se recuperaron diversos elementos textiles, entre ellos una tilma y un *xicolli* ceremoniales, ambos incompletos (véase lámina 14). Los restos que de ellos quedan están decorados con pinturas polícromas que marcan un hito en la historia de la indumentaria en México, ya que fueron realizadas a mano por un pintor o tlacuilo. Por añadidura, representan a personajes divinizados o incluso a deidades: el dios Xipe Totec y sin duda la diosa Citlalicue (la de la falda estrellada), figurada simbólicamente por un "ojo estelar" o estrella (Landa *et al.*, 1988). Estas telas constituyen el soporte de una escritura comparable a la de un códice, y con toda certeza, transmiten un mensaje religioso. La tilma y el *xicolli* parecen pertenecer a la cultura mixteca-Puebla.

El hecho de que estas cuevas estén cerca de la ruta comercial que corría a lo largo de la costa del océano Pacífico, desde Tonalá hasta Guatemala, permite pensar que estas piezas de decoración polícroma eran objetos de comercio, al igual que las jícaras laqueadas provenientes quizá de Michoacán y en una de las cuales aparece dibujado el dios Tezcatlipoca. Los ropajes pintados eran probablemente ofrendas funerarias y nunca habían sido llevados, lo cual explica el estado relativamente bueno de conservación de las partes, que no fueron destruidas por los roedores. El *xicolli* ceremonial medía 82 cm de altura. Así, de haber sido usado, habría llegado a media pierna, lo cual no resulta sorprendente.

El lote de textiles recogido incluía también un huipil y una falda para niña, de algodón café rojizo, conocido como coyuchi. No es posible saber si tales prendas fueron tejidas localmente, pero es factible suponerlo, sobre todo

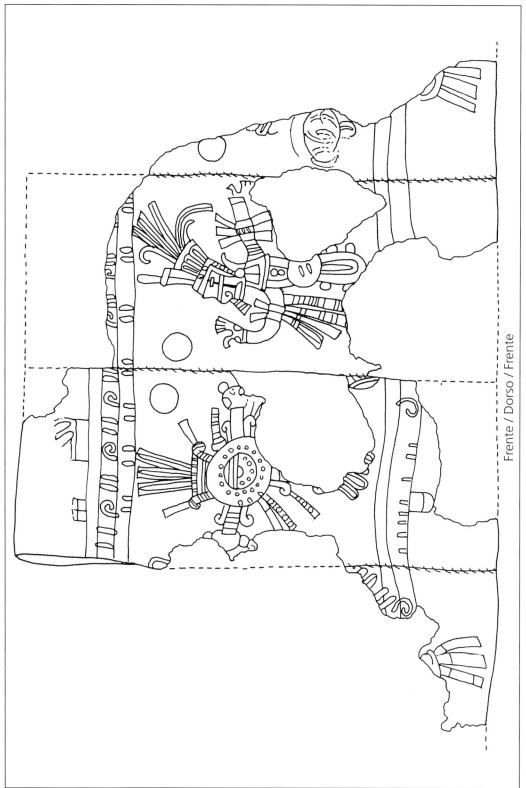

Frente / Dorso / Frente

LÁMINA 14. *El xicolli ceremonial hallado en las cuevas de La Garrafa. Siltepec, Chiapas (Landa, M. E., E. Pareyon et al. 1988).*

porque es casi seguro que fue así en el caso de los lienzos de algodón blanco que sirvieron para confeccionar los bultos funerarios. Además, podemos tener la certeza de que las cerámicas, la cestería y la coa son de fabricación local.

Hemos dicho anteriormente que quizá, al igual que en Guatemala y en Tabasco, el *xicolli* fuese de uso cotidiano en Chiapas. El descubrimiento del *xicolli* ceremonial de la cueva de La Garrafa nos incita a pensar que también privaba en esas regiones su uso ritual.

En Yucatán, en las regiones de Motul, Valladolid y Mérida, "los principales ricos traían sus gicoles [*xicollis*] a manera de ropilla marinera tejida de algodón y listada con mucha plumería e hilos de colores" ("Relación de Popola", 1983: 217). Bernal Díaz describió también a los indígenas del noreste de la península de Yucatán a los que vio en 1517 con sus *xicollis*: "y venían esos indios vestidos con camisetas de algodón como jaquetas, y cubiertas sus vergüenzas con unas mantas angostas, que entre ellos llaman masteles" (1944: 58).

El *xicolli* era pues una prenda de uso cotidiano en Yucatán. Además, gracias al *Códice Madrid* o *Trocortesiano* (1967: 84), vemos que este ropaje de dignatario era a veces también un objeto de ofrenda ritual (Anawalt, 1981).

En el estado de Oaxaca, el *xicolli* era llevado por la aristocracia mixteca y los sacerdotes. Patricia R. Anawalt (1981) lo describe como una prenda corta, sin mangas, con flecos en la parte inferior; abierto por delante y tenía dos largos amarres que colgaban detrás del cuello. Sin embargo, el *Códice Colombino* (1966: IX) muestra una prenda bastante larga que llega a las rodillas del personaje y que está abierto por delante sin los amarres mencionados por Anawalt. Las *Relaciones geográficas del siglo XVI* describen un *xicolli* mixteco muy adornado y de color: "traían vestidos unos gicoles que son como unas turquillas abiertas por delante, pintadas del color que cada uno quería" ("Relación de Texupa", 1984, II: 221).

Esta prenda era ante todo de uso cotidiano, tal como lo muestra la Relación de Texupa (1984, II: 221). En 1579 algunos indios iban vestidos con un *xicolli* o una tilma. Sin embargo, al parecer, en aquellas regiones mixtecas, el *xicolli* era también objeto de ofrendas rituales (Anawalt, 1981). En efecto, la prenda debía

Xicollis *mayas, objetos de ofrenda ritual.*
Códice Madrid *(fol. 84).*

Xicolli *mixteco.*
Códice Colombino *(fol. IX).*

de ser conocida en toda la región, y era usada también por los aristócratas y por los macehuales, a todo lo largo del litoral del Océano Pacífico, entre los chocho-mixtecos y entre los amuzgo-mixtecos (Dalghren, 1954: 109).

Irmgard W. Johnson (1997: 139-150) analizó los fragmentos de una prenda miniatura de 21.5 cm de altura, encontrada en la cueva de Atzcala, en la región del río Mezcala (Guerrero). Era un *xicolli* depositado como ofrenda en esa cueva seca. Desafortunadamente, el sitio fue saqueado y en consecuencia no pudo ser fechado. La prenda no era tejida, sino que estaba trenzada con fibras vegetales que no son de algodón. Era un chaleco, sin cuello ni mangas, que conservaba los rastros de cordoncillos de amarre. La abertura para cada brazo era triangular, lo cual es poco común para un *xicolli*, pero esto podría deberse al trenzado. Si bien este *xicolli* miniatura era una ofrenda votiva, nos permite suponer que esta prenda no era desconocida en Guerrero.

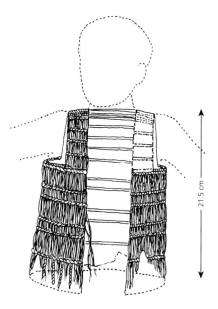

Xicolli *miniatura.*
Cueva de Atzcala, Guerrero.
(según I. W. Johnson,
1997: 145, fig. 8).

En nuestra opinión, es probable que el *xicolli* provenga de las regiones del sur de Guatemala o del México meridional. La palabra parece de origen maya, y además, la prenda era de uso cotidiano en estas regiones. Al igual que el quechquémitl proveniente del norte, el *xicolli* proveniente del sur tuvo entre los aztecas un uso exclusivamente ritual. Era un accesorio religioso, usado únicamente para asumir un cargo preciso. La estatua de un portaestandarte (Solís, 1982, lám. LXXXIV; véase más arriba lámina 3) proveniente de Churubusco (DF), que mide 80 cm de altura, va ataviada con un taparrabos, un paño de cadera y un hermoso *xicolli*. Pese a su aspecto juvenil, representa a Xiutecuhtli, el viejo dios del fuego (MNA, núm. cat. 11-3327).

En las secciones 3 a 8 del *Códice de Xicotepec*, vemos a cuatro sacerdotes partir en misión. El hecho de que estos personajes vayan vestidos con un *xicolli*, revela el carácter sagrado de su embajada.

Así pues, entre los mexicas y los acolhuas el *xicolli* era usado con motivo de ciertas ceremonias laicas o religiosas por los hombres de la clase dirigente: los nobles, los jefes y los sacerdotes reconocibles casi siempre por sus accesorios: una bolsa para el tabaco, una bolsa para el copal y un incensario. El *Códice Magliabechiano* (fol. 71r) representa una escena de investidura de un "señor", es decir, de alguien importante. Durante esa sesión, el postulante recibirá un *xicolli* ritual. El folio 70r del mismo códice nos muestra una escena de sacrificio humano por arrancamiento del corazón; en ella los dos sacerdotes están oficiando con sus *xicollis* adornados con flecos (véase lámina 15).

Escena de sacrificio por arrancamiento del corazón. *Códice Magliabechiano* (fol. 70r).

EL "señor" se dispone a recibir un *xicolli* ritual. *Códice Magliabechiano* (fol. 71r).

LÁMINA 15. *Los sacerdotes y los gobernantes vestían en ocasiones* xicollis *para ejercer sus funciones.*

Códice de Xicotepec *(secciones 3 a 8).*

Los ídolos y los dioses también lo llevaban puesto en ciertas ocasiones, así como los comerciantes y los esclavos dados por estos últimos en sacrificio —pues aquel que iba a ser sacrificado era identificado con el dios y revestía sus apariencias— (Anawalt, 1981: 39-46). Durante la fiesta de Toxcatl, se moldeaba con una pasta de semillas de amaranto una estatua de Huitzilopochtli, el dios fundador de Tenochtitlan, que posteriormente era vestida con un *xicolli* que llevaba sus atributos: huesos y miembros descarnados (Olivier, 1997: 99).

Durante la campaña de excavaciones, realizada en el año 2000 por el equipo de arqueólogos del Templo Mayor, fue descubierto un *xicolli*. Éste formaba parte del depósito 102 encontrado en el nivel VII (1500-1520 d. C.), en una caja de piedra colocada a manera de ofrenda votiva en los escalones que daban acceso a la fachada principal del Templo Mayor. Esta ofrenda incluía, además del *xicolli*, diversas piezas de tela, una especie de diadema de papel amate, tres máscaras de madera con la efigie de Tláloc, tres figurillas de copal (dos de ellas figuraban a Tláloc y la otra a su esposa Chalchiuhtlicue). Estas tres figurillas iban ataviadas con papel amate. También había elementos de collar hechos con caracoles del género *Oliva* —a veces teñidos con cochinilla—, espinas de maguey, etc., hasta reunir un total de 111 piezas.

El *xicolli*, doblado, formaba un paquete que al parecer iba envuelto en una piel de jaguar de la que se hallaron algunos restos (*Arqueología mexicana*, 2000: 80; y comunicación personal de Lourdes Gallardo). Lourdes Gallardo nos explicó que había detectado en el *xicolli* manchas de copal, tal vez producto de una ceremonia previa al depósito de la ofrenda, probablemente dedicada a Tláloc. Este *xicolli* es una de las pocas piezas precolombinas encontradas casi intactas. Se trata de una especie de chaleco de forma general rectangular, que mide 84 cm de ancho y 64 de alto. Es una tela de algodón tejida con la técnica de tafetán, con diseños pintados con negro de humo. Presenta una abertura por delante y flecos sobrepuestos en la parte inferior de la prenda. Los flecos están hechos con hilos de algodón coyuchi mediante tres cordones retorcidos entre sí (véase lámina 16).

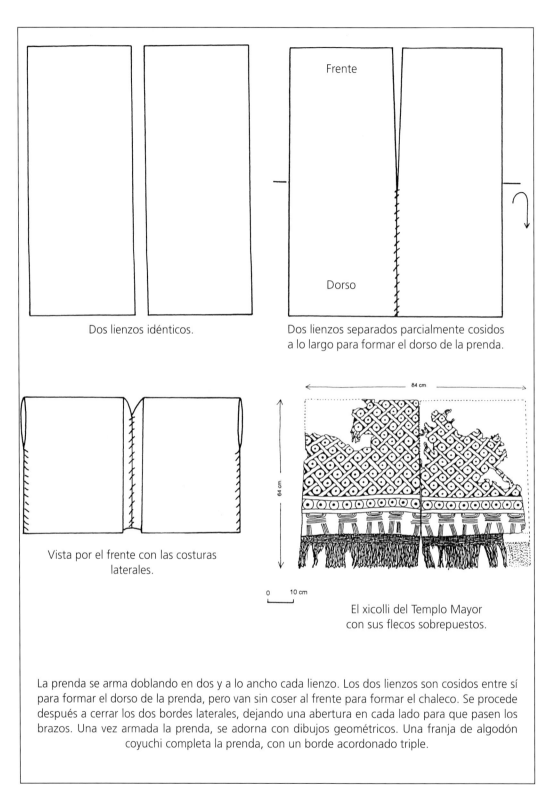

Dos lienzos idénticos.

Frente

Dorso

Dos lienzos separados parcialmente cosidos a lo largo para formar el dorso de la prenda.

84 cm

64 cm

Vista por el frente con las costuras laterales.

0   10 cm

El xicolli del Templo Mayor con sus flecos sobrepuestos.

La prenda se arma doblando en dos y a lo ancho cada lienzo. Los dos lienzos son cosidos entre sí para formar el dorso de la prenda, pero van sin coser al frente para formar el chaleco. Se procede después a cerrar los dos bordes laterales, dejando una abertura en cada lado para que pasen los brazos. Una vez armada la prenda, se adorna con dibujos geométricos. Una franja de algodón coyuchi completa la prenda, con un borde acordonado triple.

LÁMINA 16. *Cómo se arma el* xicolli.

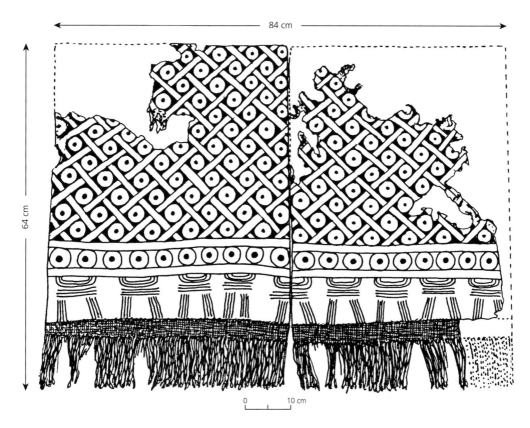

Xicolli *del Templo Mayor. Ofrenda 102*
(según Descubridores del pasado en Mesoamérica, *2001: 366).*

Tuvimos el privilegio de ver esta prenda. Es de manta ligera sin ningún desgaste y su adorno pintado conserva aún su frescura. Seguramente nunca nadie la llevó puesta. Este *xicolli* está compuesto por dos lienzos unidos exactamente como los de un huipil, pero la costura fue interrumpida en cierto punto para dejar la prenda abierta por delante. Los bordes laterales están cosidos también, dejando una abertura para cada brazo. Las huellas de un cordón de amarre parecen insinuarse en la parte superior de la prenda.

Gracias al *xicolli* del Templo Mayor tenemos una idea de esta prenda de tela ligera de algodón, ricamente adornada, abierta por delante, sin escote propiamente dicho, sin mangas, con flecos en la parte inferior y con un amarre al nivel del cuello.

En el Museum für Völkerkunde de Berlín se conservaba un *xicolli* de ixtle encontrado en una cueva de Malinaltenango (Estado de México), llevado allá por un cónsul de Alemania en México en el transcurso del siglo XIX. Desgraciadamente, pese a las precauciones tomadas por el museo para proteger esta pieza única de los bombardeos de la segunda Guerra Mundial, la prenda desapareció durante un incendio ocurrido en 1945. Sólo quedó la ficha que había sido elaborada por el conservador del museo.

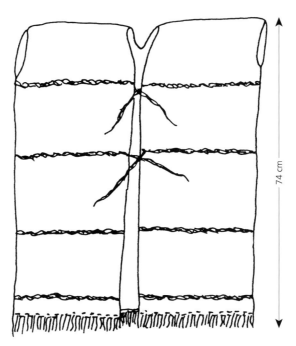

Xicolli *de ixtle. Cueva de Malinaltenango (Edo. de Méx.). Museum für Völkerkunde de Berlín (según P. Anawalt, 1981: 42, fig. 16).*

Ese *xicolli* de ixtle parece haber sido trenzado. Es comparable al *xicolli* miniatura encontrado en la cueva de Atzcala (Gro.), pero su forma es más clásica. Su abertura está provista de tres amarres y no tiene escote. Mide 74 cm de alto por 59 de ancho. Como este *xicolli* había sido encontrado junto a un mosaico de plumas y una cinta de cuero de venado (igual a las que usan, ciñendo su frente y su cabellera, los guerreros acolhuas de alto rango en la sección 10 del *Códice de Xicotepec*), el cónsul dedujo que se trataba de una indumentaria que databa de la Conquista. Se supone que fue ocultado en esa cueva para evitar que cayera en manos de los españoles (Anawalt, 1981: 41; Anawalt, 1974, II: 227; Johnson, 1977: 142-143); empero, en nuestra opinión, también podría haber sido depositado en la cueva a manera de ofrenda, sobre todo considerando que está hecho de ixtle.

Seguramente, el *xicolli* se abrió camino hacia el norte gracias a los mexicas, tal como lo muestra el mito narrado por los informantes de fray Diego Durán. Cuentan que Topiltzin era un dios benefactor y predicador, al que llamaban "tulteca", el sabio. Su palabra había logrado atraer a muchos discípulos, a los que se llamó en aquel entonces los "toltecas" o hijos del Sol. Sin embargo, Topiltzin tuvo que irse de Tula, expulsado por los seres maléficos. Sus numerosos discípulos, en cambio, permanecieron allí; se vestían con *xicollis* de vivos colores (Durán, 1967, I: 9-14). Si damos fe a los informantes de fray Diego Durán, Topiltzin vivió en Tula a principios del siglo XV, lo cual fecharía de manera aproximada el uso del *xicolli* en aquella región.

No podemos saber si el *xicolli* era de uso cotidiano o ritual entre los toltecas, pero aparentemente tenía más bien un uso ceremonial puesto que era llevado por los sabios.

Más allá de este mito, es probable que los mexicas, gracias a sus conquistas y a su avance hacia el norte, hayan introducido el uso del *xicolli* ceremonial entre los toltecas y, más tarde, incluso entre los totonacos del sur, en las costas del Golfo de México (Dahlgren, 1954: 112).

c) Xicolli, *cotón, cotorina*

El *xicolli* formaba esencialmente parte de la vida religiosa de los mexicas; por ende, era de esperarse que, tras la conquista española, esta prenda desapareciera de la vida social de Tenochtitlan y del Altiplano. Sin embargo, no era una prenda prohibida en la vida cotidiana, por lo que se siguió usando todavía cierto tiempo en Guatemala, en Tabasco y entre los mixtecos.

En Tabasco, los españoles que buscaban a menudo una palabra en su idioma para designar la indumentaria que les era desconocida, llamaron "cotón" al *xicolli* (Santamaría, 1978: 971). El término "cotón", proveniente de España, designa en primer lugar una tela de algodón estampada y de varios colores. En Chile, probablemente por razones análogas, el cotón es una chaqueta ligera que sirve para el trabajo (Espasa Calpe, 1958). En México, la palabra es todavía muy utilizada en la actualidad pero sirve para designar una prenda de lana, abierta a los lados, llevada por los campesinos de la Sierra de Puebla en particular.

"Cotona" forma parte también del vocabulario mexicano y designa una chaqueta de gamuza (Espasa Calpe, 1958).

En el siglo XX aparece un nuevo mexicanismo: "cotorina", palabra no registrada en ningún diccionario español ni en el *Diccionario de mexicanismos* de Santamaría. Se trata de un chaleco sin mangas, abierto al frente pero carente de amarres, y provisto de flecos no sobrepuestos en la parte inferior. Los flecos están hechos con los hilos de urdimbre de la pieza tejida, torcidos sobre sí mismos. Es por ello que la cotorina parece presentar analogías con el antiguo *xicolli*. Nosotros adquirimos, en 1991, en la localidad totonaca de Tepetzintla, una cotorina tejida en telar de cintura, con la técnica de la tapicería. Mide 76 cm de altura (con los flecos, que tienen una longitud de 15.5 cm). Su ancho es de 54 cm. Está tejida en un solo lienzo, aunque en cierto momento el tejido se divide en dos. La factura de la prenda es muy similar a la del *xicolli* del Templo Mayor.

Patricia R. Anawalt (1981: 212, fig. 62) parece pensar que la cotorina es la descendiente directa del *xicolli*. Nosotros no nos atreveríamos a afirmarlo así, pues la palabra "cotorina", tal vez derivada de "cotona", es reciente y además la presencia del *xicolli* parece haber interrumpido su secuencia desde el siglo XVII. Ningún *xicolli*-cotorina aparece en los cuadros de casta (García Sáiz, 1989) ni en las pinturas de Pingret (Ortiz Macedo, 1989).

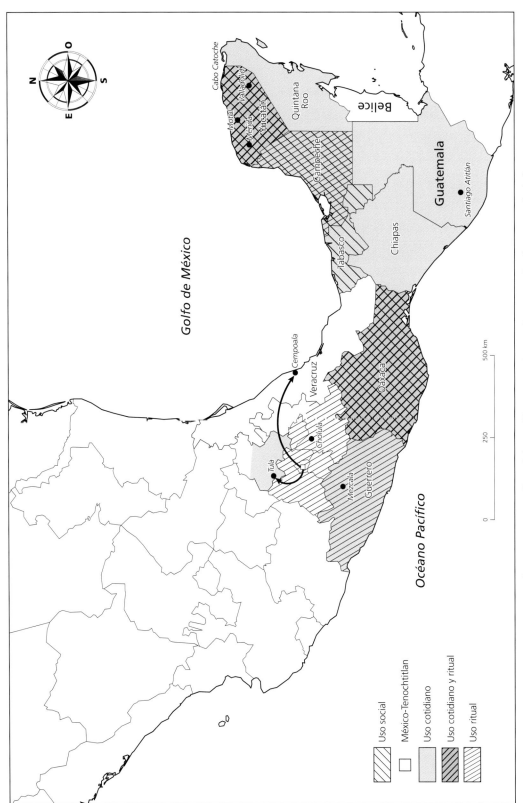

MAPA 12. *Distribución geográfica del xicolli en México y Guatemala durante el siglo XVI (según los documentos recabados).*

Uso social

México-Tenochtitlan

Uso cotidiano

Uso cotidiano y ritual

Uso ritual

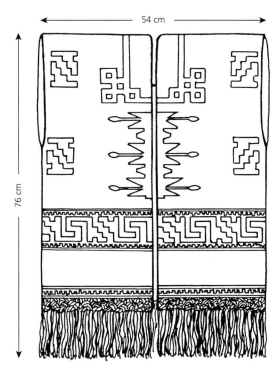

*Cotorina de lana café natural y motivos decorativos de lana blanca.
Totonacos de Tepetzintla, Huauchinango, Puebla (núm. 91/TOTO-01722).*

5. *Las túnicas cerradas y las túnicas abiertas*

Las túnicas cerradas y las túnicas abiertas que acabamos de describir eran las que llevaban los guerreros para ir al combate, o para identificarse como tales.

El *xicolli* no era una túnica de guerra propiamente dicha, aunque haya sido usada a veces por algunos combatientes. Era sobre todo de uso cotidiano y de uso ritual. La hechura de estas túnicas era idéntica a la de las largas túnicas masculinas y a la de los huipiles femeninos. Dos o tres lienzos unidos y cosidos al hilo, en el sentido de la urdimbre, formaban la prenda. Para que la túnica estuviera abierta por delante, bastaba con no coser la parte correspondiente. De ahí que los antiguos la considerasen equivalente a una túnica, tal como lo confirma el vocabulario: *ichcahuipilli*, "túnica de algodón" o *shah pot*, donde *pot* designa el huipil de las mujeres cakchiqueles.

Todas estas túnicas iban suntuosamente adornadas cuando eran lucidas por personas de alto rango. Este despliegue de colores resplandecientes constituía en sí mismo un arma de guerra, al igual que los sonoros cascabeles huastecos.

Sin embargo, la coraza de algodón *(ichcahuipilli)* agrega un elemento nuevo a esta cultura de símbolos gráficos y religiosos: el *ichcahuipilli* es una protección eficaz, que ya no opera de manera abstracta sino de manera muy concreta, y que aparece desde el siglo XIV. En efecto, su eficacia no depende en absoluto de las deidades. Además, el hecho de que esta prenda no esté reservada a una clase social determinada constituye también una novedad.

Finalmente, la túnica abierta va a obligar al hombre a modificar sus costumbres gestuales, a disociar los movimientos de sus brazos. Recordemos, sin embargo, que para hilar con el malacate, la tejedora indígena debe también disociar obligatoriamente los gestos de sus brazos y de sus manos.

II. Los dioses participaban en el combate

En el México antiguo el mundo de la guerra tenía una importancia primordial. Cada ciudad antigua, maya, azteca, mixteca… erigía un palacio reservado a los guerreros. Eran los personajes más honrados y los más poderosos de una sociedad siempre en guerra. En Chichén Itzá, el Templo de los Guerreros está cubierto con bajorrelieves grabados en la piedra para glorificar las batallas y las hazañas de los combatientes. Los suntuosos adornos de los guerreros presentan una gran diversidad (Morris *et al.,* 1931).

El imperio azteca era un imperio de conquistas. Su poderoso ejército se regía según una organización muy estricta, basada en el honor de combatir y de morir en la guerra. A cada tipo de guerrero correspondía, según sus méritos, un traje de guerra preciso. El grado militar iba en aumento a medida que el guerrero iba haciendo más prisioneros. Un tlacatécatl era un guerrero que había logrado hacer cuatro prisioneros en combate. Sus trajes así lo proclamaban públicamente.

Sabemos que tanto entre los mayas como entre los aztecas había cofradías de soldados particularmente valerosos. Las *Relaciones histórico-geográficas de la gobernación de Yucatán* (1983) nos hablan de combatientes de la región de Motul que partían desnudos al combate, con el cuerpo embadurnado de negro.

Earl H. Morris *et al.* (1931, II: lám. 31) reproducen las esculturas de los guerreros mayas representadas en los bajorrelieves del Templo de los Guerreros de Chichen Itzá, tomando en cuenta, en la medida de lo posible, los restos de color incrustados en la piedra. Uno de esos guerreros tiene todo el cuerpo pintado con rayas rojas y azules, a semejanza de los atlantes de Tula descritos por Acosta (1961: 221-222).

Hemos mencionado ya, en el caso de los aztecas, a los guerreros otómitl, reconocidos por su valentía. Sin embargo, la cofradía más famosa y más poderosa, la que siempre tenía la última palabra en los consejos de guerra, era la cofradía de los guerreros águila *(cuauhtli)* y la de los guerreros jaguar *(ocelotl).* Ellos eran los combatientes del Sol. Habían jurado no huir jamás ante el enemigo, aun a costa de su vida; muertos, acompañaban al Sol en su recorrido. Constituían una verdadera aristocracia y ningún hombre de baja condición podía unirse a ellos. Su cofradía educaba a muchachos cuidadosamente elegidos, con el fin de prepararlos para su futuro papel. El tlatoani del imperio azteca los colmaba de favores y de regalos (Durán, 1967, I: caps. X y XI).

El prestigio de esta cofradía se explica en parte gracias al mito del nacimiento del Sol y de la Luna narrado por los informantes de Sahagún (1938, libro VII, cap. II):

En el principio, el mundo estaba sumergido en tinieblas. Los dioses se lamentaban. Se reunieron entonces en Teotihuacán y decidieron que era preciso actuar para iluminar la Tierra. Con ese fin, era necesario que uno de los suyos se sacrificara. Tecciztécatl, rico y vanidoso, se declaró dispuesto a convertirse en Sol, pero los dioses decidieron que se requerían dos candidatos, para mayor seguridad. Los dioses designaron, tal vez en broma, a Nanahuatzin, el pobre miserable afectado por una enfermedad de la piel. Los dos candidatos se retiraron entonces lejos del mundo para rezar y autosacrificarse. Mientras Tecciztécatl utilizaba espinas de coral, el pobre Nanahuatzin ofrecía a los dioses espinas de maguey teñidas con su propia sangre.

Finalmente, el gran día llegó. Los dioses encendieron una hoguera gigante y se formaron en dos filas para dejar el camino libre al candidato, que debía lanzarse a la hoguera para convertirse en el Sol. El rico vanidoso lo intentó cuatro veces, pero su impulso se detenía siempre al borde de la hoguera. Nanahuatzin, el pobre, no titubeó: las llamas lo consumieron inmediatamente mientras se elevaba hacia el cielo para ser el Sol.

Tecciztécatl, avergonzado, se precipitó entonces hacia la hoguera que, al haber perdido intensidad, no le permitió ya un ascenso tan glorioso. Se convirtió en la Luna. Después de él, se lanzaron a las llamas el águila y el jaguar.

Códice Mendocino *(fol. 67r).*

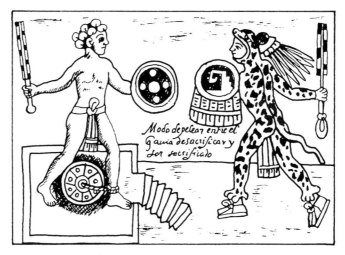

El combate ritual "gladiatorio". Manuscrito Tovar, *1972, lám. 27.*

En opinión de Guy Stresser-Péan, este mito del Sol

> era la justificación de la guerra sagrada y de innumerables sacrificios humanos que
> caracterizaban a la civilización del México antiguo, al menos durante sus últimas
> fases. El águila y el jaguar, que se representan siguiendo al sol en la hoguera, eran
> los patronos de las dos grandes sociedades de guerreros cuyas hazañas pudieron
> admirar los españoles y que probablemente se relacionaban con la tierra y la no-
> che (1962: 349).

Esa misma cofradía se enfrentaba durante un combate ritual "gladiatorio"
a quien había de ser sacrificado en honor de Xipe Totec. Así, dos guerreros
águila y dos guerreros jaguar se oponían a un prisionero de guerra, que llevaba pocas armas (Sahagún, 1950-1969: libro II, caps. II, IV, XXI, LI-LII; Manuscrito
Tovar, 1972, lám. 27; *Códice Magliabechiano*, fol. 30r).

1. *El* tlahuiztli

En Ixmiquilpan (Hgo.) hay un convento agustino del siglo XVI. En la nave de
la iglesia los indios artesanos pintaron murales que representan el combate
de los habitantes del Altiplano contra los invasores chichimecas. Esos frescos
exaltan su valor en el combate. Los mexicas van vestidos con el *tlahuiztli*.

a) *Definición y descripción*

Molina traduce la palabra *tlahuiztli* como "armas o insignias". El *tlahuiztli*
era un atavío de guerra cuyo uso estaba reservado a quienes habían destacado
en el combate; el derecho de llevarlo los convertía en jefes del ejército.

Guerrero mexica vestido con el tlahuiztli. *Pintura mural. Iglesia del convento agustino del siglo XVI, Ixmiquilpan (Hgo.).*

Guerrero vestido con un tlahuiztli *de cabeza de coyote.* Códice Mendocino *(fol. 65r).*

Era un traje de manta recubierto completamente con plumas y motivos de vivos colores, que envolvía el cuerpo en su totalidad. Una especie de casco, generalmente separado del resto de la prenda y que podría ser comparado con un yelmo, servía para cubrir la cabeza. Representaba la cabeza de un animal feroz y casi siempre estaba dotado de un imponente penacho. El *Códice Mendocino* nos brinda ejemplos de estas representaciones animales temibles: el jaguar *(ocelotl)*, el coyote *(coyotl)* y el *tzitzimitl* o demonio exterminador. La estatuaria azteca multiplica las representaciones de guerreros serpiente, de guerreros jaguar, de guerreros coyote (Solís, 1982: 205, 209).

El Museo Nacional de Antropología posee también una maravillosa cabeza de guerrero águila labrada en la piedra (Matos Moctezuma y Solís, 2002: 262). En 1982, una figura de 1.68 m de altura, de cerámica hueca, fue descubierta por los arqueólogos en el Templo Mayor. Se encontraba junto a otras figuras del mismo estilo en el recinto de los Guerreros Águila *(cuauhxicalli)*, situado en el noroeste del gran templo de Huitzilopochtli (Nicholson y Quiñones, 1983: 84-85) (véase lámina 17).

b) Lo que duraba la batalla

¿Cómo fue ideado por la tejedora este atavío, tan diferente de todos aquellos que hemos descrito hasta ahora, y que aparenta ser un traje ajustado? Los antiguos mexicanos ignoraban el arte del corte, pero el tejido en forma y el tejido en curva les permitían, en ciertos casos, obtener lienzos que no fueran rectangulares. Es posible que el tejido en forma haya servido para elaborar

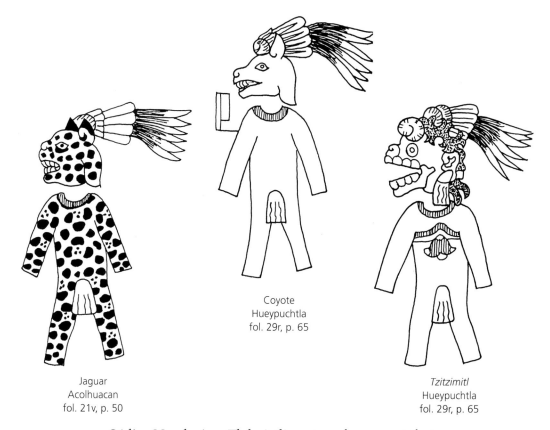

Jaguar
Acolhuacan
fol. 21v, p. 50

Coyote
Hueypuchtla
fol. 29r, p. 65

Tzitzimitl
Hueypuchtla
fol. 29r, p. 65

Códice Mendocino. Tlahuiztlis *entregados como tributo.*

ciertas piezas del *tlahuiztli*. Empero, la tejedora se basó ante todo en la fabricación de una serie de lienzos rectangulares: unos para el busto, otros para los brazos y otros para las piernas. Es probable que, al ser entregado en tributo, el traje no viniese ensamblado tal como se le ve en los documentos pictográficos, sino que las diferentes piezas fuesen ajustadas al cuerpo del guerrero justo antes de partir rumbo al combate.

En el *Lienzo de Tlaxcala* (lám. 15, 33, 34, 35, 40), se pueden ver los amarres dorsales que fijan el *tlahuiztli*, lo cual confirma nuestra hipótesis. En efecto, esta prenda sólo se usaba durante el combate. De hecho, ninguna representación pictográfica muestra a un guerrero vestido con *tlahuiztli* en posición sentada. Es factible imaginar que este traje no requería durar más allá de lo que duraba en sí la batalla.

c) Distribución geográfica

El *tlahuiztli* es una prenda de guerra diseñada por la gente de lengua náhuatl. Los otros pueblos de México no lo utilizaban, si damos crédito a los documentos pictográficos que nos muestran a los jefes guerreros cubiertos de adornos, pero yendo desnudos al combate.

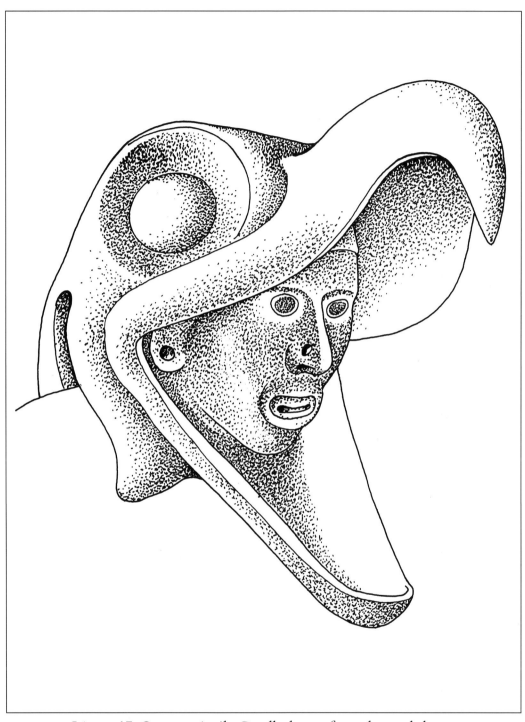

LÁMINA 17. *Guerrero águila. Detalle de una figura hueca de barro, de gran tamaño. Casa de las Águilas, Templo Mayor (según H. B. Nicholson y E. Quiñones, 1983).*

Lienzo de Tlaxcala, *lám. 15.*

Este guerrero lleva a la espalda una garza, insignia de Tizatlán. Lienzo de Tlaxcala, *lám. 22.*

d) Las insignias

Algunos guerreros llevaban en sus espaldas un objeto bastante voluminoso llamado "insignia". Estas insignias indicaban ya sea el origen tribal, o la calidad excepcional del guerrero.

Nezahualcóyotl llevaba un tambor dorado (*Códice Ixtlilxóchitl*, fol. 106r). Otros guerreros llevaban un quetzal (*Códice Mendocino*, fol. 46r), una garza (*Lienzo de Tlaxcala*, lám. 22), banderas de papel (*Códice Mendocino*, fol. 65r), etcétera (véase lámina 18).

Durante el Posclásico temprano los atlantes de Tula llevaban ya en la espalda un disco que representaba al Sol rodeado de serpientes de fuego. Un disco idéntico cubría la túnica ceremonial hallada por Cobean y Mastache en la sala 2 del Palacio Quemado en Tula, Hidalgo.

e) ¿Por qué el tlahuiztli?

El *tlahuiztli* era un traje de combate pero también una vestidura religiosa. En este caso, lo uno no iba sin lo otro. Quien se ponía el *tlahuiztli* asumía inmediatamente la apariencia del animal temible o del ser maléfico, que se volvía una segunda piel. El guerrero ya no era él mismo: era el otro mientras durase el combate. Era un nahual dotado de poderes sobrenaturales que debían permitirle vencer al enemigo y arrastrar a sus tropas al combate (véase lámina 19).

La creencia estaba tan extendida que la aparición del guerrero en *tlahuiztli* sembraba terror entre sus adversarios. El *tlahuiztli* era pues, un arma temible en la medida en que todos creían en sus poderes mágicos.

Lámina 18. *Insignias* (Códice Mendocino, *fol. 46r y 67r;*
Lienzo de Tlaxcala, *lám. 22*).

LÁMINA 19. *El* tlahuiztli *y sus espantosas figuras*
(Códice Matritense, *fol. 73r;* Códice Mendocino, *fol. 21v, 23r, 24r, 29r).*

Los españoles del siglo XVI, que vivían lo sobrenatural con tanta intensidad como sus contrincantes, no permanecieron insensibles a este fenómeno de nahualismo. Fuentes y Guzmán relatan la experiencia de los españoles durante un combate dirigido por Pedro de Alvarado contra los indios quichés de Guatemala (1932-1933, I: 29, citado por López Austin, 1980, I: 426-427):

> viendo los indios de todo aquel país la constancia, valor y inflexibilidad de los nuestros españoles, procuraron valerse contra ellos de mayores fuerzas que las naturales […] trataron de valerse del arte de los encantos y naguales, tomando en esta ocasión el Demonio por rey de El Quiché la forma de águila o quetzal, sumamente crecida, y por otros de aquellos ahaus varias formas de serpientes y otras sabandijas. Pero entre todas, aquella águila que se vestía de hermosas y dilatadas plumas verdes, adornada de resplandecientes joyas, de oro y piedras finas, volaba con extraño y singular estruendo sobre el ejército; pero procurando siempre enderezar todo el empleo de su saña contra el heroico caudillo don Pedro de Alvarado. Mas este ilustre adalid, sin perderse de ánimo ni pausar jamás su marcha, tomando una lanza en la mano […] la hirió con ella tan diestro, que vino muerta a la campaña […] y habiendo muerto el pájaro quetzal […] también en su tienda hallaron muerto al rey Tecún, con el mismo golpe y herida de lanza que había recibido el pájaro.

Este texto exalta la valentía de Pedro de Alvarado, que se había atrevido a enfrentar al monstruo y aniquilarlo, ganando así la batalla. Cabe preguntarse si los quichés de Guatemala llevaban puestos *tlahuiztli* o sólo insignias y máscaras aterradoras.

2. *La guerra y la eficacia*

Desde el Preclásico los guerreros usaban una túnica corta y sin mangas, de factura semejante a la del huipil. Los tarascos conservaron el uso de esta túnica hasta la llegada de los españoles. Pero desde el siglo XIV vemos aparecer túnicas abiertas por delante. Son prendas utilitarias, a menudo cotidianas como el *xicolli*, o bien convertidas en coraza acolchada como el *ichcahuipilli*.

Estas dos prendas constituyen un hito en la historia de la indumentaria precortesiana. No son chalecos propiamente dichos pues están tejidos como una túnica, *huipilli*, *pot*, de la cual llevan el nombre. Pero, al ir abiertas por delante, modifican las costumbres gestuales de su propietario.

Descendiente directo de la túnica de los indios de América del Sur, el *xicolli* es una prenda de uso cotidiano en la parte meridional de México. Entre los aztecas y los acolhuas es de uso exclusivamente ritual o ceremonial, lo cual demuestra su adopción tardía.

En lo que respecta al *ichcahuipilli* o coraza acolchada de algodón, es la única prenda precortesiana ideada con una finalidad práctica. Esta eficacia es particularmente sorprendente si consideramos que la concepción guerrera de los antiguos mexicanos es de inspiración divina. De ahí que muchos guerreros

CUADRO II. *a. Las prendas drapeadas*

Taparrabos

Paños de cadera

  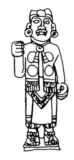

Tilmas

Huipil de tapar

Faldas

Indio jicaque	Huipil

Túnica corta	*Ehuatl*

Ichcahuipilli

Xicolli

Quechquémitl cuadrado

  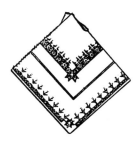

Quechquémitl puntiagudo

Quechquémitl tejido en curva

 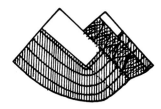

CUADRO II. *d. El tlahuiztli*

fuesen desnudos al combate, cubiertos de pinturas corporales y de adornos resplandecientes. A los ojos de todos, la eficacia guerrera radicaba sobre todo en el lenguaje de los colores y de los ruidos estrepitosos.

Por idénticas razones, es posible considerar que el *tlahuiztli* es en sí, un arma de guerra. Este fenómeno de nahualismo puesto en imágenes recurre a las deidades y las obliga, de alguna manera, a participar en el combate. Así, el *tlahuiztli* no es realmente una vestimenta, es un arma divina.

1. *Indígena otomí de la región de San Pedro Azcapotzaltongo (Estado de México),
totalmente vestida con prendas tejidas de ixtle.
Fotografía de Bodil Christensen, 1935.*

2 y 3. *Huasteco de la ranchería El May (Tanlajás, San Luis Potosí) con el taparrabos de sus antepasados. Fotografías de Guy Stresser-Péan, 1938.*

4. *Huichol con túnica que cubre sus partes sexuales. Un cinturón con bolsas mantiene fija la túnica al frente. Fotografía de Bodil Christensen, 1938.*

5. *Tzotziles del pueblo de Huistán (Chiapas). Llevan un calzón arremangado.*
Fotografía de Bertrand Guérin-Desjardins, 1954.

6. *Dignatarios tzotziles del pueblo de Huistán (Chiapas). Llevan un calzón arremangado.*
Fotografía de Bertrand Guérin-Desjardins, 1954.

7. *Otomíes de San Bartolo Otzolotepec con tilmas de ixtle.*
Fotografía de Bodil Christensen, 1937.

8. *Municipio de Lerma, Estado de México.*
Fotografía de Bodil Christensen, 1937.

9. *La tilma de ixtle utilizada para cargar. Huixquilucan, Estado de México.*
Fotografía de Bodil Christensen, 1935.

10. *Niña nahua de Santa Ana Tzacuala, Acaxochitlán (Hidalgo)*
con su falda conocida localmente como "mantila".
Fotografía de Claude Stresser-Péan, 1984.

11. *Niña nahua de Xaltepec, Huauchinango (Puebla) con su "mantila".*
Fotografía de Claude Stresser-Péan, 1997.

12. *Rancho El Zopope, comunidad Tamapatz, Aquismón (San Luis Potosí).*
Altar de las bordadoras huastecas en honor de la diosa de las flores y del bordado.
Fotografía de Guy Stresser-Péan, 1956.

13. *Mujer mixteca de San Pedro Atoyac, exdistrito de Jamiltepec (Oaxaca), luciendo su hermosa falda tradicional. Lleva el busto desnudo. Fotografía de Bodil Christensen, 1952.*

14. *Vasija antropomorfa huasteca que representa una mujer con el busto desnudo y enteramente tatuado. Época Posclásica tardía. Colección privada. Fotografía de Jean-Pierre Coureau, 1965.*

15. *Mixteca de Pinotepa Nacional, exdistrito Jamiltepec (Oaxaca),*
con su falda tradicional y su huipil de tapar.
Fotografía de Bodil Christensen, 1952.

16. *Muchachas mixtecas de Pinotepa de Don Luis, exdistrito Jamiltepec (Oaxaca), ataviadas con traje de fiesta. Llevan la cabeza y el pecho envueltos en su huipil. Fotografía de Bodil Christensen, 1958.*

17. *Muchachas mixtecas de Metlatonoc (Guerrero), con su huipil. Fotografía de Bodil Christensen, 1966.*

18. *Huipil conocido como de la Malinche (1.08 × 1.40 m).*
Museo Nacional de Antropología, Ciudad de México.
Fotografía de Claude Stresser-Péan, 1982.

19, 20. *Fragmento de un huipil del siglo* XVIII. *Tela de algodón con rayas blancas y cafés. La parte inferior de la prenda iba tejida con lana teñida con cochinilla, seda, pelo de conejo y plumón. Fotografía de Claude Stresser-Péan, 1988.*

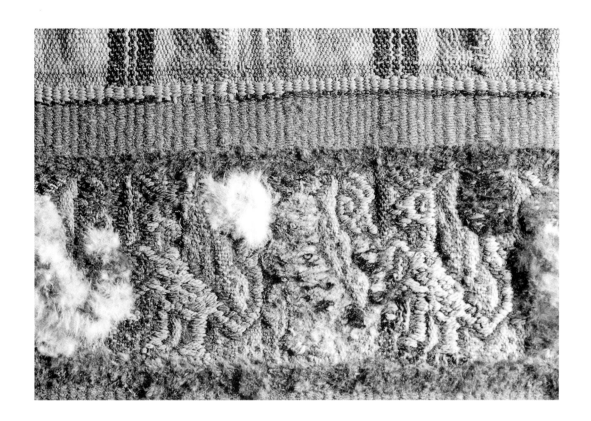

21, 22. *Detalles del mismo huipil del siglo XVIII.*
Fotografías de Claude Stresser-Péan, 1988.

23. *La virgen de Magdalenas, Larrainzar (Chiapas), ataviada con un huipil tradicional.*
Fotografía de Bertrand Guérin-Desjardins, 1954.

24. *El huipil de la virgen de Magdalenas, Larrainzar (Chiapas).*
Fotografía de Bertrand Guérin-Desjardins, 1954.

25. *Jicaque con su larga túnica.*
Fotografía de Anne Chapman

26. *Tejedora otomí de Santa Ana Hueytlalpan, Tulancingo (Hidalgo)*
tejiendo un quechquémitl semejante al que lleva puesto.
Fotografía de Bodil Christensen, 1953.

27. *Muchachas otomíes de Santa Ana Hueytlalpan, Tulancingo (Hidalgo),
luciendo el traje tradicional de su pueblo.
Fotografía de Claude Stresser-Péan, 1974.*

28. *Joven pareja otomí de San Pablito, Pahuatlán (Puebla). La muchacha lleva el quechquémitl tradicional con una ancha franja decorativa tejida en curva. Fotografía de Bodil Christensen, 1953.*

29. *San Pablito, Pahuatlán (Puebla). María Candelaria, tejedora otomí, en traje tradicional. Fotografía de Bodil Christensen, 1949.*

30. *Mujer nahua de la ranchería de Acuescontitla, en el mercado de Zontecomatlán (Ver.). Lleva un quechquémitl con una ancha franja decorativa tejida en curva. Fotografía de Bodil Christensen, 1937.*

31. *Huasteca de Tamaletom, Tancanhuitz (San Luis Potosí),*
con su hermoso quechquémitl con flecos.
Fotografía de Guy Stresser-Péan, 1951.

32. *Mujeres huastecas de Tamaletom, Tancanhuitz (San Luis Potosí), en traje de fiesta.*
Fotografía de Bertrand Guérin-Desjardins, 1954.

33. *Muchacha nahua de Cuatlamayan, Tancanhuitz (San Luis Potosí), en traje de fiesta. Lleva un hermoso y muy amplio quechquémitl, cuya punta le llega hasta las rodillas. Fotografía de Guy Stresser-Péan, 1938.*

34. *Figurilla femenina de barro cocido, originaria de la isla de Jaina (Campeche).*
Lleva los hombros cubiertos con una capa corta.

y zinacamoztoc onpoola cat
y nixtlil xochicin

1C. Mapa Tlotzin, *Aubin, 1885. Chichimecas nómadas y cazadores.*

2C. Códice Ixtlilxóchitl, *fol. 108r. El príncipe Nezahualpilli con su taparrabos y su tilma azul, color reservado a los nobles y a los poderosos.*

3C. Códice Fejérváry-Mayer, *31. Yacapitzáhuac, "el de la nariz delgada",
patrono de los mercaderes. Lleva un paño de cadera encima del taparrabos.*

4C. Códice Vaticano 3738, *fol. 60v. Personaje zapoteco vestido con una tilma
que lleva anudada en el hombro derecho. Su cabello largo va sujeto
con una cinta de papel.*

5C. *Fiesta de Santa Ana, 26 de julio de 1991. Pequeñas danzantes "aztecas" del pueblo nahua de Santa Ana Tlacotenco (Milpa Alta, D.F.). Llevan tilmas ricamente bordadas. Fotografías de Claude Stresser-Péan.*

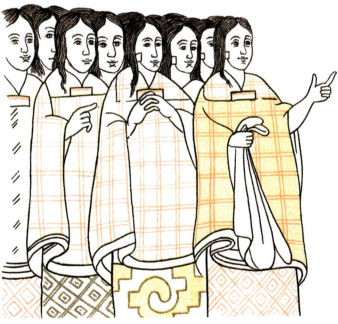

6C. Lienzo de Tlaxcala, *lám. 7 (detalle). Hijas de caciques suntuosamente ataviadas con huipiles largos y faldas adornadas.*

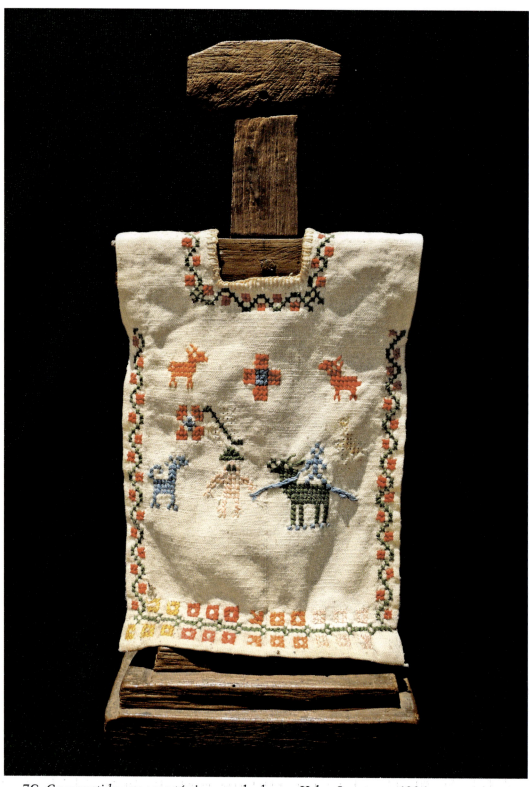

7C. *Cruz vestida con una túnica, recabada por Helga Larsen en 1936 y proveniente del pueblo de Xcacal (Puerto Carrillo, Quintana Roo). Colección de Irmgard W. Johnson. Fotografía de Nicolas Johnson.*

8C. Códice Vaticano 3738, *fol. 61r. A la derecha, mujer mexica con huipil corto; a la izquierda, mujer huasteca con quechquémitl.*

9C. Códice Laud *(fol. 17). Diosa guerrera.*

10C. *Mujer huichola en traje tradicional, con su quechquémitl cuadrado.*
San Andrés Coamiata, Mezquitic, Jalisco.
Fotografía de Philippe Bouchacourt.

El Oro de Hidalgo, El Oro, Estado de México.

Santa María Concepción, El Oro, Estado de México.

11C. *Quechquémitls de las indígenas mazahuas.*
Fotografías de Georges Massart.

Naupan (Puebla), indígenas nahuas.

Pantepec (Puebla), indígenas totonacas.

12C. *Quechquémitls con franja decorativa tejida en curva. Provienen de la Sierra de Puebla. Fotografías de Georges Massart.*

San Antonio, Huehuetla (Hidalgo), indígenas otomíes.

Zontecomatlán (Veracruz), indígenas nahuas.

12C. *Quechquémitls con franja decorativa tejida en curva. Provienen de la Sierra de Puebla. Fotografías de Georges Massart.*

13C. *Túnica ceremonial adornada con 1400 plaquetas talladas en concha de espóndilo rojo. Ofrenda hallada en el Palacio Quemado del sitio arqueológico de Tula (Hidalgo), fase Tollan (Arqueología mexicana, núm. 85: 42).*

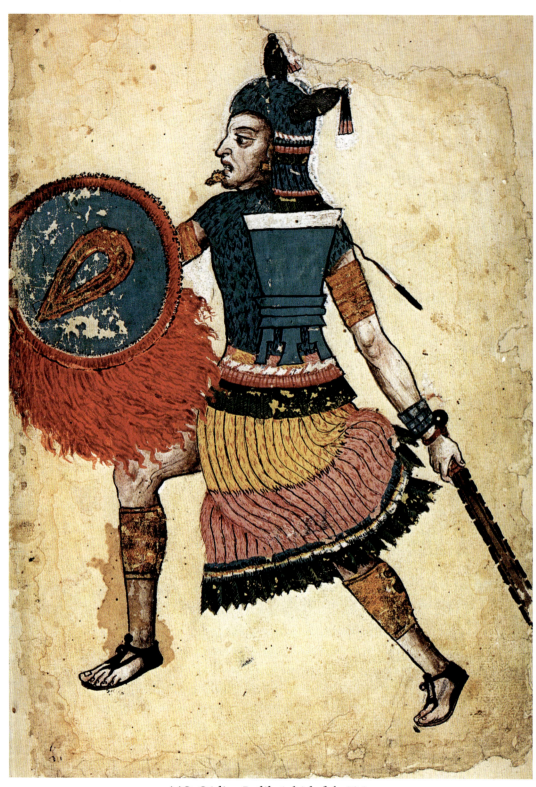

14C. Códice Ixtlilxóchitl, *fol. 106r.*
Nezahualcóyotl ataviado con un suntuoso ehuatl.

15C. Códice de Xicotepec, *secc. 10. Batalla contra los huastecos. Los jefes acolhuas visten la coraza llamada* ichcahuipilli.

16C. *Detalle del mural descubierto por García Payón en 1936 en el sitio arqueológico de Malinalco (Estado de México). Representa a un guerrero muerto en el combate, llamado* mimixcoua *en náhuatl.*

17C. *Bajorrelieve del Templo de los Guerreros de Chichén Itzá (Yucatán).*
Earl H. Morris copió los dibujos y los colores. El guerrero de la derecha va desnudo,
con el cuerpo cubierto de rayas azules y rojas (E. H. Morris, 1931: lám. 31).

18C. *Bajorrelieve del Templo de los Guerreros de Chichén Itzá, Yucatán.*
(A. Breton, 1993: 131)

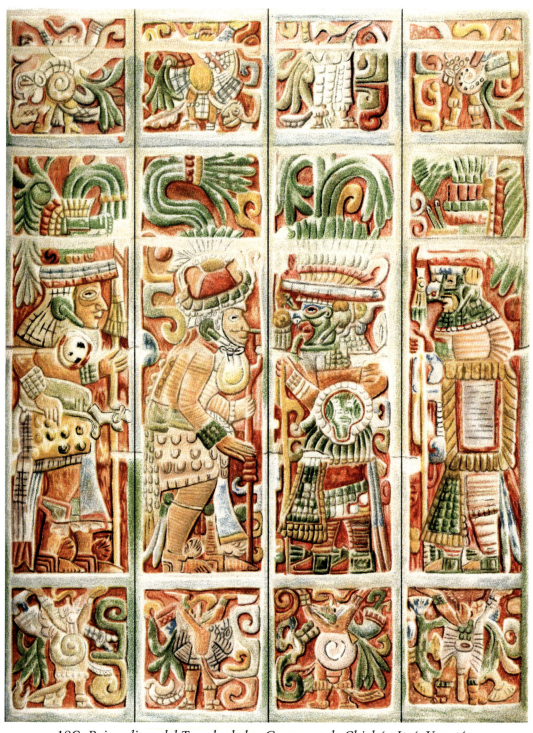

19C. *Bajorrelieve del Templo de los Guerreros de Chichén Itzá, Yucatán.*
(E. H. Morris, 1931, lám. 36)

ytzcumtepec

20C. *Conquista de Itzcuintepec (Guatemala) por Alvarado y sus aliados tlaxcaltecas. El gran jefe de guerra es identificable por la insignia llamada* cuetzalpatzactli *que lleva a la espalda.* Lienzo de Tlaxcala, *lám. 80.*

21C. *Convento del siglo* XVI *de Ixmiquilpan (Hidalgo). En la nave de la iglesia, representación mural de los guerreros mexicas vestidos con el* tlahuiztli.
Fotografía de Philippe Bouchacourt.

22C. *Convento del siglo* XVI *de Ixmiquilpan (Hidalgo). En la nave de la iglesia, representación mural de los guerreros mexicas vestidos con el* tlahuiztli. *Fotografía de Philippe Bouchacourt.*

III. EL TOCADO, EL CALZADO Y OTROS ACCESORIOS

EL TOCADO

El tocado se refiere tanto al peinado, que resulta del arreglo de la cabellera, como a los adornos o prendas que cubren la cabeza.

I. La índole sagrada de la cabellera

La cabellera tiene en todo el México pre y poscortesiano una importancia vital, ya que el *tonalli* (una de las tres almas que posee el hombre, según los antiguos mexicanos) constituye una especie de enlace con el mundo de los dioses. Ahora bien, esa alma se ubica en la coronilla, es decir, en la parte superior de la cabeza y en el cabello que allí crece. Se trata de una visión concreta aunque invisible del alma, "como un hilo que salía de la cabeza del individuo" (López Austin, 1980, I: 238-239). *Tonal* remite al día y al calor del sol. Molina traduce *totonal* como "nuestro tonal, el signo bajo el cual nacemos" (1572: 150v). La esencia misma de nuestro *tonal* depende del día de nuestro nacimiento y del calor solar de ese día (López Austin, 1980, I: 230). La pérdida prolongada del *tonal* acarreaba a fin de cuentas la muerte. Cortar y quemar los cabellos de alguien equivalía a hacer morir a ese individuo (López Austin, 1980, I: 242). Se requerían por lo tanto precauciones especiales para velar tanto por el *tonal* como por la cabellera que lo protegía. Por ende, el castigo definitivo para un delincuente consistía en rapar su cabellera: con ello perdía el honor (Clavijero, 1958, II: 334; Piho, 1973: 26). El exceso de bebida era castigado con la muerte cuando se era noble; sin embargo, un hombre del pueblo era rapado en público y maltratado físicamente; además, su casa era destruida (Sahagún, 1938, I: 199; Piho, 1973: 28).

Anne-Marie Vié-Wohrer (1999: 12-13) señala que a los cautivos que habían de ser sacrificados en honor del dios Xipe Totec se les arrancaba un mechón de cabello de la coronilla, pues dicho mechón representaba al individuo mismo. La autora añade que durante la fiesta de Xipe Totec se intentaba capturar a un campesino para arrancarle el cabello de la parte superior del cráneo: con ello, perdía el alma, y era posible entonces venderlo en calidad de esclavo.

En situaciones de guerra, un combatiente era dado por preso cuando su adversario lo atrapaba por la cabellera, según puede apreciarse en la sección 10 del *Códice de Xicotepec* o en el *Códice Mendocino* (fol. 63-66r).

Entre los tres y los seis años de edad, los niños llevaban el pelo corto. No obstante, en caso de que un niño cayese enfermo, se le dejaba crecer la cabellera.

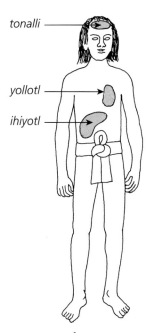

tonalli

yollotl

ihiyotl

Las tres almas que posee el hombre, según los antiguos mexicanos (según A. López Austin, 1980).

Una vez lograda la curación, el cabello era cortado durante una ceremonia especial, para ser guardado después en un rincón de la casa, o bien enterrado (Garibay, 1967).

Por lo tanto, era preciso cuidar de no cortar nunca el cabello demasiado corto. Quienes consideraban necesitar un *tonalli* vigoroso se abstenían de lavarse o cortarse el pelo. Así ocurría con los sacerdotes, principalmente (Sahagún, 1956, I: 246-345).

En suma, la cabellera era vista como una capa protectora que impedía al *tonalli* escapar (López Austin, 1980, I: 242).

Aun en tiempos recientes Guy Stresser-Péan pudo comprobar, durante su trabajo de campo en la Sierra de Puebla, cómo los totonacos y los nahuas, principalmente, siguen creyendo en la existencia del *tonalli*. El día de su nacimiento cada niño recibe de los dioses su *tonalli* y su destino. Esta creencia persiste ante todo allí donde sigue vigente la práctica de consultar el antiguo calendario adivinatorio (G. Stresser-Péan, 2005: 427-437).

II. El tocado masculino

En todo México los hombres solían llevar el cabello largo, aunque es posible ver en la "Relación de Michoacán" (Jerónimo de Alcalá 2000) a ciertos tarascos de cabello corto. Fray Diego Durán, refiriéndose a los aztecas (1967, I: 116), dice que todos lucían el cabello relativamente largo, que llegaba por debajo de las orejas, excepto en el caso de los jefes y los poderosos, que lo dejaban crecer hasta los hombros. Los personajes de alto rango, cuando se exhibían en público, durante ceremonias oficiales o religiosas, cubrían su cabellera con suntuosos adornos hechos de piedras preciosas, oro y plumas tornasoladas. Entre los aztecas, al igual seguramente que entre los demás pueblos de México, el tocado revelaba la posición social del individuo.

1. *El tocado más antiguo: la cinta frontal*

Un peinado masculino sencillo y cómodo consistía en una cinta ceñida alrededor de la cabeza, que mantenía en su lugar el cabello largo. Por lo general, la cinta era blanca, de papel amate o tela de algodón, aunque también podía ser una fina correa de cuero rojo.

Los mayas de la región de Motul solían peinarse con una cinta blanca hecha con la corteza de un árbol de la familia de los *Ficus*, llamado *kopo'* en maya. Se rapaban el frente de la cabeza pero dejaban crecer el resto de la cabellera, que trenzaban con una cinta blanca entretejida con plumas de colores (*Relaciones histórico-geográficas de la gobernación de Yucatán*, 1983, I: 271).

Los cronistas casi nunca mencionan ese peinado, por no tratarse de un tocado vistoso; más bien centraban su atención en los grandes penachos de los jefes.

La cinta frontal era sin duda alguna un peinado de usanza muy antigua y extendida en todo México. Al parecer, fue introducida por pueblos provenientes del noroeste de México (Códice de Xicotepec, 1995: 44). De hecho, basta con mirar las batallas entre españoles y tlaxcaltecas durante la expedición de Nuño de Guzmán en 1529 en esa región, tal como fueron representadas en el *Lienzo de Tlaxcala* (52-57), para comprobar que todos los guerreros de Jalisco llevan una cinta en la frente.

Los indios de esa región siguen usándola con frecuencia. Los tarahumaras y los huicholes visitados por Lumholtz en las postrimerías del siglo XIX lucían largas cabelleras, ceñidas en algunos casos con una cinta blanca (Lumholtz, 1902, I: 262; II, 4).

Los murales provenientes del sitio arqueológico de Las Higueras (Vega de Alatorre, Ver.), que se encuentran hoy en el Museo de Xalapa, pertenecen al Clásico tardío. Todos ellos representan personajes cuya frente va ceñida con una cinta blanca.

Los guerreros acolhuas representados en la sección 10 del *Códice de Xicotepec* también llevan una cinta blanca. La fecha indicada es 1444.

Guerreros de Jalisco en 1529.
Lienzo de Tlaxcala *(p. 55).*

Indio tarahumara.
(según C. Lumholtz, 1902: vol. I, 262)

Totonaco del Clásico tardío.
Las Higueras, Vega de Alatorre.

Músicos y acróbata.
(Códice Florentino, VIII, *lám. 64*).

El uso de esa cinta perduró con certeza hasta el siglo XVI. En efecto, en aquella época, la gente del pueblo solía llevar la cabellera hasta la nuca, cubriendo las orejas. El tocado con el que algunos adornaban su cabeza permitía adivinar su oficio. Por ejemplo, músicos y acróbatas lucían una cinta decorada con listones y plumas (*Códice Florentino*, VIII: lám. 64).

En la cueva de Malinaltenango (Edo. de Méx.) fueron hallados un *xicolli* de ixtle (que mencionamos ya en el capítulo anterior), un escudo y una cinta blanca de papel amate. Se trata pues de un material de guerra muy semejante al de nuestros guerreros de la sección 10 del *Códice de Xicotepec*. Aunque el hallazgo no pudo ser fechado, es factible pensar que el depósito data de la época posclásica.

2. *El tocado de los guerreros*

Hasta el siglo XVI, la mayoría de los guerreros partían rumbo al combate con una cinta ceñida en la frente. Sin embargo, a medida de que la sociedad mexica iba estructurándose, las marcas distintivas de gloria fueron cobrando cada vez mayor importancia. La cabellera y la manera de peinarla habrían entonces de desempeñar un papel primordial, ya que por sí solos constituían una insignia o un grado.

Los guerreros mexicas de mayor mérito llevaban el cabello recogido sobre la cabeza y atado en su base con una correa de cuero rojo. El resto de la cabellera cubría el cogote y colgaba sobre la nuca. En náhuatl, ese peinado recibía el nombre de *temillotl*, vocablo que significa "columna" (Seler, 1960-1967 [1902] I: 209 y 234), o bien de *tzotzocolli*, es decir, "cántaro" (Sahagún, 1956 I: libro II, cap. XXVII, 179).

"Sujetarse el cabello", *tlatzonilpia*, significaba simbólicamente "convertirse en guerrero" o "adquirir gloria militar" (Códice de Xicotepec, 1995: 45). No obstante, el mérito y la gloria de ese tocado "en columna" no eran algo adquirido de una vez por todas. Moctezuma, para castigar a sus oficiales tras una derrota ante Tlaxcala, les mandó cortar los cabellos, además de prohibirles usar tilma de algodón y huaraches de cuero. También fueron privados de armas e insignias (Durán, 1951, I: cap. LXI, 479-482; Piho, 1973: 29).

Al parecer, el mismo peinado existió en otras regiones de México. Guy Stresser-Péan (Códice de Xicotepec 1995: 45) cita algunas representaciones de ese tipo de peinado, entre ellas la del capitán tepaneco de la lámina 8 del *Códice Xólotl*. Fray Juan de Córdoba describe en su *Vocabulario castellano-zapoteco* (1578: fol. 64r) un tocado idéntico, que simbolizaba el valor guerrero entre los antiguos zapotecos.

El tocado de los guerreros presentaba entre los aztecas diversas variantes que servían para indicar cierto grado o cierto nivel de mérito. Tal es el caso, por ejemplo, del *tlacatécatl* ricamente ataviado del *Códice Mendocino* (fol. 64r), que lleva una coleta completada por un suntuoso adorno de plumas *(tlalpinoli)* (Códice de Xicotepec, 1995: 45).

Al joven guerrero que capturaba durante la batalla a su primer prisionero se le rapaban las sienes, que eran posteriormente coloreadas de rojo. También adquiría el derecho de vestir prendas de color (Sahagún, 1950-1969: libro II, 95; libro VIII, 76; y Piho, 1973: 33).

El peinado "en columna" y el del joven guerrero indicaban un mérito, mientras que el peinado guerrero conocido como "otomí" sólo señalaba, pero con énfasis, el valor excepcional del combatiente y su gran compromiso. Ese valiente guerrero, llamado *otomitl* o *cuachic*, iba desnudo al combate (*Códice Vaticano Ríos*, 3738, fol. 59r) y llevaba el cráneo casi totalmente rapado, excepto en la parte media, luciendo así el cabello erizado en la parte alta de la cabe-

Guerrero acolhua.
Códice de Xicotepec *(secc. 10).*

Guerrero mexica con su peinado característico en forma de "cántaro". Códice Mendocino *(fol. 64r).*

Guerrero tlacatécatl en traje de gala.
Códice Mendocino *(fol. 64r).*

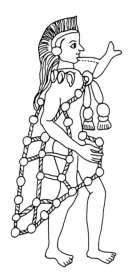 

Traje de los guerreros llamados otomitl.
Códice Vaticano Ríos,
3738, fol. 59r.

Sacerdote-guerrero.
Códice Mendocino *(fol. 65r).*

za, en una línea continua que iba desde la frente hasta el cogote. Un largo mechón colgaba sobre la espalda del guerrero.

3. *El tocado de los sacerdotes*

Los sacerdotes llevaban el cabello largo hasta los hombros, sujeto con un ancho cordón blanco o rojo. Así, el folio 65r del *Códice Mendocino* muestra a sacerdotes-guerreros identificables gracias a su peinado característico. Según afirma fray Diego Durán (1951, II: 109, citado por Piho, 1973: 48), un sacerdote no se cortaba el cabello mientras durasen sus funciones en el templo. Llevaba el cabello sucio, sin lavarlo ni peinarlo nunca, e impregnado de sangre, tinte negro y ungüento.

4. *La tintura y las plumas*

En todo México ciertos indios se teñían el cabello. Entre los huastecos, según dicen los informantes de Sahagún (1950-1969: libro X, cap. XXIX, 185), teñirse el cabello de amarillo y de rojo parece haber sido una tradición. Los huastecos llevaban el cabello largo, dejándolo colgar a la espalda, y lo separaban en dos mechones que cubrían las orejas (G. Stresser-Péan, 1971: 582-602).

Sahagún (1950-1969: libro X, cap. XXIX, 184) no menciona que los totonacos se tiñesen el cabello, pero sí que se esmeraban en adornarlo con plumas de colores.

III. El tocado femenino

Las mujeres llevaban el cabello largo, a veces hasta la cintura. De manera general, se peinaban a su antojo, con la cabellera suelta o trenzada.

1. *Los cuidados del cabello*

Sin embargo, Sahagún (1950-1969: libro VIII, caps. I y XV; 1938, II: cap. XV, 314) señala que las mujeres daban gran importancia a su cabellera. Para darle brillo la teñían con lodo negro o con una "hierba azul" conocida como índigo o *xiuhquilitl*.

Hasta la década de los años sesenta, las mujeres nahuas de Tetelcingo (Morelos) seguían tiñéndose el cabello con una pasta obtenida a partir de las hojas verdes de un arbusto, *Koanophyllon albicaule* (Sch. Bip. ex Klatt) R.M. King & H. Robinson, anteriormente llamado *Eupatorium albicaule* Schultz Bip. (Cordry y Cordry, 1968: 128, fot. 86a y lám. V).

2. *Adornos de colores*

En Yucatán, las mujeres mayas, menos austeras que las mujeres mexicas, entretejían su cabellera con largos y coloridos hilos de algodón o bien con plumas de colores vivos (*Relaciones histórico-geográficas de la gobernación de Yucatán*, 1983, I: 379; II, 217).

Al igual que las mujeres mayas, las totonacas y las huastecas gustaban de dar un toque de color a su peinado. Las mujeres de la Huasteca lo adornaban con plumas de colores y probablemente acomodaban su cabellera en forma de corona alrededor de la cabeza (Sahagún, 1950-1969: libro X, 185; G. Stresser-Péan, 1971: 582-602). Las totonacas, por su parte, para peinarse utilizaban listones tejidos con plumas de ave de variados colores. Cuando iban al mercado se ponían flores en el cabello (Sahagún, 1950-1969: libro X, 184).

3. *El arreglo y el corte del cabello*

En el *Códice Mendocino* (fol. 61r), la novia azteca lleva su lacia cabellera suelta, con las puntas emparejadas a la altura de los hombros. Luce en la frente un flequillo bastante corto.

Ese tipo de tocado parece tener orígenes antiguos: las diosas representadas en los códices o en la estatuaria lucen a menudo ese peinado. Tal es el caso, por ejemplo, de la diosa del maíz que aparece en el *Códice Magliabechiano* (fol. 31r) o de la estatua de la diosa del agua, Chalchiuhtlicue, cuya

Las muchachas llevaban la cabellera
hasta los hombros. Códice
Mendocino (fol. 61r).

La diosa del maíz.
Códice Magliabechiano (fol. 31r).

cabellera de puntas perfectamente emparejadas llega hasta la cintura (MNA, núm. 10-82 215).

4. La deformación craneana y la cabellera

En tiempos precortesianos muchos pueblos de México practicaban la deformación craneana, tanto para los hombres como para las mujeres. Al parecer, ellas usaban en aquel entonces un peinado especial: la cabellera iba separada en dos por una raya en medio, y los cabellos caían desde la parte superior del cráneo hasta la nuca. Las puntas eran emparejadas. Las cerámicas funerarias posclásicas huastecas lucen a menudo ese tipo de peinado. Tal es el caso, por ejemplo, de la ofrenda 43 de la excavación VH X (Vista Hermosa, Nuevo Morelos, Tamaulipas). Las figurillas, entre ellas la que fue hallada en Tamtok, que hemos llamado "de tipo pseudo-sonriente" tienen el cráneo deformado. El Museo Nacional de Antropología posee una de ellas, proveniente de Tanquián (San Luis Potosí), que conserva sus pinturas. Lleva el mismo tipo de peinado. Esas figurillas "pseudo-sonrientes" pertenecen al Posclásico tardío.

Idéntico peinado reaparece en la Huasteca incluso durante el Preclásico, siempre como tocado de un cráneo deformado. El *Bulging-eye type* (Pánuco II de Ekholm), que encontramos en Tamtok (Tamuín, SLP) es una figurilla cuyo cráneo deformado luce el mismo tipo de peinado.

5. El problema de las trenzas

Llevar trenzas no parece haber sido una práctica común en tiempos precortesianos. El *Códice Mendocino*, que describe la vida cotidiana de la sociedad mexica, no presenta a ninguna mujer con trenzas. Todo indica que las trenzas

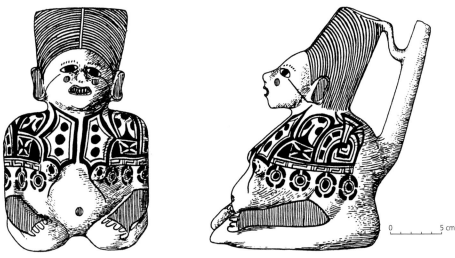

Vista Hermosa, Nuevo Morelos, Tamaulipas. VH X, ofrenda funeraria núm. 43.

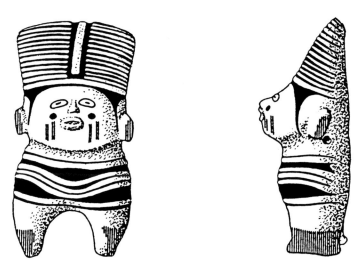

Figurilla huasteca de Tanquián, San Luis Potosí.
Museo Nacional de Antropología, Ciudad de México.

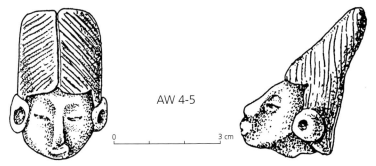

AW 4-5

Cráneo deformado, cabello largo. Figurilla de época preclásica.
Tamtok (Tamuín, San Luis Potosí).

eran entre los aztecas un peinado adecuado para ciertos festejos solemnes. Durante la fiesta *Uey Tecuilhuitl* las mujeres que participaban en el baile vestían hermosos huipiles y faldas ricamente adornadas. Sahagún describe su tocado. Según sus informantes, las mujeres llevaban trenzas que partían de la frente y colgaban hasta la nuca (1938, I: 160; 1950-1969: libro II, 99). Muy probablemente ese peinado estaba reservado a las mujeres que participaban en los festejos rituales y que, a menudo, representaban a las deidades.

Así pues Sahagún habla de cabellos trenzados, pero es importante subrayar que no se trata de las dos trenzas a la espalda que suelen usar hoy las mujeres de los poblados indígenas.

Sahagún (1950-1969: libro X, 184) menciona también los cabellos trenzados de las mujeres huastecas y totonacas, aunque ninguna representación pictográfica confirma tal práctica.

Fray Diego de Landa (1938) se refiere también a las trenzas cuando describe el peinado de las mujeres mayas en 1566. Éstas llevaban el cabello muy largo, dividido en dos trenzas. Las muchachas más jóvenes usaban cuatro trenzas.

Sin embargo, los cronistas del siglo XVI hablan casi siempre de "trenzas" sin que sea posible tener la certeza de que establecían una distinción entre trenzas propiamente dichas y mechones retorcidos.

No obstante, gracias a ciertas estatuas, sabemos con certeza que los antiguos mexicanos conocían y utilizaban la técnica de los listones trenzados.

En el Museo del Quai Branly, la estatua de la diosa Chalchiuhtlicue (inventario núm. M.Q.B.71.1878.1.98 [M.H.78.1.98 {M.E.T.8109}]) luce una toca colocada sobre sus cabellos cortos y negros. La diadema va sujeta con dos listones rojos trenzados que cuelgan a su espalda (López Luján y Fauvet-Berthelot, 2005: 63).

La hermosa estatua de Chalchiuhtlicue conservada en el Museo Nacional de Antropología (núm. 10-82215) lleva a la espalda dos trenzas de cuatro haces (véase lámina 20). Ambas trenzas cuelgan por encima de los cabellos de la diosa y son un poco más largas que el resto de la cabellera. Se trata, tal como lo sugiere la descripción de la estatua del Quai Branly, de los listones para sujetar la diadema. Las puntas de la cabellera, que llega hasta la cintura, están perfectamente emparejadas.

Una estatua proveniente de Tuxpan, Veracruz (MNA, núm. de catálogo 3-582) lleva a la espalda listones trenzados que parten de la cofia y forman un nudo (véase lámina 21). Dicha estatua representa seguramente a Xilonen, la diosa del jilote o maíz tierno (Solís, 1981).

Los listones trenzados de la diosa Chalchiuhtlicue podrían hacer pensar en un peinado de dos trenzas y afianzar la idea de que tal peinado podía estar en uso, ya que los antiguos mexicanos sabían perfectamente hacer trenzas. Sin embargo, el mechón retorcido de cabello parece haber gozado de cierta preferencia.

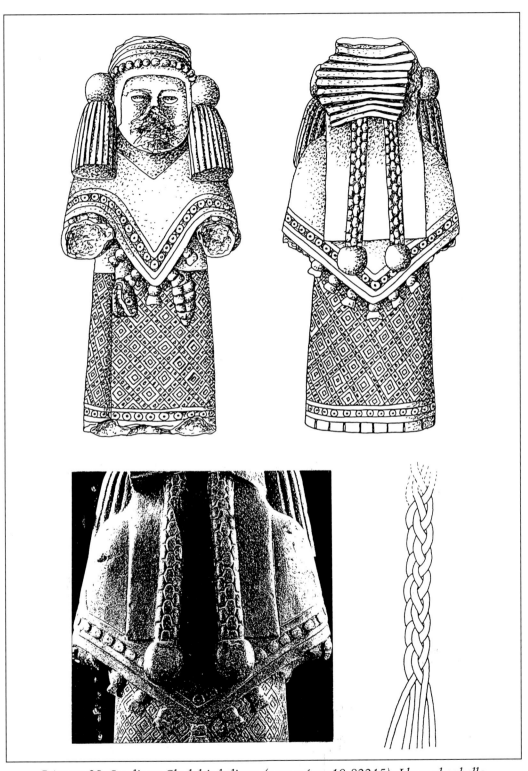

LÁMINA 20. *La diosa Chalchiuhtlicue* (MNA *núm. 10-82215). Lleva el cabello a la espalda, al igual que los listones trenzados que mantienen la diadema en su lugar.*

Moctezuma Xocoyotzin.
Códice Florentino (libro 8, il. 2).

Acamapichtli.
Códice Mendocino (fol. 2v).

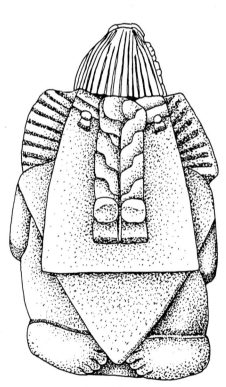

La diosa del maíz.
Cultura huasteco-azteca (MNA).
Tuxpan, Veracruz.

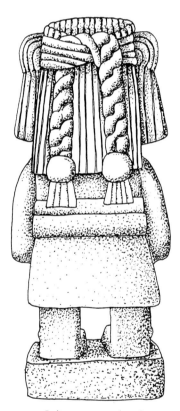

Cultura azteca (MNA).
Tlalmanalco, Estado de México.

LÁMINA 21. *Las diademas se mantienen en su lugar gracias a listones que van retorcidos.*

6. *Peinados de mechones retorcidos*

a) Los "cornezuelos" de las mujeres aztecas

Las representaciones pictográficas de muchos códices muestran a las mujeres aztecas luciendo un peinado consistente en dos mechones retorcidos de cabello colocados sobre la frente, cuya forma se asemeja a la de los cuernos, de allí el nombre de "cornezuelos" dado por los españoles (Sahagún, 1950-1969: libro VIII, cap. XV).

Este tipo de peinado era propio de las mujeres maduras, de las mujeres casadas, de las mujeres nobles y de las mujeres de edad avanzada, tal como lo sugiere Virve Piho (1973: 213). En el *Códice Mendocino* lo lucen las matronas encargadas de educar a las niñas (fol. 59r y 60r), las ancianas (fol. 61r) y la madre del bebé (fol. 57r), entre otras (véase lámina 22).

El peinado de cornezuelos sólo podía ser usado por mujeres de cabellera muy larga. Daba entonces la impresión de dejar a nivel de la nuca una especie de chongo muy suelto que llegaba a cubrir las orejas. En efecto, los mechones retorcidos, aun sujetos con un listón grueso, carecían de suficiente rigidez para sostenerse por sí solos. Es factible suponer que la cabellera era separada en dos mechones, posteriormente retorcidos en torno a un listón de color oscuro, y finalmente cruzados tras la nuca y llevados hacia el frente. Los extremos se ataban seguramente al frente, gracias al mismo listón (Sahagún, 1938, II: 314). Ese tipo de peinado se asemeja mucho al de las mujeres indígenas de hoy, que separan su cabellera en dos y se hacen trenzas. La cabellera entreverada de listones de colores puede también darle al peinado la forma de una corona; uno de los listones sirve entonces para unir los dos cabos de las trenzas en la parte superior del cráneo.

Quizá este tipo de peinado no es muy antiguo. El *Códice en Cruz* representa a Chalchiuhnenetzin con un peinado de cornezuelos con fecha de 6-Conejo (1498).

b) El petob

Hoy en día, en la Huasteca, las mujeres se peinan con una corona de cabello. Su cabellera, dividida en dos tras la nuca, forma dos mechones retorcidos entreverados de listones de colores. Ambos mechones, acomodados después sobre la frente, forman una especie de corona llamada *petob* en huasteco. Desde inicios del siglo XX, las mujeres jóvenes empezaron a lucir *petob* cada vez más vistosos y voluminosos.

El origen de este peinado remonta seguramente a tiempos muy antiguos, ya que Sahagún menciona esa corona de cabello entre las mujeres huastecas de los tiempos precortesianos (1950-1969: libro X, 185).

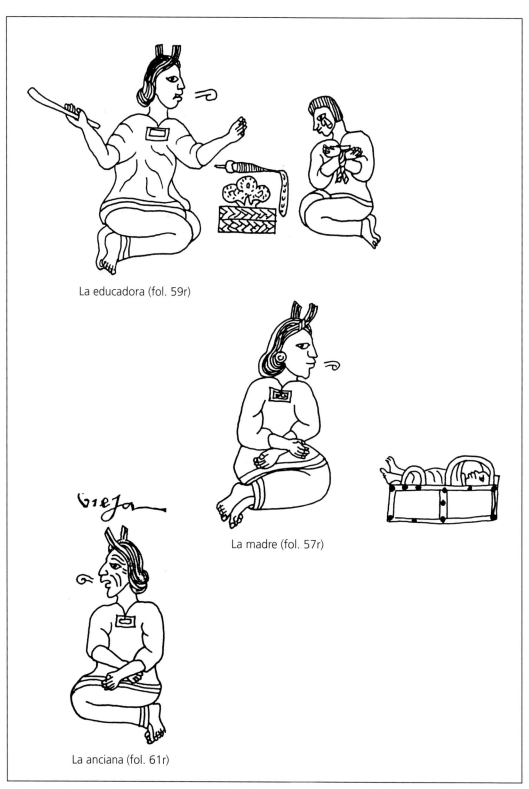

La educadora (fol. 59r)

vieja

La madre (fol. 57r)

La anciana (fol. 61r)

Lámina 22. Códice Mendocino. *El peinado llamado de cornezuelos.*

Originaria de Castillo de Teayo, fortaleza azteca edificada en territorio huasteco durante la época posclásica, la estatua de la diosa Cihuacóatl presenta un aspecto cuyos rasgos generales corresponden a los de una mujer huasteca (monumento 51 del catálogo de Felipe Solís). Se trata de una estatua de arenisca calcárea, de 1.50 m de alto por 59 cm de ancho y 29 cm de profundidad (Solís, 1981: 99-101, lám. 53; De la Fuente y Gutiérrez Solana, 1980: 388-389, fig. 5). Sus pies descalzos se apoyan en una base cuadrada. Lleva el busto desnudo y viste una falda recta, sujeta a la cintura por una faja que parece ser un cordón retorcido. Dicho cordón va anudado al frente. Los brazos van pegados al cuerpo y las manos reposan sobre el vientre. El rostro de la diosa es ancho, de pómulos salientes; tiene la boca abierta y ojos almendrados. Lleva el cabello separado en dos mechones, cada uno de ellos retorcido con un cordón idéntico al que lleva a la cintura (véase la lámina 23). Ambos mechones retorcidos y cruzados al nivel de la nuca suben después hacia el frente, dejando entrever sus extremos en forma de puntas. Esta estatua, muy probablemente esculpida por un artista huasteco a solicitud de los señores aztecas del lugar, representa a una diosa azteca pero a primera vista parece tener más atri-

Castillo de Teayo,
Veracruz.

butos huastecos que mexicas. Los brazos pegados al cuerpo, las manos sobre el vientre, el peinado de mechones retorcidos en forma de corona son otros tantos atributos de la mujer huasteca. No obstante, la estatua sí revela cierta connotación azteca en la medida en que las dos puntas de la cabellera figuran un peinado de cornezuelos.

Esta estatua "azteco-huasteca" tiene el mérito de mostrarnos el peinado huasteco correspondiente a la descripción que de él hizo Sahagún y que perdura hasta nuestros días.

IV. EL PEINADO DURANTE LA INFANCIA

A niños y niñas se les cortaba muy corto el cabello cuando cumplían tres años y se les dejaba tan sólo un mechón que colgaba cerca de la nuca. Conservaban ese mismo peinado hasta los seis años de edad. El folio 58r del *Códice Mendocino* presenta a niños y niñas de entre tres y seis años de edad con el cabello corto (véase la lámina 24).

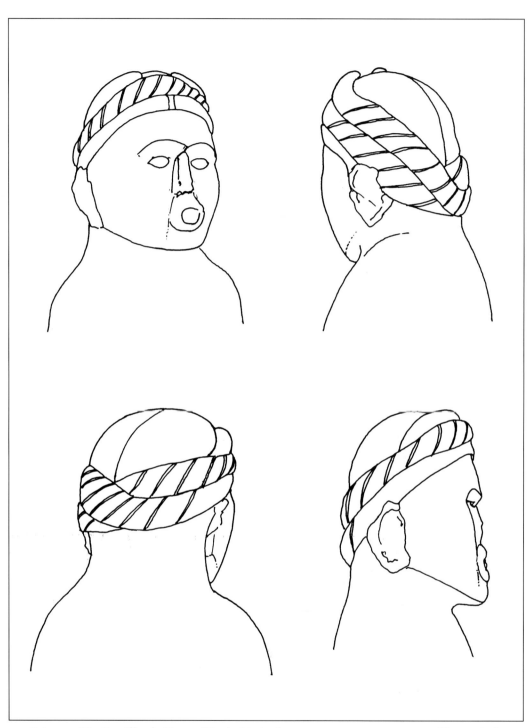

LÁMINA 23. *Castillo de Teayo (Ver.). Mujer huasteca que representa a Cihuacóatl. Detalle de la estatua 51. El* petob *huasteco intenta asemejarse al peinado azteca conocido como de cornezuelos.*

LÁMINA 24. *Entre los tres y los seis años de edad, los niños llevaban el cabello corto.*
Códice Mendocino *(fol. 58r).*

V. EL TOCADO DE LOS CONVERSOS

Hemos visto ya que el cabello largo desempeñaba un papel fundamental, pues servía para proteger el *tonalli*. Permitía además, al igual que el peinado, distinguir a los personajes de alto rango, a los guerreros valientes, a los sacerdotes, etc. Sin lugar a dudas, la Iglesia se percató muy rápidamente de esa importancia. Según apunta Muñoz Camargo (1981: fol. 241r), privar a un individuo de su cabellera podía equivaler a un castigo. No obstante, los franciscanos, haciendo caso omiso de esas realidades, obligaron a los hombres recién convertidos al cristianismo a cortarse el cabello. Ahora bien, a ojos de los indígenas, el cabello corto no sólo fragiliza la existencia misma del *tonalli*, sino que también degrada socialmente al converso. Chimalpahin denuncia ese hecho en los siguientes términos: "Y en aquel entonces raparon a los mexicas tenochcas, que eran los grandes capitanes guerreros, les cortaron sus cabellos de tequihuaque, a los que eran cuacuachictin y otomime así como se acostumbraba antes, todo esto desapareció" (*Die Relationen...*, II: 8, l. 31-35; apéndice, 178 [8.61] 1963-1965, citado por Piho, 1973 :40).

La sección 24 del *Códice de Xicotepec* muestra una imagen de la nueva sociedad cristiana. Los nobles indios que asisten a las exequias del cacique de Xicotepec llevan todos el cabello corto.

Las mujeres, por su parte, siguieron llevando cabello largo sin que la Iglesia pusiese objeción alguna, ya que en España, al igual que en todos los países católicos de Europa, las mujeres solían llevar el cabello largo oculto bajo un gorro. De ahí que en México la Iglesia se haya conformado con ordenar a las mujeres cubrirse el cabello al salir a la calle o durante los oficios religiosos, ya que el cabello era considerado como un elemento de atracción sexual.

Se corta el cabello al infiel por burlarse de la nueva fe
(D. Muñoz Camargo, 1981: fol. 241r).

1528	1529	1530	1531	1532	1533

Los recién convertidos en Xicotepec asisten al entierro de su cacique.
Códice de Xicotepec (secc. 24).

EL CALZADO (*CACTLI*)

1. *Definición, descripción*

Las sandalias (*cactli* en náhuatl) eran llamadas por los cronistas del siglo XVI "cutaras" o "cotaras".

En 1566 Landa (1938) describe la indumentaria de los mayas de Yucatán y dice que llevaban cutaras de suelas de cáñamo o de cuero de venado. En la Relación de Dzonot, región de Valladolid, el cronista las describe perfectamente: "andaban descalzos o si no era de un pedazo de pellejo de venado solamente en las plantas de los pies y unas correas que les entraban por entre los dedos de los pies, de manera que venía a dar un nudo por detrás del carcañal y todo el pie de fuera." (Relaciones geográficas del siglo XVI, "Relación de Dzonot", 1983, II: 86).

Las figurillas de Jaina van por lo general descalzas; la hermosa figurilla 66 (Piña Chan, 1968) lleva empero cutaras ricamente adornadas; se trata de un personaje importante.

Felipe Solís (1982: lám. XXIII) propone algunos dibujos descriptivos de las cutaras del Altiplano.

La cutara estaba hecha de una suela y, en ocasiones, de un carcañal para proteger el talón. El pie iba sujeto con dos bandas, una de las cuales pasaba entre el dedo gordo y el segundo dedo del pie, mientras que la otra pasaba entre el tercer y el cuarto dedos. Por lo general, las bandas eran de ixtle o de cuero. En otros lugares las bandas podían ser de otros materiales: por ejemplo, eran de algodón entre los indios de Centispac, Nayarit (*Relación de la conquista que hizo Nuño Beltrán de Guzmán*, 1963: 259).

En lo que a la suela de fibra tejida se refiere, la relación de Ahuatlán de 1581 refiere que los hombres usaban cutaras cuya suela era de ixtle, "y cosida muy menudo, de tal suerte que se viene a poner la suela tan dura como una tabla" ("Relación de Ahuatlán", 1985: 78).

Pamela Scheinman (2005: 79) pudo ver en 2000, en San Felipe Tepemaxalco (Puebla) cómo se fabrican los huaraches de ixtle conocidos localmente como *ixcactle* (donde *ix* significa "ixtle"). La suela tiene aproximadamente 1.5 cm de espesor y es muy dura, al igual que la de las cutaras antiguas que menciona la "Relación de Ahuatlán". Muy gruesa, está compuesta por dos suelas trenzadas por separado, entre las cuales se coloca una especie de estopa de fibra de maguey. El conjunto es cosido sólidamente. Poseemos un par de huaraches de ese tipo, adquirido en 1983 entre los indios nahuas de Hueyapan (Tetela del Volcán, Morelos). Un carcañal o talonera de ixtle tejido va fijado a la suela. Una banda transversal pasa por el empeine, lo cual no corresponde a la tradi-

Jaina, Campeche
(según R. Piña Chan, 1968: figurilla 66).

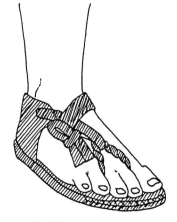

Calzado antiguo o cactli
(según F. Solís, 1982: lám. XXIII).

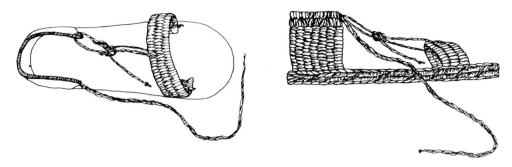

*Calzado moderno (*ixcactli*) fabricado en San Felipe Tepemaxalco*
(Puebla), utilizado cotidianamente por las indias nahuas
de la región de Tetela del Volcán (Morelos).

ción precortesiana. Un cordel de sujeción, de dos cabos, une la banda transversal y la talonera.

La fabricación de las cutaras antiguas debió de ser similar a la de hoy.

2. *Uso*

El *Códice Mendocino* no menciona las cutaras o *cactli* entre los tributos enviados a los mexicas. Sin embargo, la Relación de Tepeaca señala que los indios entregaban a sus señores un tributo anual de 100 pares de *cactli* (Relaciones geográficas del siglo XVI, "Relación de Tepeaca", 1985: 242).

Sabemos, en efecto, que entre los aztecas (Durán, 1967, I: 116), el hombre del pueblo o macehual iba descalzo por la ciudad; sólo la clase privilegiada usaba calzado de cuero, en ocasiones ricamente adornado. Los poderosos acostumbraban de hecho descalzarse antes de entrar a un templo, o para presentarse ante el líder supremo. En Huehuetlán (Pue.), quienes se acercaban al jefe tenían también por costumbre descalzarse. El narrador indica asimismo que, por respeto, habiéndose despedido, los visitantes se retiraban andando hacia atrás, para no darle la espalda a su señor (Relaciones geográficas del siglo XVI, "Relación de Huehuetlán", 1985: 209).

La gente del pueblo llegaba a usar *cactli* de ixtle fuera de la ciudad, para recorrer largas distancias. Sin embargo, los cargadores de Tepetlaoztoc que aparecen en el *Códice Kingsborough* (fol. 219v) van descalzos. En el *Códice de Xicotepec* todos los personajes que están de pie, sacerdotes o caciques, están descalzos, al igual que los guerreros huastecos y acolhuas (sección 10).

En el *Lienzo de Tlaxcala* (lám. 30) vemos a un cargador calzado con *cactli* de ixtle, aunque los demás llevan los pies desnudos.

En el siglo XVIII, Thierry de Menonville (2005: 214) hace aún notar que los indios que vio en su camino entre Veracruz y Oaxaca iban descalzos. Lo divirtió sobremanera haberse encontrado con indios que iban descalzos, acompañados por cochinos calzados con auténticos botines con suela de cuero. La costumbre de proteger las patas de los animales destinados a recorrer largas distancias seguía vigente durante la primera mitad del siglo XX. Así viajaba el ganado que partía de la Huasteca con destino a la Ciudad de México (comunicación personal de Guy Stresser-Péan).

En todo el México del siglo XVI, las cutaras solían ser usadas por los varones: las mujeres iban casi siempre descalzas. Tal costumbre ha perdurado hasta nuestros días. Sin embargo, tras la Revolución, en las décadas de 1920 y 1930, las mujeres nahuas de la región de Tetela del Volcán, y especialmente las de Hueyapan, empezaron a calzarse para caminar fuera de su casa (Friedlander, 1977: 130). Doña Zeferina, la informante de Judith

Lienzo de Tlaxcala
(lám. 30).

Friedlander, cuenta cómo, en los años treinta, le regaló a su abuela un par de huaraches de ixtle. La abuela nunca quiso ponérselos, declarando que prefería guardarlos para el "gran viaje" (Friedlander, 1977: 54-55).

En otros pueblos de México las mujeres rompieron también con la tradición. Julio de la Fuente (1949: 69) hace constar que, entre 1937 y 1941, vio a mujeres zapotecas de Yalalag (ex distrito Villa Alta, Oax.) portar sandalias a la usanza antigua: la suela era de cuero, la talonera de ixtle, y eran fabricadas en Santiago Zoogocho (ex distrito Villa Alta, Oax.).

Hoy en día los campesinos usan huaraches (o "guaraches" o "cacles"), que el *Diccionario de mexicanismos* de Santamaría define como "sandalias toscas de cuero" (1978: 575). Tanto "huaraches" como "cacles" son términos peyorativos. En ciertos lugares de la República Mexicana los huaraches se asemejan mucho a las cutaras antiguas. Guy Stresser-Péan recabó huaraches en varios pueblos de la Huasteca potosina o hidalguense. En 1953 compró un par de ellos en Panacaxtlán (Huejutla, Hidalgo): son de cuero, y se componen esencialmente de una suela y de una correa de sujeción que pasa entre el dedo gordo y el segundo dedo del pie. En efecto, las sandalias de hoy sólo llevan una sola correa de sujeción (véase lámina 25).

3. *Cronología*

Las poblaciones de agricultores sedentarios instaladas entre 1 y 1300 d. C. tanto en el suroeste de los Estados Unidos como en el noroeste de México (Zingg, 1940) y la región de Coahuila, cerca de Chihuahua (Taylor, 2003), usaban sandalias tejidas con fibras vegetales locales, tales como la yuca o la palma.

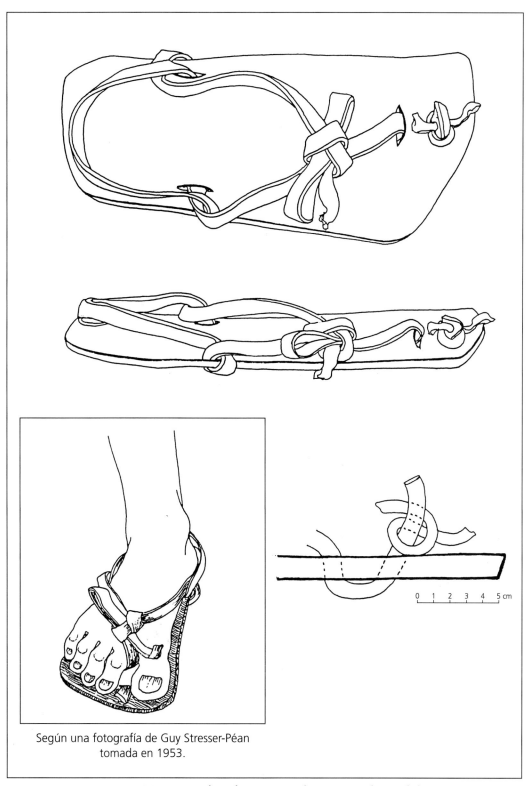

Según una fotografía de Guy Stresser-Péan
tomada en 1953.

0 1 2 3 4 5 cm

LÁMINA 25. *Huaraches de Panacaxtlán, Huejutla, Hidalgo.*

En las cuevas secas del suroeste de los Estados Unidos los arqueólogos han encontrado, en efecto, numerosas sandalias que han podido ser fechadas (Basketmaker II: 1-500 d. C. y Basketmaker III: 500-700 d. C.; véase Kankainen, 1995).

En México Robert Mac Neish (1967: vol. II) encontró en el transcurso de las excavaciones en Tehuacán (Pue.) sandalias de ixtle, pero sólo en los niveles correspondientes al clásico y al posclásico (cueva de Santa María Coxcatlán, Palo Blanco y Venta Salada). Mac Neish supuso entonces que las sandalias aparecieron en México sólo hacia el Clásico tardío y el Posclásico, máxime que señala también la ausencia de sandalias en las cuevas secas de Tamaulipas.

Sin embargo, en las cuevas secas del valle del Río Yautepec (Mor.), en 1992 en la Cueva del Gallo y en 1994-1995 en la Cueva de la Chagüera, los arqueólogos encontraron sandalias de factura bastante comparable a las halladas en las cuevas secas del suroeste de los Estados Unidos y del norte de México. Son de ixtle o de palma (aún hoy la región abunda en palmas). Una de ellas presenta un carcañal y algunas tienen dos correas de sujeción. Mac Neish señala asimismo que algunas de las 12 sandalias encontradas en el valle de Tehuacán presentan huellas de doble sujeción.

Las cuatro sandalias encontradas durante las excavaciones en las dos cuevas de Morelos permitieron fechar y describir su entorno. Esa cantidad tan pequeña de sandalias merece ser estudiada junto con las numerosas sandalias halladas en las otras cuevas secas del valle, desafortunadamente saqueadas. Nos fue posible examinar cuatro ejemplares de sandalias, gracias a la gentileza

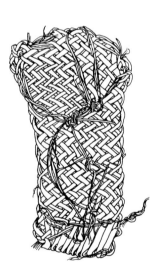
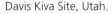

Davis Kiva Site, Utah.   Mummy Cave n° 2, Arizona.

Cueva de la Chagüera (Mor.).
"Ofrendas agrarias del Formativo
Treading in the Past, Sandals of the Anasazi   *en Ticumán, Morelos" (Morett*
(Kankainen, 1995: 30).   *Alatorre et al., 2000: 113, lám. 2).*

del biólogo José Luis Alvarado, adscrito al Laboratorio de Paleontología del Instituto Nacional de Antropología e Historia. Las suelas son ya sea exclusivamente de palma, ya sea con la urdimbre de palma y la trama de ixtle. Una de esas suelas de palma presentaba huellas de cordones de sujeción de ixtle. La suela trenzada de palma era perfectamente comparable a aquella proveniente de Mummy Cave núm. 2, Arizona, e ilustrada en el libro *Treading in the Past: Sandals of the Anasazi* (Kankainen, 1995: 30). La técnica de trenzado conocida como *plaited* es exactamente la misma.

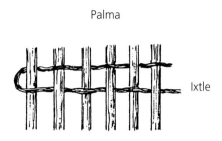

Técnica de trenzado uno por uno. Cueva de la Chagüera (Morelos).

Según su datación las sandalias del valle de Yautepec fueron elaboradas entre 400 a. C. y 200 d. C. Son pues más antiguas que las halladas en los Estados Unidos. Aparecieron junto a ofrendas de cereales (principalmente maíz) y fruta, así como restos humanos y animales, depositados por los agricultores del valle para asegurarse de obtener buenas cosechas. Las sandalias desparejadas eran asimismo objetos de ofrenda (Sánchez Martínez *et al.*, 1998; Morett Alatorre *et al.*, 2000).

4. *Función ritual*

En el transcurso de los siglos y hasta nuestros días, las sandalias han desempeñado una función ritual en México. En la cueva seca de Coxcatlán, en los niveles clásico y posclásico, Mac Neish (1967: vol. II, 171) halló seis sandalias en miniatura, fabricadas con papel amate. Dos sandalias estaban desparejadas y cuatro más iban por pares. Mac Neish se percató de que no mostraban huellas de desgaste. Sin embargo, gracias a uno de sus trabajadores, se enteró también de que hoy en día los adivinos siguen ofrendando sandalias en las cuevas. En efecto, es muy probable que esas sandalias en miniatura fuera de lo común, e inutilizables por ser de papel, hayan cumplido una función votiva, máxime que muy cerca de allí los arqueólogos encontraron un haz de correas de papel amate, semejante al que tienen por costumbre usar los adivinos nahuas actuales de Santa Ana Tzacuala (Acaxochitlán, Hgo.) y de Coacuila (Huauchinango, Pue.). Recogimos en 1975 algunas de esas correas de papel de china en el cementerio de Santa Ana Tzacuala. En 1981, recabamos ese mismo tipo de correas, amarradas en haces de dos a ocho piezas, y depositadas en la cueva de la Xochipila (Xicotepec, Pue.), a la que muchos indios de la región de Coacuila acudían para depositar ofrendas. En 1998, Santiago Mata, curandero y adivino en Coacuila, nos regaló un haz de correas idéntico a los que habíamos obtenido antes. Dicho haz, según nos lo confirmó entonces Santiago Mata, representaba a personajes tales como el *ocopisole* de los nahuas de los alrede-

Xochipila 1981   Coacuila 1998

Nahuatl = *Ocopisole*
Totonaco = *Talacachin*
(Guy Stresser-Péan, 2005: 117).

dores de Cuaxicala o el *talacachin* de los totonacos de Tepetzintla y Ozomatlán. El haz de correas y el pequeño personaje conocido como *talacachin* ("cosa atada") cumplen las mismas funciones sagradas pues fueron fabricados por un adivino, incensados y, en ocasiones, rociados de sangre por quien solicita la gracia divina (G. Stresser-Péan, 2005: 183).

Frederick A. Peterson, en los años sesenta, mientras realizaba un reconocimiento arqueológico en la región de Jalpan (Qro.), pudo ver en ciertas cuevas algunas de esas correas de papel amate colgadas a manera de exvoto. Estaban manchadas de sangre y de copal. Él le comunicó ese detalle a Robert Mac Neish (1967: vol. II, 171).

A principios del siglo XX, durante las ceremonias rituales, los sacerdotes huicholes seguían calzando al parecer sandalias a la usanza antigua, de palma trenzada. También acostumbraban exponer en calidad de ofrenda sandalias en miniatura de modelo antiguo, colgadas de un astil de punta de flecha, con el fin de garantizar una buena caza o de asegurar, por ejemplo, el buen éxito de una gran fiesta (Lumholtz, 1902: vol. II, 212).

5. *La muerte y el ritual*

Ninguna sandalia figura en las escenas de ritos funerarios representadas en los códices, especialmente en el *Códice Magliabechiano*. Sin embargo, las sandalias, al igual que las otras prendas de vestir, desempeñaban un papel importante en los ritos funerarios.

Entre los aztecas, cuando el difunto era un personaje importante, era ataviado antes de la incineración con su propia vestimenta y con las insignias divinas correspondientes a su rango social (Benavente, 1989: 529). Llevábase

así con él todas sus pertenencias, incluyendo sus herramientas de trabajo (*Códice
Magliabechiano*, 1903: fol. 67v-68r, 210,
comentario de Elizabeth Hill Boone, citado por Ragot, 2000: 69) (véase lámina 26).

Cuando se trataba de una persona
común, iba ataviada con ropa de papel
(Sahagún, 1950-1969: libro III, 43-44; Ragot, 2000: 72).

Finalmente, para ayudarle a sobrelle-
var el sufrimiento del viaje se proporcionaba al difunto, además de la ropa y el
calzado, bebida y alimento. En efecto, se
requerían cuatro años de viaje marcados
por muchas adversidades antes de llegar
al otro mundo. Es por ello que durante
cuatro años, con motivo del aniversario
de la muerte y para ayudarle al difunto a
seguir adelante en su periplo, se renova-
ban las ofrendas de ropa, calzado y alimento (Sahagún, 1950-1969: libro III, 43,
citado por Ragot, 2000: 70, 78-79).

Una vez llegado al Mictlán, el difunto
se presentaba ante Mictlantecuhtli, dios
de la muerte, y le entregaba en ofrenda

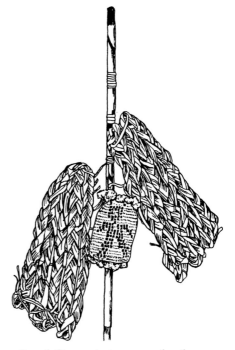

*Sandalias-miniatura colgadas
de un astil y expuestas a manera
de ofrenda entre los huicholes
(según C. Lumholtz, 1902:
vol. II, 212).*

todo lo que había llevado consigo. Durante cuatro días, hacíanse ofrendas a
Mictlantecuhtli, en el lugar donde el muerto había sido incinerado. Se le
ofrendaba comida, flores, tabaco, tilmas, sandalias (Sahagún, 1997: 178-179).

En su mayoría los demás pueblos de México enterraban a sus muertos
en posición sentada o acostada, seguramente en función del rango social del
difunto o de las circunstancias de su fallecimiento, pero no los incineraban
sistemáticamente como los aztecas. En la Huasteca, por ejemplo en Vista Hermosa (Nuevo Morelos, Tamps.), sacamos a la luz una cantidad considerable
de sepulturas. Casi todos los esqueletos estaban acomodados en posición
sentada. Una vez ataviados, envueltos en telas que los transformaban en "bultos funerarios", eran enterrados con todos sus bienes y sus ofrendas de alimentos. Había varias sepulturas de artesanos, que fueron enterrados en posición acostada, con sus herramientas de trabajo y una ofrenda de alimentos
(véase la lámina 27).

Es probable que la ropa y el calzado que acompañaban a esos difuntos haya
desempeñado la misma función entre los aztecas: ayudarle al difunto en su
viaje hacia el más allá.

Entre los mayas las modalidades funerarias eran muy diversas. La incineración era una práctica poco frecuente. Casi siempre el difunto reposaba

"Esta figura es quando algun mercader se finaua lo quemauan y enterravan con el su hazienda y pellejos de tigre y lo que mas tenia poniéndole a la Redonda las gutaras e oro e joyeles y piedras finas que tenian y plumajes como si alla en mictlan que ellos llamavan lugar de muertos uviera de usar de su oficio." *Códice Magliabechiano* (fol. 67v).

Nota: el dibujo muestra una piel de jaguar y no una piel de tigre.

LÁMINA 26. Códice Magliabechiano *(fol. 68r). Entierro de un mercader azteca.*

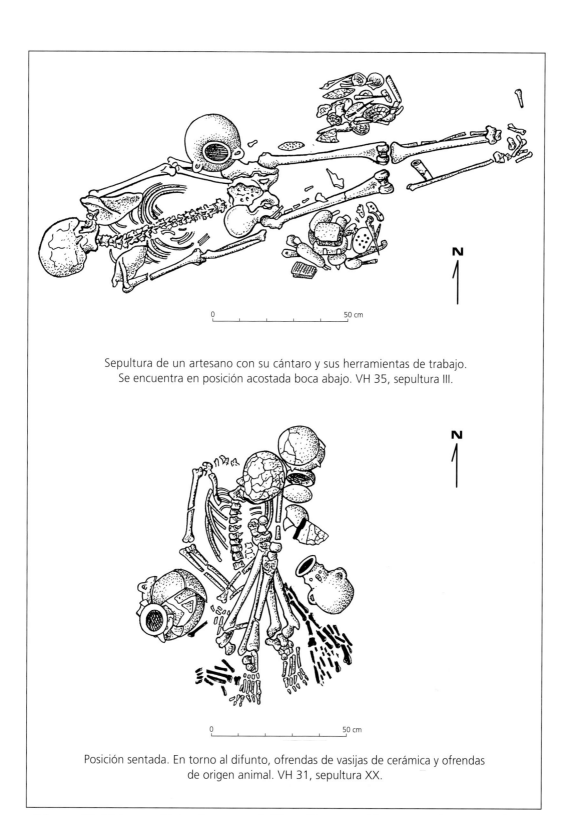

Sepultura de un artesano con su cántaro y sus herramientas de trabajo.
Se encuentra en posición acostada boca abajo. VH 35, sepultura III.

Posición sentada. En torno al difunto, ofrendas de vasijas de cerámica y ofrendas
de origen animal. VH 31, sepultura XX.

Lámina 27. *Sitio posclásico huasteco de Vista Hermosa, Nuevo Morelos, Tamaulipas.*

en una especie de sepulcro de piedra labrada. Los grandes personajes reposaban en sarcófagos de piedra —tales como el de Pakal en Palenque— e iban suntuosamente vestidos y cubiertos de joyas. Los arqueólogos han podido catalogar los diversos objetos encontrados. Ruz Lhuillier (1973: 186) describe el calzado de los grandes personajes mayas que podemos admirar en los bajorrelieves de Tikal, Calakmul o Toniná, entre otros. Se trata de sandalias con taloneras, adornadas al frente con plumas. En la cripta de Palenque los bajorrelieves de estuco que rodean la tumba de Pakal representan, entre otros, a personajes de pie calzados con ese mismo tipo de sandalias.

En todo México privaban creencias similares sobre el más allá y el destino final de los mortales. La ropa y el calzado usados para ataviar a los muertos entre los huastecos, los mayas, etc., desempeñaban desde luego la misma función entre los aztecas, es decir, proteger al difunto durante su viaje por el inframundo.

Hoy en día, los indios comparten con sus antepasados la creencia de que el más allá es un reflejo del mundo de los vivos. Es por ello que están convencidos de que tras la muerte llevarán la misma vida que en este mundo, independientemente de sus pecados o de sus méritos (G. Stresser-Péan, 2005: 399-400). Piensan asimismo que deberán efectuar un largo viaje para llegar al reino de los muertos (G. Stresser-Péan, 2005: 407-408). Por esa razón, aun en la actualidad, los difuntos van siempre vestidos y en su ataúd se coloca toda su ropa, incluyendo el calzado. En la región de Tetela del Volcán (Mor.), así como entre los nahuas de la región de Milpa Alta (DF) y probablemente en muchos poblados del Altiplano, se coloca en el ataúd un par de sandalias de ixtle para facilitarle al difunto su andar por el inframundo. En Hueyapan (Mor.), se pone especial atención en que el par de sandalias colocadas en el ataúd sea nuevo. En efecto, resulta indispensable que el calzado no tenga el olor de su dueño, pues de lo contrario, los perros que el difunto halla a su paso podrían detectarlo. En Santa Ana Tlacotenco (Milpa Alta, DF), se solía ponerle al difunto sandalias de ixtle compradas en Tepalcingo (Mor.) y probablemente fabricadas en San Felipe Tepemaxalco. El hecho de que en este último pueblo se sigan confeccionando sandalias a principios del siglo XXI demuestra que continúan teniendo cierta demanda en el estado de Morelos y en el Altiplano.

En el estado de Oaxaca, en Zoogocho (ex distrito Villa Alta), aunque las mujeres jóvenes ya no usan esas sandalias antiguas todos los días, sí sigue calzándose a las difuntas con ellas (comunicación personal de Anita Jones a Judith Friedlander en 1960).

Aún a mediados del siglo XX, entre los mayas, el difunto solía ser colocado en el ataúd, engalanado con sus mejores ropas. También se añadía todo lo que habría de requerir para el gran viaje: granos de cacao (a manera de ayuda financiera, sustituyendo así la jadeíta de antaño), botella de aguardiente, sandalias, etcétera (Ruz Lhuillier, 1965: 14).

En ciertas ocasiones, los indios depositaban también en el ataúd sandalias simbólicas en miniatura, tal como ocurre entre los otomíes de Santa Ana Huey-

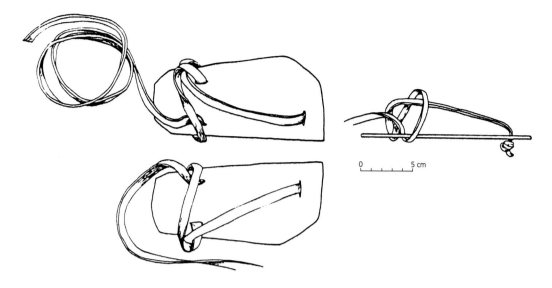

Sandalias miniatura. Santa Ana Hueytlalpan,
Tulancingo, Hidalgo.

tlalpan (Tulancingo, Hgo.). El anciano Pablo reunió para nosotros todos los objetos en miniatura que debían ser puestos en el ataúd: para una mujer elementos de telar, metate y molcajete; para un hombre herramientas agrícolas, huacal y sandalias en miniatura (G. Stresser-Péan, 2005: lám. 7). La suela de las sandalias era de cartón y de cuero los cordones de sujeción. A estas sandalias se les conoce como "huaraches pie de gallo"; cabe señalar que se trata de una añeja reminiscencia, pues en los años setenta no vimos a ningún hombre de ese pueblo usar ese tipo de calzado.

Lucina Cárdenas trajo de Miahuatlán (Oax.), en 1976, el atuendo mortuorio destinado a los niños pequeños: incluye huaraches de cartón.

La sandalia antigua o cactle perduró en la memoria de los indígenas de México. Se mantuvo, a lo largo de los siglos, como símbolo del trayecto que debe efectuar el hombre para merecer entrar en contacto con lo divino.

EL ABANICO

El báculo, o bastón para caminar, y el abanico eran las insignias oficiales de ciertos individuos. El abanico era a la vez un adorno y un símbolo de viaje programado, como en el caso de los tequihua o guerreros-espías representados en el *Códice Mendocino* (fol. 67r, 68r), o en el de los embajadores y el de los mensajeros del soberano mexica (*Códice Mendocino*: fol. 66r, 70r). Sin embargo, el abanico y el báculo eran insignias que distinguían esencialmente a los mercaderes o pochtecas (*Códice Mendocino*: fol. 66r).

I. ¿DE QUÉ ESTABAN HECHOS LOS ABANICOS?

Al igual que la ropa, los abanicos estaban hechos de materiales perecederos. Sin embargo, en el recinto del Templo Mayor de Tenochtitlan fue hallado un mango de abanico hecho de madera labrada, que actualmente forma parte de las colecciones del Museo Nacional de Antropología (véase la lámina 28). Data de la época posclásica y es de cultura azteca. Habiendo detectado que los bordes laterales de su extremo superior presentaban perforaciones espaciadas con regularidad, en 1999 el museo realizó, una reconstitución con plumas de perico y de colibrí (Matos Moctezuma y Solís, 2002: 257).

Es posible asimismo que el papel amate haya servido para confeccionar algunos de esos abanicos. El papel iba seguramente reforzado con estuco y sostenido por tiras de madera. Los abanicos que aparecen dibujados en el *Códice Mendocino* son grisáceos. Se alcanzan a distinguir pliegues transversales; el contorno tiene un corte perfectamente regular.

El *Códice Fejérváry-Mayer* que Miguel León-Portilla (2005) llama "el tonalámatl de los pochtecas" o libro adivinatorio destinado a los mercaderes, es un calendario de las fiestas durante las cuales los comerciantes honraban a sus divinos patronos. Allí, todos los dioses llevaban en la mano un abanico, signo distintivo del mercader. La parte del mango es perfectamente circular, de color rojo, amarillo, verde o azul, colores recurrentes en todo el códice. Esos abanicos estaban tal vez hechos de papel amate pintado o de plumas de puntas emparejadas.

Las figurillas de Jaina, Campeche (véase la lámina 29), muestran a mujeres nobles que llevan abanico (Piña Chan, 1968: lám. 19). Es posible que el mango

Asesinato de dos comerciantes identificables por las insignias de su oficio: el abanico y el báculo. Códice Mendocino *(fol. 66r).*

Xólotl o Tezcatlipoca, uno de los patronos de los pochtecas. Códice Ferjérváry-Mayer *(p. 32).*

LÁMINA 28. *Abanico reconstituido gracias al hallazgo arqueológico de un mango de madera. Museo Nacional de Antropología, Ciudad de México.*

Según R. Piña Chan, 1968, lám. 19

Núm. 5-1385 MNA

Mujeres nobles

Núm. 5-1013 MNA

Núm. 5-1052 MNA

LÁMINA 29. *Figurillas de Jaina (Campeche), con abanico.*

de los mismos haya estado hecho de papel amate; sin embargo, otros materiales podrían haber servido para confeccionar esos abanicos. La figurilla-sonaja presentada por Marta Foncerrada y Amalia Cardós (1988: lám. 40, núm. 5-1385) conserva aún sus pinturas polícromas. Representa a una mujer noble que lleva en la mano derecha un abanico ricamente adornado. Éste parece más un accesorio de gala que un objeto utilitario. Probablemente está hecho de plumas. La figurilla-silbato (Foncerrada y Cardós, 1988: lám. 34, núm. 5-1013) representa a un hombre que lleva en la mano derecha un abanico ricamente adornado y seguramente muy poco utilitario. Finalmente, hay otro abanico que parece estar hecho de palma trenza-

*Abanico de palma tejida
usado como soplador*

da; lo lleva en la mano izquierda un personaje masculino sentado con las piernas cruzadas. Esta figurilla es un silbato que mide 12.5 cm de alto (Foncerrada y Cardós, 1988: lám. 24, núm. 5-1052).

En nuestros días se sigue usando en todo México un abanico o soplador de palma tejida, de forma más o menos rectangular, para atizar el fuego. Contrariamente a los abanicos precolombinos, el objeto tiene una función meramente utilitaria.

1. ¿Por qué un abanico?

El abanico puede ser considerado en un primer momento como un objeto con fines utilitarios. Sin duda, los mercaderes requerían del bastón como apoyo durante el andar y del abanico para refrescarse durante el camino. Pero muy pronto, en el mundo mexica el abanico se convirtió en un signo distintivo para reconocer a quien tenía la encomienda de misiones peligrosas y lejanas.

Entre los mayas, la función del abanico —reservado a las clases dirigentes— parece haber sido esencialmente la de brindar comodidad. No obstante, cabe también subrayar que es un adorno: si bien los colores elegidos para ese objeto servían para transmitir un mensaje, tal como ocurría con los colores usados por los mercaderes, el artesano velaba por convertir el abanico en un objeto de arte.

2. Un objeto emparentado con el abanico: el espantamoscas

Durante la primera mitad del siglo XX fue hallado en Tlatelolco un mango antiguo de hueso labrado. Tenía en la parte superior una cavidad profunda que permitía introducir plumas en ella. Se trata de un espantamoscas, en opinión de Felipe Solís (comunicación personal).

En efecto, los plumajeros mexicas fabricaban espantamoscas *(quetzalicaceuaztli* o *quetzalecaceoaztli)* semejantes al que lleva Nezahualpilli en la mano derecha en el *Códice Ixtlilxóchitl* (fol. 108r; comentario de Jacqueline de Durand-Forest: 31). Al parecer, esos espantamoscas eran confeccionados las más de las veces con plumas preciosas, por tratarse de objetos de lujo reservados a los personajes importantes.

II. UNA NOCIÓN NOVEDOSA: LA COQUETERÍA

Los antiguos mexicanos creían que su cuerpo albergaba tres almas diferentes: el *yolotl,* el *ihiyotl* y el *tonalli.* El sitio de este último se hallaba bajo la bóveda del cráneo. La cabellera tenía pues gran importancia, ya que protegía ese *tonal.* Perder el *tonal* equivalía a perder la vida. Es por eso que hombres y mujeres llevaban el cabello largo.

El más antiguo tocado masculino consistía en una cinta frontal para sujetar el cabello, blanca o roja, podía ser de papel amate, de algodón o de cuero y era anudada detrás de la nuca. Todos los guerreros ataviados con túnicas cortas representados en los códices llevan ese peinado. Sin embargo, durante el siglo XVI, fue objeto de ciertas mejoras estéticas y su uso dejó de estar tan extendido entre los miembros de la sociedad guerrera o los de la sociedad dirigente. Sólo la gente humilde seguía usando esa cinta frontal.

Los guerreros, por ejemplo, acomodaban su cabellera "en columna" sobre sus cabezas *(temillotl, tzotzocolli).* El peinado era completado por diversos adornos que le conferían significado y traducían cierto rango.

Las mujeres dividían su cabellera en dos largos mechones retorcidos que luego llevaban al frente. Tal era el peinado mexica de cornezuelos, y tal era también el peinado en forma de corona que las mujeres mayas, huastecas y totonacas engalanaban con listones o plumas de colores.

El peinado de hombres y mujeres era muy sencillo en un principio, y tenía fines primordialmente prácticos: proteger el *tonal,* arreglar la cabellera. Sin embargo, el peinado adquirió rápidamente funciones simbólicas e indicaba, por sus adornos o por la manera de acomodar el cabello, el rango social.

Por añadidura, la mujer introdujo una noción novedosa, ajena hasta entonces a la austera sociedad azteca. Las mexicas intentaron dar a sus cabellos los reflejos azules del índigo y arreglar con arte sus mechones retorcidos, según podemos observarlo en el *Códice Azcatitlán* (fol. 24). Por su parte, las mujeres de tierra caliente adornaron sus cabellos con listones y plumas de colores. El esmero en el peinado no era una exigencia impuesta por la sociedad o la religión, sino más bien una manifestación de "coquetería" femenina.

La marcha a pie era el único medio de transporte en un país de accidentado relieve donde se desconocían los animales de carga. Por lo tanto, los antiguos mexicanos andaban casi siempre descalzos. Sin embargo, los hombres de la clase dirigente poseían *cactli* de ixtle, sustituidos paulatinamente por sandalias de suela de cuero. Sobre todo, las sandalias se vieron enriquecidas con objetos decorativos preciosos que permitían identificar a primera vista a un señor importante. Eran una marca de riqueza. Si bien se trataba de objetos útiles, para los antiguos mexicanos ese carácter utilitario resultaba secundario. El calzado de gala no estaba pensado para la marcha, y el calzado más sencillo servía para los viajes largos.

En nuestros días la mayoría de los indígenas que viven en zonas rurales caminan descalzos. A pesar de ello, las sandalias habrán de constituir a lo largo de los siglos un objeto votivo esencial, destinado a facilitar el tránsito del difunto por el inframundo. Las sandalias en miniatura son especialmente apreciadas cuando de dirigirse a las deidades se trata.

Por su parte, el abanico parece haber estado reservado principalmente, en la sociedad mexica, a personajes importantes a los que el tlatoani había encomendado alguna misión. Era un objeto de hermoso aspecto que servía para definir a un individuo y le brindaba al mismo tiempo cierto grado de comodidad. Entre los mayas, empero, el abanico no era un atributo propio de los hombres, ya que las mujeres también lo usaban. La comodidad que el abanico implica parece haber estado reservada a los poderosos y a los ricos.

IV. ADORNOS DE LOS TIEMPOS PRECORTESIANOS

A primera vista los adornos no parecen indispensables para el vestir. Sin embargo, al completar el conjunto de la indumentaria, contribuyen a definir su apariencia y a darle vida.

Adornarse ha sido siempre una manera de establecer comunicación con la sociedad a la cual se pertenece. En las sociedades prehispánicas, los adornos estaban reservados a los grandes príncipes, quienes tenían el deber de estar magníficamente vestidos. Así, el atuendo no podía carecer de adornos y joyas; durante la época precortesiana éstos indicaban, tanto como la indumentaria misma, el rango del individuo y su origen étnico.

Los adornos del atuendo son todos aquellos objetos que acompañan la vestimenta. En el caso de los antiguos mexicanos el material utilizado cobraba valor esencialmente en función de su significado simbólico.

I. EL JUEGO DE LOS COLORES

Para los antiguos mexicanos, cualquier objeto de color rojo, azul o verde podía servir para fabricar adornos. Entre los cuantiosos regalos enviados a Cortés por Moctezuma se encontraba, por ejemplo, un collar de cuatro vueltas con 102 piedras rojas y 162 piedras de reflejos verdes; había también mosaicos de piedras rojas, verdes y azules, así como una mitra adornada con piedras azules dispuestas en mosaico (Saville, 1920: 20-33).

El valor de cualquier adorno del atuendo dependía ante todo de su color. En efecto, los colores son definidos, determinados y nombrados de acuerdo con la cultura de una sociedad. Así, para el mundo indígena, el rojo era al parecer el color del Sol, el amo del mundo; evocaba, según Miguel León-Portilla, "el occidente, la casa del Sol, la región de las mujeres" (Baudot y León-Portilla, 1991: 14).

Élodie Dupey (2004) intenta definir la etimología de los vocablos que sirven para designar los colores en náhuatl. *Eztic* quiere decir rojo y proviene aparentemente de *eztli*, "la sangre". El dato nos parece interesante puesto que, para los antiguos mexicanos, el Sol se alimentaba de sangre. Edith Galdemar (1992), por su parte, explica el significado del maquillaje de las mujeres, de uso exclusivamente simbólico y ceremonial: el rojo remitía a la sexualidad de la mujer, a la fertilidad terrestre y a la juventud del maíz.

En el año 13-Caña (1479), Axayácatl había vencido en combate a los hombres de Chalco. En un poema de tintes eróticos, "El canto de las mujeres de

Chalco" (Baudot y León-Portilla, 1991: 31-47), las esposas de los vencidos interpelan a Axayácatl preguntándole si es tan bueno para el amor como para el combate. Ahora bien, esas mujeres de Chalco descritas por el poeta Aquiauhtzin (Baudot y León-Portilla, 1991: 17) iban vestidas con un huipil y una falda rojos *(ye nochcue ye nochhuipil)*. Según Siméon (1977: 347), *nocheztli* significa "la sangre del nopal" pero sirve también para designar el color rojo que produce la cochinilla. *Nochtli* remite al nopal y también, de manera simbólica, a la sangre roja de la cochinilla, pues ésta se nutre del jugo de las pencas de la planta en cuestión. Esa cochinilla servía para teñir de rojo. Siméon (1977: 347) añade que *nochtotot* —también una metáfora— quiere decir "el pájaro de las plumas rojas", lo cual confirma nuestra interpretación.

El verde era al parecer el símbolo del agua, a semejanza del azul que era, además, el símbolo del mundo religioso y político-guerrero. Ambos colores se confundían en la mente de los antiguos mexicanos, como componentes de su universo. La mujer de Tláloc se llama Matlalcueye, es decir, "la de la falda azul o verde", pues *matlalli* designa un colorante, una flor azul (Dupey, 2004). Recordemos de hecho que el Cerro de la Malinche se llama también Cerro de Matlalcueye, debido a sus verdes laderas.

El arco iris es un fenómeno luminoso que ha llamado siempre la atención de los hombres. Los sabios griegos y romanos describían el arco iris sin nombrar el azul, seguramente porque entre ninguno de esos dos pueblos existía palabra alguna para designar ese color, y tal vez también porque las sociedades griega y romana consideraban el azul como un color maléfico (Pastoureau, 2000). Los informantes de Sahagún (1950-1969: libro VII, caps. V, XVIII) describen el arco iris en detalle. Perciben perfectamente la existencia del azul. Llaman al verde *matlaltic* y al azul *matlalli*, lo cual querría decir "verde" y "azul-verde". Cabe suponer que el azul era para ellos una gama del verde.

Aún en nuestros días los indígenas no distinguen el verde del azul. Por ejemplo, entre los mixtecos de Pinotepa Nacional (Oaxaca), verde se dice *kuii*, pero el azul no es designado en realidad con ninguna palabra mixteca. Se le llama *azu*, es decir, "azul" (comunicación personal de Ethelia Ruiz Medrano).

En Platanito (Valles, San Luis Potosí), tuvimos la oportunidad de recoger un fragmento de vasija antropomorfa cuya mano parece agitar una sonaja pintada de azul. Ahora bien, el sonido de ese instrumento tiene la reputación de generar la fecundidad (G. Stresser-Péan, 2005: 182). El color azul que lo recubre confirma este carácter fecundante.

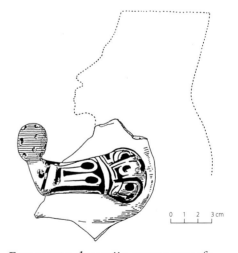

Fragmento de vasija antropomorfa que lleva una sonaja pintada de azul (Platanito, Valles, SLP).

1. *El color como revestimiento*

Algunas vasijas funerarias del tipo Huasteca son revestidas de azul después de la cocción. Provienen de sitios posclásicos tardíos como Platanito (SLP) y Vista Hermosa (Tamaulipas). En ocasiones la pieza es recubierta de estuco o de mortero de cal después de la cocción, y dicho estuco se pinta después de azul pastel, como en el caso de la vasija antropomorfa de Huejutla (Hidalgo) que se encuentra en la sala del Golfo del Museo Nacional de Antropología de la Ciudad de México. Una pieza de la Colección Ortega, proveniente de Platanito y que se encuentra actualmente en el Museo de la Cultura Huasteca de Tampico (Ramírez *et al.*, 2006), está recubierta con este mismo estuco y muestra un adorno pintado en rojo. En Platanito pudimos recoger también los fragmentos de una cerámica recubierta de estuco pintado con un adorno pastel rojo y blanco (véase lámina 30). Al dársele a la pieza otra apariencia, se le confiere también otro significado.

Algunas figurillas de Jaina que obedecen al mismo simbolismo, están también embadurnadas de azul.

II. Las materias primas

Antes de la llegada de los españoles, el imperio azteca era todopoderoso y rico. Recibía en tributo oro, plata y jadeíta de los estados de Oaxaca y de Guerrero, conchas de las costas del Pacífico y del Atlántico, así como las plumas más bellas provenientes del sur del país, en particular las famosas plumas del pájaro quetzal. Tochtepec, por ejemplo, tenía que entregar cada año, entre otras cosas, 24 000 ramos de plumas de loro y 80 paquetes de plumas de quetzal (*Códice Mendocino*, fol. 46r). Finalmente, el imperio azteca disponía también de la obsidiana negra de la región de Pachuca (Hgo.), y de la obsidiana verde que en México sólo se encontraba en el Cerro de las Navajas (Epazoyuca, Hgo.).

1. *Las piedras semipreciosas*

a) *La jadeíta*

Definición
Entre todas las riquezas de las que disponían los aztecas la más valorada era la jadeíta *(chalchihuitl)*, símbolo del agua *(chalchiuh atl,* "el agua de jadeíta") debido a su bello color verde (Thouvenot, 1982). En el calendario antiguo, el nombre del noveno día quiere decir "agua" entre los nahuas, los otomíes, los matlatzincas, los zapotecos, los mixes y los totonacos. Entre los mayas, el noveno día está representado por el glifo de la jadeíta y lleva el nombre de

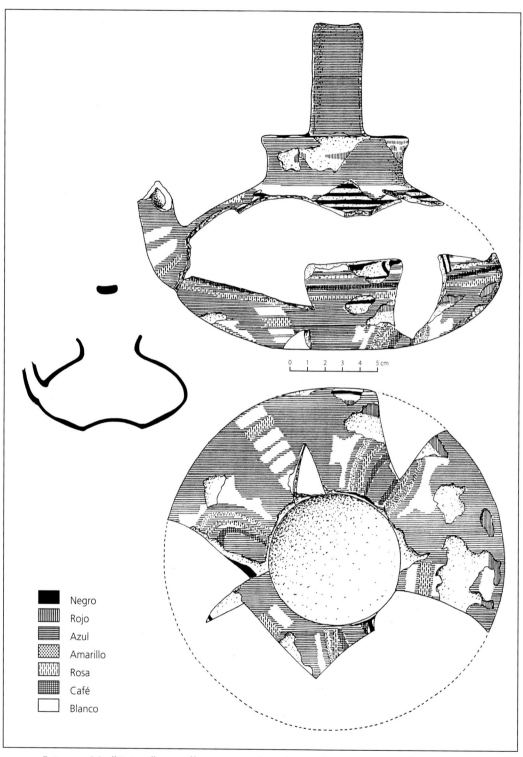

■	Negro
▥	Rojo
▤	Azul
▦	Amarillo
▨	Rosa
▦	Café
□	Blanco

LÁMINA 30. *"Tetera" sencilla con recubrimiento de estuco en colores pastel.*
Posclásico tardío. Platanito, Valles (San Luis Potosí).

muluc, palabra cuyo sentido desconocemos pero que probablemente significaba "agua" (G. Stresser-Péan, 2005: 323).

Símbolo de riqueza

Para representar la riqueza, en sentido figurado, el *Códice Telleriano-Remensis* (fol. 11v) muestra un cesto en forma de petaca *(petlacalli)* lleno de piedras verdes de jadeíta (véase lámina 31).

Bernal Díaz (1944, II: 88) narra cómo, cuando huía de Tenochtitlan, en lugar de cargarse con lingotes de oro como sus compañeros, puso en su jubón cuatro piedras de jadeíta, pues conocía el valor que los indígenas les atribuían. Durante la Noche Triste, numerosos soldados murieron ahogados en los canales de la ciudad, arrastrados al fondo del agua por el oro que transportaban. En cambio, una vez en Tlaxcala, Bernal Díaz logró, gracias a su reserva de jadeíta, que los indígenas lo curaran y lo alimentaran.

Valor comercial de la jadeíta

La jadeíta tenía tal valor comercial que los antiguos ponían en la boca del muerto una piedra verde de jadeíta si era rico, poderoso o noble. Si era un plebeyo, se utilizaba una piedra verdosa o una lasca de obsidiana, de valor inferior. Sahagún y Durán formularon la hipótesis según la cual, para los antiguos mexicanos, el valor comercial de la jadeíta permitía no sufrir de pobreza en el otro mundo (Sahagún, 1950-1969: libro III, 45, lám. 2e; Durán, 1984, I: 56; citados por Ragot, 2000: 80).

El comercio de la jadeíta estaba difundido en todo México y la arqueología ha dado numerosas pruebas de ello. La jadeíta —una roca dura particularmente tenaz, que se presta bien al pulido— era trabajada *in situ* para dar forma a pequeños objetos provistos casi siempre de orificios de suspensión. Después, estos pequeños objetos eran transportados fácilmente por comerciantes que iban a venderlos a lugares distantes. Recogimos, bastante lejos de los estados de Oaxaca y Guerrero, en el sitio arqueológico de San Antonio Nogalar (González, Tamps.), un colgante de jadeíta que, evidentemente, era un objeto de comercio (G. Stresser-Péan, 1977: 379 y fig. 139-1). En los alrededores de El Naranjo (Ciudad del Maíz, SLP), tuvimos la oportunidad de ver y dibujar en 1968 un colgante de jadeíta, de factura muy fina, que representaba un mono araña (véase lámina 32).

Las piedras de sustitución

La jadeíta tenía un alto precio y no todo mundo podía darse el lujo de adquirirla. Es por ello que existían piedras de sustitución que debían cumplir un único requisito: ser de color verde. Así ocurría con una piedra gris, dura, jaspeada de verde, que también se prestaba al pulido y que servía para fabricar elementos de collar. Cualquier piedra verde, de calidad inferior, hacía las veces de la jadeíta del pobre. En Vista Hermosa (Nuevo Morelos, Tamps.), sitio arqueológico posclásico, numerosos elementos de collar o de colgantes eran

La diosa Chalchiuhtlicue genera abundancia. De su falda cuelgan caracoles, símbolo del mundo acuático; de ella brota el río de la riqueza, representado por el cesto en forma de petaca, lleno de jadeítas.

Se le confunde aquí con Tlazoltéotl, ya que lleva en la mano derecha un machete de telar y en la mano izquierda un huso; además, el cesto es similar al que usaban las tejedoras precolombinas para guardar su material. El machete pintado de azul y decorado con moños es un machete ritual, símbolo de la fecundidad creadora. El tejido era también fuente de riqueza.

LÁMINA 31. Códice Telleriano-Remensis *(fol. 11v).*

Lámina 32. *Colgante de jadeíta que representa un mono araña*
(El Naranjo, Ciudad del Maíz, San Luis Potosí;
dibujos de Andy Seuffert).

de piedra verde. El esqueleto 19 de la excavación vh 2 corresponde al de un artesano que se iba al otro mundo con todas las piedras y las plaquetas de piedra verde que estaba tallando antes de morir.

La jadeíta en México
Oaxaca. Los mixtecos de Oaxaca y los habitantes de Guerrero, en particular los tlapanecos, tenían en su posesión mucha jadeíta, gran parte de la cual era enviada como tributo a los mexicas (*Códice Mendocino*, fol. 43r y 46r; Matrícula de Tributos, lám. 23).

Alfonso Caso (1969) enumera los cuantiosos adornos encontrados en la tumba 7 de Monte Albán (tumba mixteca). Entre ellos abunda la jadeíta. Los numerosos elementos de collar, de forma alargada o esférica, se mezclaban muy a menudo con el oro, con el cristal de roca, con la turquesa o con las perlas. El mismo autor menciona que algunas orejeras llevaban la parte central adornada con objetos preciosos. Las narigueras eran pequeños adornos de forma tubular que pasaban a través del septum nasal. Medían de 5 a 6 cm de largo y 1 cm de diámetro. Uno de esos tubos estaba dotado de una perforación longitudinal bicónica. Alfonso Caso supone que estaba adornado en sus dos extremos con elementos de color.

El mundo maya. Los mayas tenían en su región muy poca jadeíta; no obstante, lograban conseguirla, claro está, mediante el comercio —con seguridad gracias a los pueblos de Tabasco, de la Mixteca baja y de la costa veracruzana—.

Pakal (Palenque, Chiapas). Todos los grandes personajes llevaban adornos de jadeíta. Sobre el cuerpo de Pakal (400-800 d. C.) fueron depositados numerosos objetos de jadeíta, y llevaba puesto un peto probablemente cosido sobre una tela —ya desaparecida, como era de esperar (véase lámina 33)—. También había fragmentos de jadeíta esparcidos por toda la escalera que llevaba a la cripta funeraria (Ruz Lhuillier, 1973: 151, 156). La máscara funeraria de Pakal estaba confeccionada con un mosaico de jadeíta (Ruz Lhuillier: 205 y 206).

El pendiente en forma de barra. En el cenote de Chichén Itzá fueron encontradas unas placas de bellísima jadeíta, maravillosamente esculpidas. Muchos collares fueron depositados como ofrenda en ese cenote, tal como lo demuestra la gran cantidad de elementos recogidos.

Los arqueólogos pudieron incluso reconstituir un collar que incluía un pendiente en forma de barra con jeroglíficos (Chase Coggins *et al.*, 1984: 67).

Tatiana Proskouriakoff (1974: lám. 45:2) descifró y dio a conocer uno de esos pendientes que era llevado por los personajes importantes del mundo maya. Cabe señalar que encontramos esos mismos pendientes en varios sitios: en Copán, en Piedras Negras, en Guatemala, etcétera.

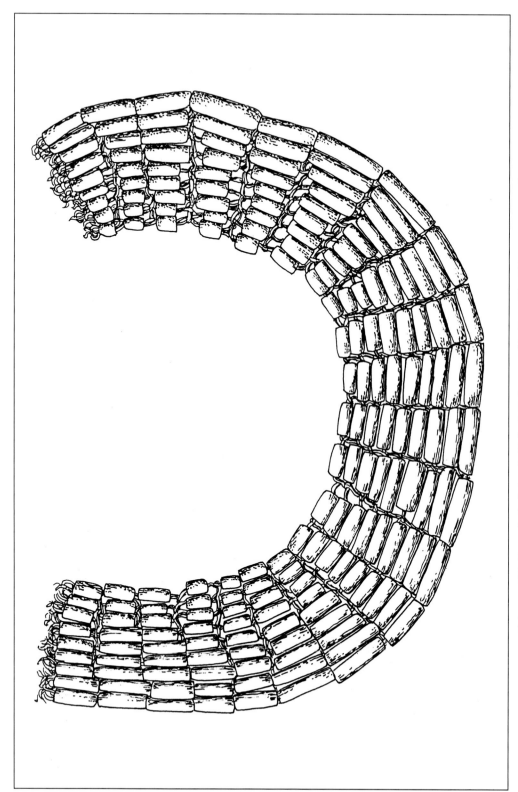

LÁMINA 33. *Peto de jadeíta de Pakal, Palenque (A. Ruz Lhuillier, 1973: 204).*

Excavaciones realizadas en 2001, en Teotihuacán en el interior de la Pirámide de la Luna, permitieron descubrir ofrendas sacrificiales al monumento. Ninguno de los hombres sacrificados parecía ser originario de la zona de Teotihuacán. Eran probablemente prisioneros de guerra. El depósito sacrificial 5 (*ca.* 350 d. C.) incluye, entre otros, a dos personajes muy importantes provistos cada uno con un pendiente en forma de barra. Evidentemente ello permite suponer el origen maya de esos prisioneros (Sugiyama y López Luján, 2006: 33-39). Gracias a esos datos arqueológicos recientes sabemos que ese pendiente en forma de barra ya era utilizado desde el siglo IV d. C.

b) La calcita

La calcita es una roca semidura. Para los antiguos huastecos los cristales de calcita remplazaban la jadeíta —misma que sólo podían conseguir gracias al comercio—. Esos cristales eran translúcidos y tenían a menudo reflejos de color verde claro, lo cual les permitía desempeñar un papel similar al de la jadeíta, símbolo del agua. Una leyenda huasteca recogida por Guy Stresser-Péan dice que, antes del diluvio,

Collar de jadeíta pendiente en forma de barra con jeroglíficos descifrados por Tatiana Proskouriakoff (según un dibujo de T. Proskouriakoff, 1974: lám. 45:2).

los hombres cavaban un hoyo en el suelo cuando necesitaban agua: depositaban en él una de esas piedras y el agua brotaba inmediatamente (G. y C. Stresser-Péan, 2005: 620).

Las más de las veces dichos cristales son bloques apenas modificados, bastante pesados, de entre 30 y 80 g aproximadamente. Estaban provistos con un orificio de suspensión y debieron ser elementos de collar o hacer las veces de colgantes. Los encontramos en todas nuestras excavaciones realizadas en la Huasteca y en particular en Tamtok (Tamuín, SLP) y Platanito (Valles, SLP). En ninguno de ambos sitios formaban parte de un contexto funerario. Su uso se remonta por lo menos al periodo Clásico, tal como lo demuestran tanto un elemento de collar de calcita encontrado en San Antonio Nogalar, Tamaulipas (G. Stresser-Péan, 1977: 379-380 y fig. 139-3), como el que fue encontrado por Ekholm (1944: 391-489) en una sepultura de época clásica de Las Flores.

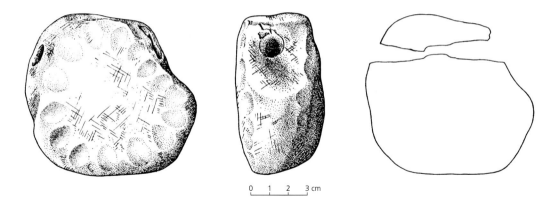

"Piedra de sol" de calcita verde translúcida (Santa Elena,
Ciudad del Maíz, San Luis Potosí).

En Santa Elena (Tanlajás, SLP), los indígenas poseían un bloque de calcita de dimensión y peso excepcionales: 93 mm × 84 mm × 46 mm y 300 g
aproximadamente.

Ese cristal de calcita estaba provisto de una perforación bicónica para la
suspensión. Las caras laterales planas y anchas presentaban en su contorno
una serie de cúpulas poco profundas dispuestas de manera radial. Evidentemente, esas cúpulas fueron talladas voluntariamente en ese gran cristal de
calcita de color verde. Los indígenas huastecos lo llamaban *kiche-tuhub*: "piedra del sol".

c) La turquesa

La turquesa es una piedra fina de color azul verdoso. Se encontraba esencialmente en el noroeste de México. Pedro de Carranza (1960: 320-321) señala
que en 1530 los hombres y las mujeres nobles de Culiacán (Sin.) usaban pul-
seras de turquesa en las piernas y en los brazos: "Hay muchas turquesas de
que traen hechos puñetes los hombres é las mujeres en las piernas y brazos,
los que son señores". Sucedía lo mismo entre los tarascos (Alcalá, 2000, "Relación de Michoacán").

Esas turquesas que los antiguos apreciaban por su color azul-verde eran
objeto de tributo y de comercio. En el Templo Mayor la ofrenda 37 (complejo
E) incluía un collar de 30 turquesas (López Luján, 1993: 222 y 351).

d) La obsidiana

La obsidiana está hecha de lava que se enfrió bruscamente sin llegar a crista-
lizarse. Se trata así de un vidrio volcánico generalmente negro, gris, rojo o
verde translúcido, según las partículas de color retenidas dentro de la masa en
fusión.

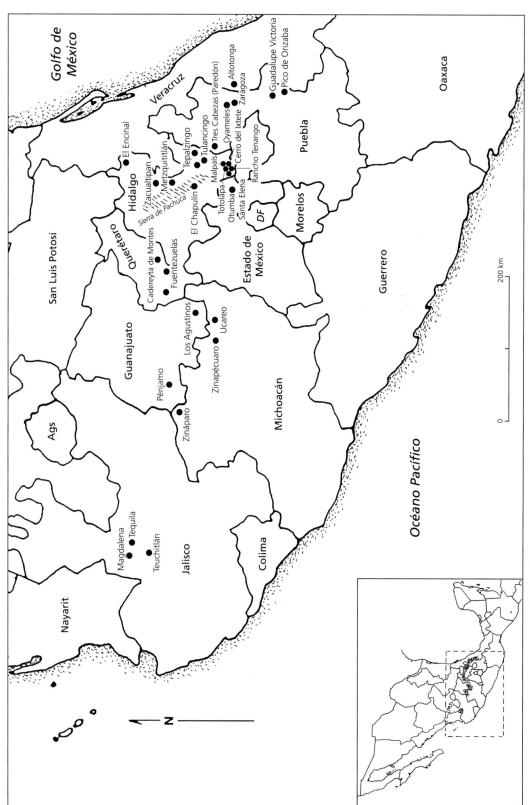

MAPA 13. *Yacimientos de obsidiana en México (según V. Darras, 1999; E. Cárdenas, 1999; R. H. Cobean, 2002).*

La obsidiana se encuentra en yacimientos en diversas regiones eruptivas de México, en los estados de Hidalgo, México, Puebla, Jalisco, Guanajuato, Michoacán, Querétaro y Veracruz (Pastrana, 2007: 34).

Esta materia vitrificada tenía una superficie naturalmente pulida que permitía obtener objetos muy diversos y de gran belleza, como el mono araña proveniente de Texcoco (Edo. de Méx., 1325-1521 d. C.), pieza que está esculpida en un gran bloque de obsidiana negra y que se exhibe en la Sala Azteca del Museo Nacional de Antropología de la Ciudad de México.

Entre las ofrendas sacrificiales de la Pirámide de la Luna de Teotihuacán, los arqueólogos sacaron a la luz varios pequeños personajes tallados en obsidiana negra, gris o meca.* Los más antiguos (depósitos 2 y 6, *ca*. 250 d. C) alcanzaban hasta 50 cm de altura, mientras que en los depósitos 3 y 5 (*ca*. 300 y 350 d. C.) no rebasaban 5 cm de altura. Se trata de piezas votivas que representan probablemente personajes sacrificados (Carballo, 2007: 182).

En el depósito sacrificial de la ofrenda 5 hallada en la pirámide de la Luna, había numerosos objetos tallados en obsidiana, entre ellos un objeto excéntrico (véase lámina 34) en obsidiana gris de 13.89 cm de largo (Carballo, 2007: 183). Los individuos sacrificados encontrados en ese depósito 5 eran aparentemente grandes personajes de origen maya. Ahora bien, en el mundo maya se utilizaban grandes placas de pedernal o, a veces, de obsidiana para tallar figuras excéntricas probablemente de carácter votivo.

Antiguamente, la obsidiana era una materia preciosa y su utilización era sobre todo ritual; sin embargo, las orejeras y los pequeños elementos de collar confeccionados con ella eran particularmente apreciados. La verde y translúcida era la obsidiana más escasa y tenía gran valor. Provenía únicamente del Cerro de las Navajas (Hgo.) y su precio comercial era elevado. Podía ser

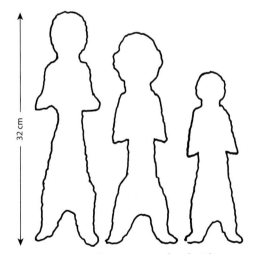

Pequeños personajes votivos de obsidiana meca.
Teotihuacán, Pirámide de la Luna, depósito 2.

* Decoloración café-rojiza.

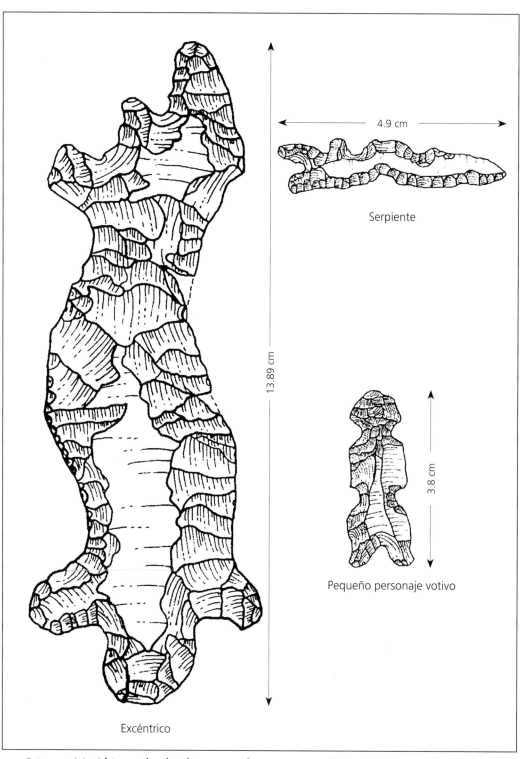

4.9 cm

Serpiente

13.89 cm

3.8 cm

Pequeño personaje votivo

Excéntrico

LÁMINA 34. *Objetos de obsidiana que forman parte de la ofrenda sacrificial de la Pirámide de la Luna, Teotihuacán. Depósito 5 (según D. Carballo, 2007: 183).*

transportada fácilmente en forma de láminas o de adornos de lujo, lo cual resultaba
una ventaja.

En Tamante (Tamuín, SLP), recogimos
un elemento de collar en forma de cabeza
de pato, pero sin contexto arqueológico.
Esta cabeza de pato está finísimamente
tallada y muy bien pulida. Mide 36 mm de
largo. Se trata evidentemente de una pieza
destinada al comercio.

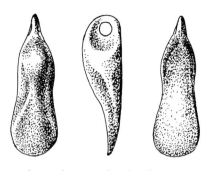

*Cabeza de pato de obsidiana
verde translúcida
(Tamante, Tamuín, SLP).*

Diversos collares de ese tipo fueron
encontrados en el Estado de México: uno
en Tenayuca, en 1930, por Noguera (1935);
otro en Teotenango por Román Piña Chan en los años setenta y un tercero en
Tlatelolco en los años cuarenta.

En el Templo Mayor de Tenochtitlan, durante las campañas de excavaciones realizadas entre 1978 y 1991, 14 elementos de ese tipo fueron hallados en
la ofrenda 14 del complejo E (López Luján, 1993: 350 y 351; Matos Moctezuma
y Solís, 2002: 315 y 316). Posteriormente, en 1995-1996, este mismo tipo de
collar fue encontrado en la Casa de las Águilas del Templo Mayor (ofrenda v).
Esos elementos de collar no eran de obsidiana verde translúcida sino de obsidiana gris (López Luján, 2006: vol. I, 172 y 173, 244-246).

Cynthia L. Otis Charlton (1993: 239, 240, en López Luján, 2006: vol. I, 172)
encontró un taller de tallado azteca en Otumba (Edo. de Méx.) donde fueron
elaborados numerosos elementos de collar en forma de cabeza de pato. La
arqueóloga sacó a la luz del día 95 elementos, de los cuales 60 estaban hechos
de obsidiana verde, 25 de obsidiana gris, nueve de obsidiana meca y uno de
obsidiana negra. Casi todos esos elementos de collar en forma de cabeza de pato
parecen haber estado muy difundidos en todo México, principalmente durante
el Posclásico. Sin embargo, Lowe (1981) descubrió en San Isidro (Chis.), en un
contexto funerario del Preclásico, esos mismos elementos de collar.

Conviene señalar que ese tipo de hallazgos siempre ha formado parte de
algún material funerario. Ahora bien, los patos llegan del norte en el momento
de la fiesta de Día de Muertos. Ese tipo de collar tenía como propósito el facilitar a los difuntos el viaje al más allá: seguramente no estaba destinado a ser
usado por una persona viva.

e) El cristal de roca

Se trata de un cuarzo puro, una piedra extremadamente dura y difícil de trabajar. En la tumba 7 de Monte Albán fue hallada una copa de cristal de roca,
cuatro orejeras y elementos de collar (Caso, 1969: lám. XXXIII y XXXIV).

En nuestros días los curanderos y los adivinos del mundo indígena utilizan a veces un cristal de roca durante sus ceremonias rituales de adivinación.

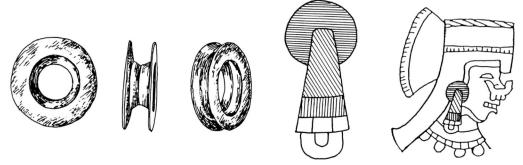

*Las orejeras circulares podían ser de obsidiana, concha, piedras duras,
barro cocido… A veces iban acompañadas por un pendiente
de oro, plata o plumas.*

2. *Los metales*

a) *El bronce*

El bronce es una aleación que contiene esencialmente cobre mezclado con hierro. También se hallan en menor proporción estaño, plomo, antimonio, oro y plata.

Sus orígenes en México

La metalurgia del bronce fue introducida en México por los comerciantes de Ecuador, Perú y de América Central. Los navegantes costeaban el litoral del Pacífico hasta las costas mexicanas de Guerrero. Buscaban conchas rojas *(Spondylus princeps)* que no encontraban fácilmente en sus lugares de origen, debido a las aguas frías de la corriente de Humboldt. Traían consigo objetos de metal para darlos a cambio, y enseñaron poco a poco a los mexicanos la fundición y la aleación de los metales (Rivet y Arsandaux, 1946). Sin embargo, sólo los descubrimientos arqueológicos recientes y las dataciones de los objetos de excavación mediante la técnica de Carbono 14, permitieron a Dorothy Hosler, haciendo suya la tesis de Rivet y Arsandaux, indicar una fecha (1992: 1218). La metalurgia fue introducida aparentemente en México alrededor de 650 d. C. (Hosler y Stresser-Péan, 1992).

Los antiguos mexicanos no utilizaron el bronce para elaborar objetos de uso práctico, excepto hachas. Sin embargo, cabe señalar que las hachas tenían una utilización guerrera y, por lo tanto, ritual. Fabricaron esencialmente elementos de atavío (collares, brazaletes, anillos…) y sobre todo cascabeles.

Un adorno vivo: el cascabel

El cascabel era fabricado gracias a la técnica de la cera perdida y su adorno era de falsa filigrana. El sonido que emitía con su badajo era su cualidad más importante para los antiguos mexicanos.

Uso ritual y guerrero. Numerosos atavíos ceremoniales llevaban cascabeles, éstos podían servir para producir ruido durante las danzas rituales y así atraer la atención de los dioses. Esta creencia perdura actualmente entre los indígenas de la Sierra de Puebla (G. Stresser-Péan, 2005).

En la guerra, los huastecos pensaban que su ruido asustaría al enemigo (Tezozómoc, 1878: 314).

Uso funerario. En las sepulturas de los sitios arqueológicos posclásicos de Platanito (Valles, SLP) y Vista Hermosa (Nuevo Morelos, Tamps.), hemos recogido numerosos cascabeles de bronce. Algunos debían de usarse como collar y otros ir cosidos al paño mortuorio. Gracias al óxido de cobre conservaron a veces fragmentos textiles.

En la ciudad de Tampico, en el barrio de Tierra Alta, el esqueleto 3 de una sepultura doble que data del Posclásico temprano (Pánuco v) tenía, sobre el pecho y hasta la cintura, 56 cascabeles de bronce (véase lámina 35). El esqueleto 3, perteneciente a una joven adulta, estaba acostado en decúbito dorsal, sobre el esqueleto 4, perteneciente a una adolescente y acostado en decúbito ventral (Ramírez Castilla, 2000: 68-71). El hecho de que esos dos esqueletos se encontraran en posición acostada hace pensar que su destino había sido algo fuera de lo común. Los cascabeles conservaban todavía los rastros de una tela (tafetán). Tal vez iban cosidos sobre el paño mortuorio. El sonido que supuestamente habrían de producir tenía probablemente el propósito de acompañar al muerto durante su viaje por el inframundo.

Un collar sonoro. El sitio arqueológico de Platanito (Valles, SLP) era un sitio del Posclásico tardío importante, que incluía cerca de 150 plataformas dispersas en una superficie de decenas de hectáreas. El sitio fue completamente saqueado por los habitantes del lugar, quienes iban a vender las cerámicas descubiertas a la ciudad vecina de Tampico. En 1965 quedaba todavía una plataforma intacta de forma semicircular y dotada de una escalera. Pese a la hostilidad de los habitantes, pudimos excavar la mitad de esa plataforma y sacamos a la luz 17 sepulturas (véase lámina 36). Los esqueletos estaban todos en posición sentada, pero con orientaciones diversas. Todos los adultos tenían el cráneo deformado y la mayoría de ellos tenía los dientes limados. El esqueleto 17 era el de un niño de corta edad que había conservado sus dientes de leche. Había sido enterrado en posición sentada con la cara viendo hacia el norte y había caído hacia adelante, sobre el esqueleto 16. Entre los dos fémures se encontraban nueve pequeños cascabeles de bronce que, gracias al óxido de cobre, habían conservado su hilo de atadura así como un poco de tela (véase lámina 37). La tela que había quedado adherida a uno de los cascabeles medía 1.2 × 2.3 cm. Se trataba de un tafetán. El hilo, probablemente de algodón, era de un solo cabo torcido en Z. Probablemente, la urdimbre estaba constituida por el hilo simple y la trama por el hilo doble. La torsión del hilo de urdimbre era considerable, mientras que la torsión del hilo de trama

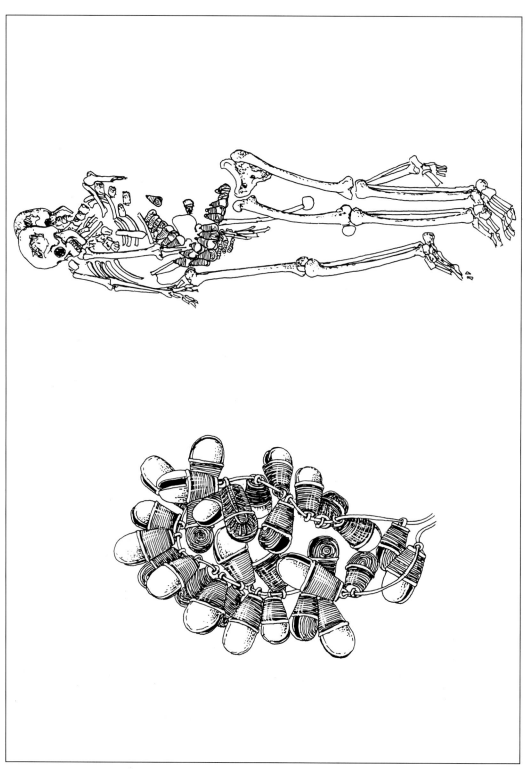

LÁMINA 35. *Sepultura doble. Posclásico tardío*
(Tierra Alta, barrio, Tampico, Tamps.).

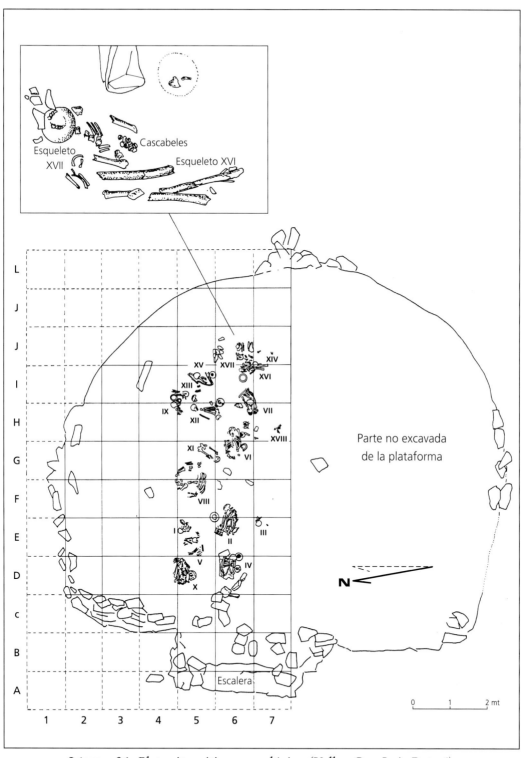

LÁMINA 36. *Platanito, sitio arqueológico (Valles, San Luis Potosí).*
P 1. Plataforma semicircular.

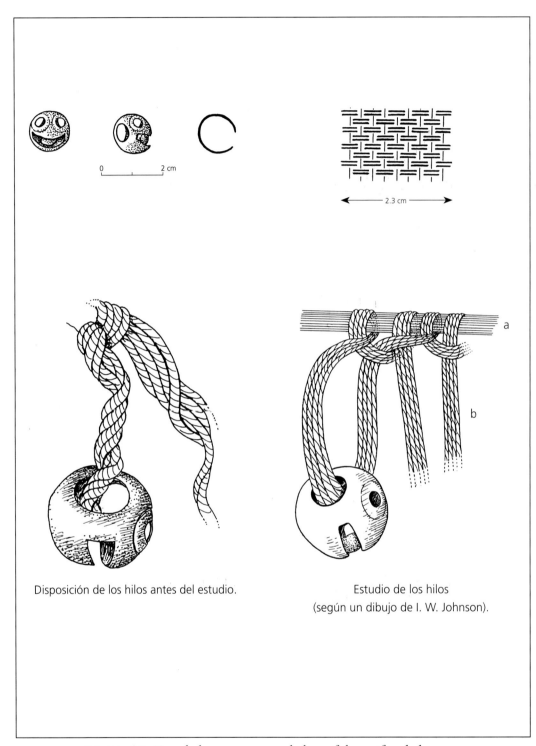

0   2 cm

2.3 cm

a

b

Disposición de los hilos antes del estudio.

Estudio de los hilos
(según un dibujo de I. W. Johnson).

LÁMINA 37. *Uno de los nueve cascabeles cefalomorfos de bronce.*
Cada uno incluía un hilo para ser colgado. Esqueleto 17.
Platanito (Valles, San Luis Potosí).

era menor. La tejedora parece entonces haber elegido un hilo específico para la urdimbre y otro para la trama. No podemos designar con certidumbre la trama y la urdimbre, puesto que ese fragmento de tela no tiene orillo, pero las tejedoras de los tiempos precortesianos, al igual que las tejedoras indígenas de hoy, tenían la costumbre de utilizar hilos dobles de trama para volver la tela más sólida y menos propensa a deformarse. Raoul d'Harcourt (1934: 20) señala que casi todas las telas peruanas antiguas estaban dotadas de una trama doble. En cuanto a nuestro fragmento de tejido, estaba hecho seguramente de cara de trama (o de urdimbre), puesto que su hilo doble de torsión suelta era un elemento más grueso que el hilo simple, mucho más delgado.

Los cordones que unían los nueve cascabelitos fueron estudiados en 1965 por Irmgard W. Johnson. El sistema de atadura incluye dos elementos diferentes:

a) Cordón compuesto de nueve a diez hilos (que no parecen ser de algodón). Las lazadas del hilo de suspensión de los cascabeles giran en torno a este cordón. Cada uno de los hilos, cuya torsión es algo irregular, está formado de dos cabos muy apretados en *S*. Su diámetro varía de 0.5 a 1 mm.

b) Los cordones de suspensión de los cascabeles están formados de cuatro hilos. Cada uno de ellos está compuesto por dos cabos torcidos en *S*. Esta torsión es de fuerza media y da un hilo de un diámetro aproximado de 2 mm. Después, los cuatro hilos van torcidos juntos en *Z*. Obviamente, esta cuerda de suspensión es más delgada que la cuerda sobre la cual habrá de ser fijada. No habiendo podido mandar a analizar esas fibras, no nos es posible saber si son de algodón.

Los nueve cascabeles estaban más o menos completos y eran todos idénticos. Recogimos fragmentos de metal que pertenecían seguramente al mismo collar. Los cascabeles son esféricos y tienen un diámetro aproximado de 1.3 cm. No tienen anillo de suspensión sino dos perforaciones para introducir el hilo. Cada cascabel representa una cabeza con ojos redondos de 6 mm de diámetro, cuya pupila está representada por un orificio circular de 2 mm de diámetro. La boca es una hendidura abierta de 1.1 cm de largo y aproximadamente 2.5 mm de ancho, lo cual la hace desmesurada respecto al diámetro de la pieza cefalomorfa. Las comisuras son cuadradas y confieren a la boca y a toda la cabeza una expresión de alegría. Se trata seguramente de la representación de Tláloc, el dios de la lluvia y de la fertilidad. Este adorno funerario que pertenecía a un niño estaba probablemente destinado a conducirlo hasta el Tlalocan, el paraíso de la fertilidad vegetal y de la alegría.

Refundición de objetos de bronce.
Los componentes de esos cascabeles cefalomorfos fueron analizados por el Massachusetts Institute of Technology (MIT):

Ag (Plata)	As (Arsénico)	Fe (Hierro)	In (Indio)	Pb (Plomo)	Ni (Níquel)	Sb (Antimonio)	Sn (Estaño)
0.002	0.21	0.17	0.44	0.011	0.006	0.087	2.83

Además del cobre, que constituye lo esencial de la aleación, el estaño se encuentra presente en una proporción bastante considerable (2.83). El arsénico, en cambio, se halla en cantidad ínfima. Esos cascabeles cefalomorfos, como todos los que hemos recogido que tienen las paredes muy finas, son el resultado de una aleación Cu-Sn (cobre-estaño) tanto en Platanito como en Vista Hermosa. Según Dorothy Hosler, fueron elaborados seguramente con el metal fundido de objetos de comercio. Podemos suponer entonces que estos cascabeles obtenidos por refundición son el producto de un artesanado local (Hosler y Stresser-Péan, 1992).

Los nueve cascabeles del atavío funerario del esqueleto 17 son únicos en su tipo, un estilo desconocido en todo el resto de Mesoamérica y que no responde, de hecho, a los criterios del cascabel clásico. No tienen anillo de suspensión y aunque estén dotados de un badajo hecho con una pequeña piedra, constituyen en realidad elementos de collar.

b) El oro

Los antiguos llamaban al oro *coztic teocuitlatl*, y a la plata *iztac teocuitlatl*. Molina traduce *teocuitlatl* como "excremento de los dioses" (1970 [1571]: fol. 100v). *Coztic* quiere decir "amarillo" e *iztac* "blanco". El oro y la plata eran pues materias sagradas y preciosas para los antiguos mexicanos.

El oro era obtenido en los ríos, bajo la forma de pequeñas chispas o pepitas, que casi siempre eran martilladas para transformarlas en hojas. Cabe señalar que el oro es un metal fino, maleable y que entra fácilmente en fusión. Su valor comercial era muy elevado. Gracias al *Códice Mendocino* sabemos que había oro en los estados de Oaxaca, Guerrero y Veracruz.

Aleaciones

Algunas de las joyas de oro descubiertas en la tumba 7 de Monte Albán (Oax.) fueron analizadas por el Instituto de Geología de México en 1932 (Caso, 1969: 406). Son aparentemente el producto de una aleación de oro (62.01%) y de plata (37.99%).

En 1517, Bernal Díaz (1944, I: 60) y sus compañeros desembarcaron en Cabo Catoche (Yuc.). Tras la huida de los atacantes mayas, los españoles penetraron en las chozas abandonadas. Encontraron algunos objetos de oro de baja calidad, pues el oro estaba probablemente mezclado con cobre. Yucatán es en efecto un casquete calcáreo sin ríos ni minas de oro.

El cenote de Chichén Itzá contenía un número apreciable de objetos de oro, principalmente colgantes. Algunas de esas piezas han sido analizadas.

La mayor parte es producto de una aleación de oro (95 a 98%) y plata. Sólo unas cuantas piezas contienen hasta 10% de cobre. Esas piezas, probablemente obtenidas con la técnica de la cera perdida, son objetos de comercio procedentes quizá de Costa Rica o Panamá. Sin embargo, podemos suponer que los discos de hoja de oro de un diámetro de aproximadamente 20 cm, obtenidos por martilleo, fueron obra de los mayas de Yucatán, a partir de oro que vino, claro está, de otra parte (Chase Coggins *et al.*, 1984). Se trata de ofrendas de gran valor, otorgadas a los dioses por personajes importantes o por viajeros.

En la Huasteca, una pieza tubular recogida en el sitio posclásico de Vista Hermosa fue analizada por el MIT en 1991. Es el producto de una aleación de oro (47.95%), de plata (15.4%) y de cobre (36.2%). En la región norte de la Huasteca, no parece, en efecto, que los huastecos hayan poseído mucho oro. Deseaban probablemente ahorrar ese metal introduciendo una tasa importante de cobre en sus aleaciones. Sin embargo, Tezozómoc (1878: 314) y Sahagún (1950-1969: libro X, 186) describen a los huastecos ataviados con oro y jadeíta. Guy Stresser-Péan (1971) supone que se trataba más bien de los huastecos de Tuxpan, Tamiahua y Chicontepec, que los aztecas conocían. En esa región, podían recoger chispas de oro en los ríos.

Sin que sea posible sacar de ello conclusiones precisas, cabe hacer notar que la aleación realizada por los mixtecos en el siglo XV no contenía cobre.

Las rutas comerciales

La metalurgia del oro y de la plata, realizada en el estado de Oaxaca por los mixtecos, era una herencia de la pericia de los orfebres de América Central. Alfonso Caso (1969), abrazando con ello la tesis de Lothrop (1936), piensa que la metalurgia en Oaxaca fue introducida por vía terrestre desde América Central y sobre todo desde Costa Rica. Esa tesis no excluye la de los navegantes que desembarcaron en la costa oeste de México y merece ser considerada, pues resulta evidente que los adornos de oro hallados en Yucatán dentro del cenote provenían de América Central.

Gustave Bellon, que pasó su vida en Oaxaca, tuvo en su posesión joyas de oro verdaderamente idénticas a las de la tumba 7 de Monte Albán (véase lámina 38). Las había adquirido hacia 1930, antes del descubrimiento en 1932 de la tumba de Monte Albán. Su colección incluía, además del collar y un bezote, representaciones de ranas de oro. El hecho de que hayan estado dotadas de patas traseras exageradamente anchas las emparenta con el tipo de ranas conocido en Costa Rica, pero no en México (G. Stresser-Péan, 1982). Es pues un buen argumento a favor de la hipótesis de Lothrop y Caso, quienes suponen la existencia de intercambios comerciales entre Costa Rica, Panamá y Oaxaca. En ese sentido conviene mencionar la ruta terrestre comercial que bordeaba la costa del Pacífico a partir de Tonalá para llegar hasta Guatemala y más allá. Las rutas marítimas que unen América Central a la costa de la península yucateca también deben ser tomadas en cuenta.

Collar de oro idéntico al hallado en la tumba núm. 7 de Monte Albán en 1932.

Bezote de oro similar al bezote de jadeíta
hallado en la tumba número 7 de Monte Albán en 1932.

Rana de oro tipo Costa Rica.

LÁMINA 38. *Adornos de oro de la colección Bellon. 1930.*

El oro de los mixtecos

Los mixtecos poseían mucho oro y mucha plata. Figueroa, uno de los oficiales españoles enviado a Oaxaca con sus tropas, pensó que era más provechoso —estando herido y habiendo perdido una mano en el combate— dedicarse a saquear las tumbas de los caciques mixtecos que regresar a la guerra. Según Bernal Díaz (1944, III: 133) encontró tanto oro en esas tumbas que reunió un tesoro de un valor de "5,000 pesos de oro" de la época. Desafortunadamente para él, durante su viaje de regreso a España, naufragó frente a las costas de Veracruz. Perdió la vida junto con su tesoro.

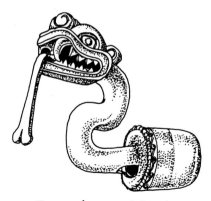

Bezote de oro originario de Tlacolula, Oaxaca. (según S. Toscano, 1970: il. 285).

Los orfebres de Oaxaca eran muy hábiles, sin duda alguna. La arqueología ha permitido descubrir piezas muy bellas, no solamente en Monte Albán sino también en el valle de Mitla, en los alrededores de Tehuantepec, en la baja mixteca, la "Chinanteca veracruzana", en los alrededores de Yanhuitlán, etcétera (Toscano, 1970: 189). Salvador Toscano muestra un bezote de oro proveniente de Tlacolula (Oax.), que pertenecía a una colección privada y que representa una serpiente con una lengua bífida móvil (1970: il. 285).

El oro tlapaneco

Había también mucho oro en la región tlapaneca de Guerrero. La gente de Tlapa, Xocotla, Izcateopan, Ahuacatlán, Acoapan y otras localidades estaba obligada a enviar cada año en tributo a los mexicas 20 jícaras llenas de oro en polvo y 10 hojas de oro (*Códice Mendocino*, fol. 39r; véase aquí lámina 39).

La orfebrería mexica

Los mexicas tenían también orfebres muy hábiles. Se encontraban en Azcapotzalco y trabajaban el oro recibido gracias a los tributos o al comercio. Reverenciaban al dios Xipe Totec. Asistían a la gran fiesta que se organizaba en su honor en el templo de Yopico. Esa fiesta tenía por nombre *Tlacaxipehualiztli*, "desolladura de los hombres" (Vié-Wohrer, 1999: 29, 31).

Desafortunadamente, la producción de tales orfebres fue destruida por los conquistadores españoles. Podemos empero, tener una idea de la fineza de sus trabajos gracias a la descripción de los suntuosos regalos hechos por Moctezuma a Cortés en 1519, cuando este último se encontraba en Veracruz. Esos regalos eran un mensaje conforme al rango y a la dignidad de aquel que los recibía. Incluían telas labradas, cueros finamente trabajados, mosaicos de piedras, pero sobre todo numerosos adornos de oro y de plata; en algunos casos el oro y la plata se combinaban artísticamente. El más famoso de

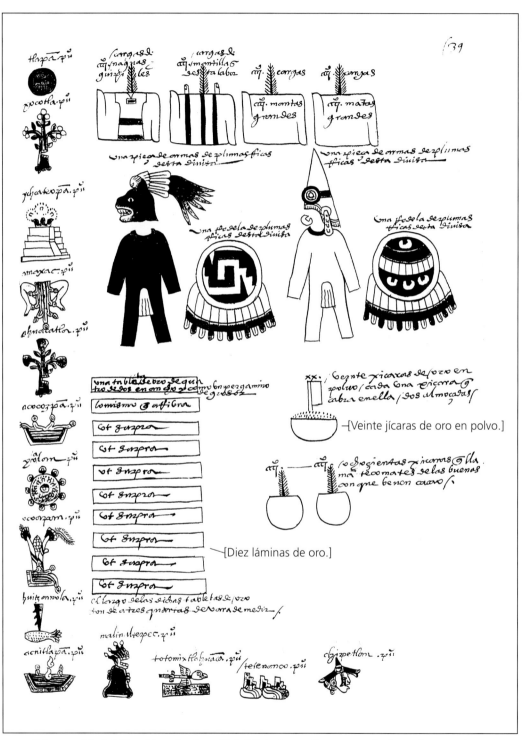

LÁMINA 39. Códice Mendocino *(fol. 39r). Los tributos enviados a los mexicas por los habitantes de la región tlapaneca incluyen, entre otros, 20 jícaras de oro en polvo y 10 láminas de oro.*

esos regalos es un gran disco de oro, probablemente la representación de una deidad solar.

Había numerosas piezas de orfebrería de factura muy refinada como por ejemplo dos pájaros con sus plumas verdes. El pico, los ojos y las patas eran de oro. Cada pájaro iba montado en una pieza de oro a la que se había dado la forma de un caracol. Había también una gran cabeza de cocodrilo toda de oro, adornada de plumas de color, etc. Ninguna de esas joyas llegó hasta nosotros. Debemos a la pasión administrativa de los españoles por los documentos escritos la existencia de una lista descriptiva realizada antes del envío de este tesoro al rey de España Carlos V. Esta lista publicada por los cronistas fue transcrita integralmente por Saville (1920: 20-33). Fue también publicada en el libro *El Tesoro de Moctezuma* (García Moll *et al.*, 1990: 105, 107).

Para Moctezuma esos regalos suntuosos, únicamente dignos de un líder de su propio rango, tenían que lograr contentar a Cortés y hacer de él, si no un amigo, por lo menos una relación benevolente y admirativa. No logró su cometido. Muy por el contrario, Cortés se percató de que había oro del cual apoderarse en ese país.

3. *El ámbar*

El ámbar, que es una resina fosilizada, era utilizado también por los antiguos mexicanos, debido a su color de reflejos cobrizos.

Las mujeres mayas llevaban narigueras de este material (Landa, 1959: 55).

4. *Las conchas*

Las conchas eran portadoras de símbolos. El sonido que eran capaces de emitir, sus colores y sus formas transmitían mensajes a las deidades.

a) *Los espóndilos, ambicionados por su color rojo*

El espóndilo, concha de tintes rojos, no podía dejar de ser apreciado en el México precortesiano. Ya hemos señalado que los navegantes de Ecuador, en particular, venían hasta la desembocadura del río Balsas para conseguir conchas de la familia de los espóndilos. El *Spondylus princeps* se adhiere a una roca o a un coral gracias a su valva derecha. Es posible encontrarlo en el Golfo de California, a lo largo de la costa del Pacífico, a poca profundidad y en aguas tibias. También puede hallarse el *Spondylus americanus* en el mar de las Antillas y en las costas de Florida.

El *Spondylus* suele tener un diámetro de entre 7 y 10 cm. Largas espinas de color rojo de matices blancos y anaranjados adornan su superficie externa. El interior de la valva es blanco mientras que el borde es rojo (Morris, 1966: 129).

b) Los gasterópodos marinos

Una concha única en forma de espiral protege su cuerpo de molusco. Existen gasterópodos de todos los tamaños y los antiguos mexicanos no se abstenían de utilizar ninguno de ellos para confeccionar adornos de atuendo. Esas conchas eran el símbolo del agua, del mar y de las deidades marinas.

En el Templo Mayor de Tenochtitlan casi todas las ofrendas en los monumentos representan el mundo. A la mitad de la fachada norte (ofrenda 61), en un primer nivel de conchas marinas y de caracolas, se encontraba la representación de un cocodrilo que simboliza la tierra (Matos Moctezuma, 1988: 14).

La ofrenda 41 del Templo Mayor incluía 421 conchas y 63 caracolas marinas dispuestas en torno a la urna (López Luján, 1993: 412).

Los estrombos (de la familia de los *Strombaceae*) son conchas bicónicas, de espira más o menos alta y de columela más o menos estirada. Las conchas de los distintos géneros se distinguen sobre todo por el diámetro y la altura de la espira así como por la forma del labio externo. Los estrombos viven sobre la arena y se alimentan de algas y de desechos vegetales. Están presentes sobre todo en la costa del Pacífico pero algunas especies viven también en el Golfo de México, desde Florida hasta las Antillas.

El Strombus gigas *y el* Turbinella

El *Strombus gigas Linn,* o caracola reina, es el más grande de la familia de los estrombos pues mide entre 16 y 24 cm de largo; es pesado y sólido. Cuando llega a la edad adulta, su labio externo es muy ancho y tiene fácilmente entre 8 y 10 espiras. La superficie externa es de un color castaño amarillento mientras que el interior tiene reflejos rosas.

Los tarascos tenían la costumbre de grabar estrombos gigantes, respetando con arte el sentido de las volutas (Bernal y Simoni-Abbat, 1986: 299, 302 y 303).

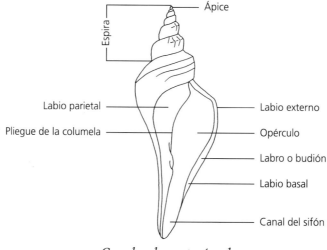

Concha de gasterópodo

Estrombo grabado de 26 cm de largo. Civilización tarasca. Posclásico tardío.
Museo Nacional de Antropología, Ciudad de México.

Teotihuacán. Patio de los Jaguares.

En Teotihuacán, en el Patio de los Jaguares, es posible ver un estrombo gigante *(Strombus gigas)* decorado con papel amate y provisto de una embocadura probablemente de jadeíta. Un jaguar mítico sopla en esta embocadura y genera así la lluvia fecundadora.

Entre los mayas el viejo dios Mâm era el símbolo de la tierra (Thompson, 1958: 251). A menudo era representado llevando una caracola marina sobre su espalda, o bien emergiendo él mismo de una de esas caracolas (Andrews IV, 1969: 48).

Los arqueólogos recogieron en las tumbas de los sitios mayas de las tierras bajas una gran cantidad de caracolas de las especies *Strombus gigas* y *Turbinella angulata*. No estaban mutiladas, sino que fueron simplemente depositadas como ofrenda, o bien tenían únicamente el ápice aserrado. Se les transformaba entonces en caracolas sonoras (Andrews IV, 1969: 56).

Sin embargo, los huastecos habrían de otorgar al estrombo gigante su plena dimensión simbólica, al crear adornos de atuendo para los hombres y los dioses.

El ehecacózcatl. El dios Quetzalcóatl (señor del cielo oriental) lleva a menudo como pectoral una placa semejante a una estrella, obtenida al cortar transversalmente un estrombo. Esta placa representa el remolino del viento, el ehecacozcatl (véase lámina 40).

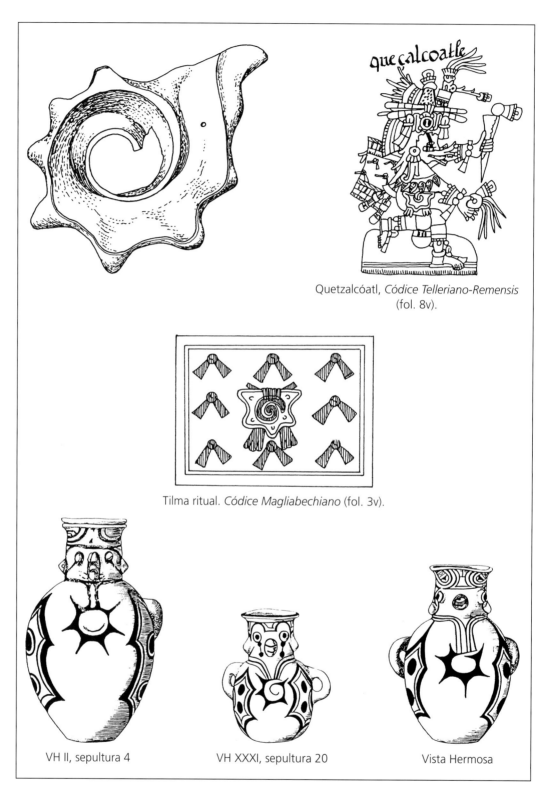

Quetzalcóatl, *Códice Telleriano-Remensis* (fol. 8v).

Tilma ritual. *Códice Magliabechiano* (fol. 3v).

VH II, sepultura 4   VH XXXI, sepultura 20   Vista Hermosa

LÁMINA 40. *Ehecacózcatl, el joyel de viento. Uno de los adornos de Quetzalcóatl Ehécatl.*

El anahuatl. Seler (1960-1967 [1904]: vol. 2, 70-73) llamó *anahuatl* (anillo) a un adorno ritual probablemente labrado en un estrombo. En los códices, lo llevan numerosos dioses como Quetzalcóatl y sobre todo Tezcatlipoca, de quien es uno de los atributos (*Códice Magliabechiano* fol. 33r; *Códice Ixtltilxóchitl*, fol. 96r). Podemos añadir que Saville (1920: 185, 186, lám. XXI) publica una pieza de orfebrería de oro, de 11.5 cm de altura, hallada en El Tajín (Ver.) y que representa sin duda una deidad que lleva sobre el pecho uno de esos anillos. Persisten las dudas en cuanto al origen de ese objeto, pues lleva una fecha mixteca inscrita en su cara posterior: 4-Tigre 1-Caña.

A inicios del siglo XX, numerosos anillos de este estilo fueron encontrados en el Templo Mayor de Tenochtitlan (Saville, 1920). Las excavaciones recientes han revelado una gran diversidad de adornos de concha, y entre ellos adornos en forma de anillo. Así pues, los mexicas hacían mucho uso de ellos y sus dioses los llevaban frecuentemente sobre el pecho, colgados de un listón de cuero rojo. Curiosamente, dicho adorno no se encuentra en ninguna representación antropomorfa huasteca. Sin embargo, en Tamante (Tamuín, SLP), hemos recogido un anillo de este tipo. Está provisto de tres perforaciones, lo cual hace pensar que seguramente iba cosido sobre una tela, como aquellos que se encuentran sobre las tilmas rituales del *Códice Magliabechiano* (fol. 4r y 5r). El *Códice de Xicotepec* (G. Stresser-Péan, 1995) muestra en sus secciones 12 y 13 algunos personajes que llevan el *anahuatl*. Dialogan con las personas importantes de Xicotepec y parecen ser totonacos (véanse láminas 41 y 42).

Ese adorno ritual debía tener un simbolismo cósmico, como lo supone Guy Stresser-Péan. El anillo representa el mar, que se confunde con el cielo y que rodea el mundo (Códice de Xicotepec, 1995: 47). Es el espejo que Tezcatlipoca lleva en el pecho (Olivier, 1999-2000: 84).

El gran pectoral huasteco. No hay nombre náhuatl para designar este pectoral propio de los huastecos. El gran tamaño del *Strombus gigas* permitía a los huastecos recortar en su borde parietal grandes pectorales de forma triangular y de una longitud de entre 16 y 18 cm en promedio (Beyer, 1933: 169; véase aquí lámina 43). Estos pectorales fueron seguramente tallados en el lugar mismo donde fueron encontrados, tal como lo sugiere el hallazgo de Gordon Ekholm en Las Flores (1944: 391, fig. 52 A'). Durante una excavación del monumento, sacó a la luz un pectoral inconcluso, de una longitud aproximada de 13 cm. En ocasiones, la cara interna de esos pectorales iba grabada.

Una estatua huasteca que representaba tal vez a una deidad de la fecundidad y que se encuentra actualmente en el Museo de la Cultura Huasteca de Tampico lleva un pectoral. Es de origen desconocido. La información relativa a dos estatuas más, del mismo tipo fálico, fue publicada en el catálogo de De la Fuente y Gutiérrez (1980: 154, fot. CLIII y CLIV) y ambas estatuas llevan un pectoral idéntico. Una de ellas proviene de Tamuín (SLP).

Nuestras excavaciones en Vista Hermosa (Nuevo Morelos, Tamps.) confirmaron lo que sugerían aquellas estatuas. Esos pectorales, grabados o sin

Tezcatlipoca,
Códice Magliabechiano (fol. 33r).

Códice de Xicotepec (seccs. 12 y 13).

acaticlan

Anverso

Reverso

El Tajín, Veracruz (según F. Solís, 1995: 58-59).

Lámina 41. *Uso del pectoral conocido como* anahuatl.

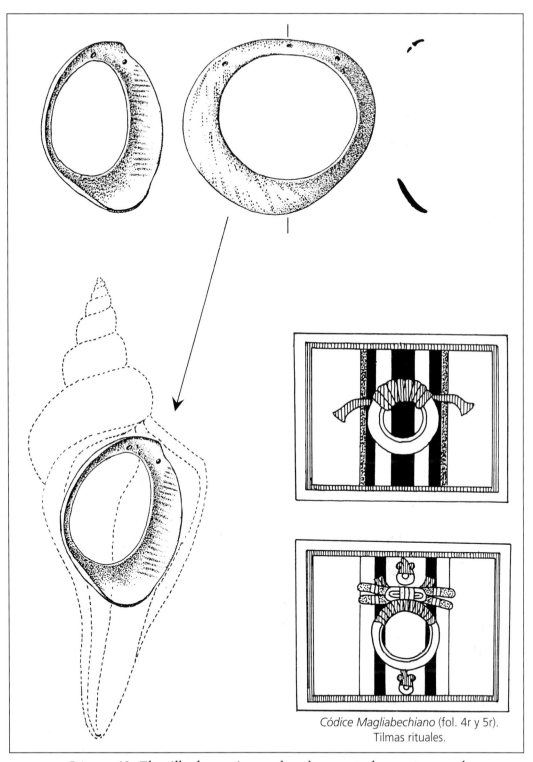

Códice Magliabechiano (fol. 4r y 5r).
Tilmas rituales.

LÁMINA 42. *El anillo decorativo* anahuatl *era cortado en un caracol*
(Tamante, Tamuín, San Luis Potosí).

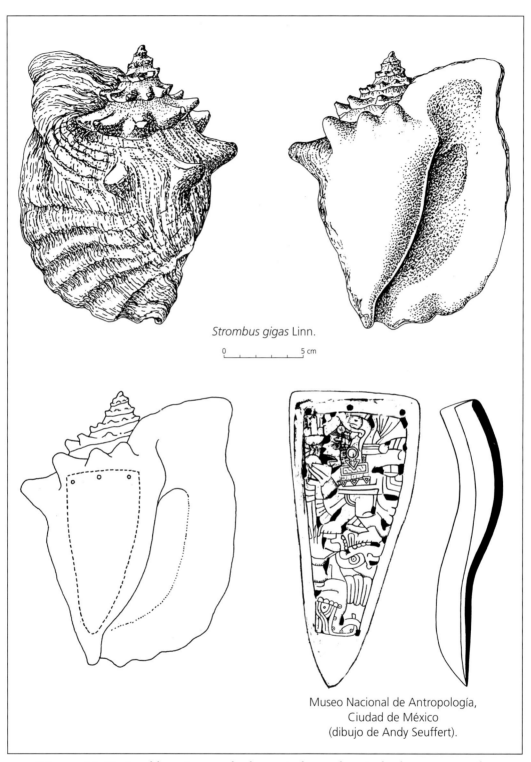

Strombus gigas Linn.

0 _____ 5 cm

Museo Nacional de Antropología,
Ciudad de México
(dibujo de Andy Seuffert).

LÁMINA 43. *Pectoral huasteco grabado, cortado en el costado de una caracola.*

Estatuas huastecas de tipo fálico adornadas con un gran pectoral.

grabar, eran llevados efectivamente sobre el pecho, tal como lo constatamos al hallar dos de ellos *in situ*, sobre esqueletos. Ese gran pectoral era seguramente una joya ritual que no era utilizada más que por ciertas deidades o por los grandes personajes (vivos o muertos). Cuando estaba grabado transmitía probablemente, al igual que los códices, mensajes míticos, religiosos o históricos.

El pectoral grabado que fue encontrado en el cruce de las calles Seminario y República de Guatemala (Templo Mayor) constituye una huella de la presencia huasteca en Tenochtitlan. Muestra en la parte baja del triángulo dos serpientes y, en la parte alta, dos personajes frente a frente. Una de las serpientes se enrosca en torno al personaje de la derecha, que blande un cuchillo sacrificial y hace frente al dios Mixcóatl. Este dios está entregado a un autosacrificio de la lengua (Toscano, 1970: 106, lám. 10). Las dos serpientes representan al monstruo de la tierra (véase lámina 44).

Todo tipo de pequeños colgantes
Pequeños colgantes fueron tallados en las conchas más diversas, principalmente en las de gasterópodos de todos los tamaños. En Tamtok (SLP), sacamos a la luz, en algunas plataformas de la Plaza Ceremonial, gasterópodos de la familia de los *Strombus giga*, depositados como ofrenda y a menudo sin mutilar. Pero, entre los escombros de la plataforma AE4 se encontraba, en medio de un material que revelaba una actividad artesanal intensa, un esbozo de pequeño colgante triangular. Medía 8.3 cm de largo, por lo que se asemejaba a los de tipo pectoral. Uno de los huastecos muertos durante la batalla contra

LÁMINA 44. *Pectoral huasteco grabado, encontrado en el Templo Mayor de Tenochtitlan.*

los acolhuas (*Códice de Xicotepec*, secc. 10) llevaba uno de esos colgantes triangulares aparentemente de tamaño idéntico (8 a 9 cm).

En Tamante (SLP), recogimos un gasterópodo mutilado del género *Melongena Corona Gmelin* de 5 cm de largo. Se habían extraído de él dos pequeños
colgantes de 3 a 4 cm de largo cada uno y de forma triangular.

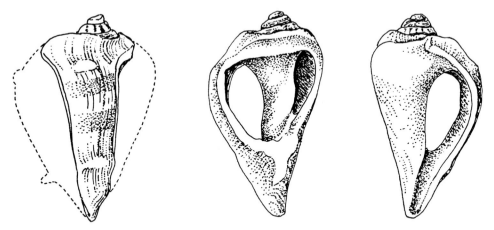

Dos colgantes recortados en un Melongena
(Tamante, Tamuín, San Luis Potosí).

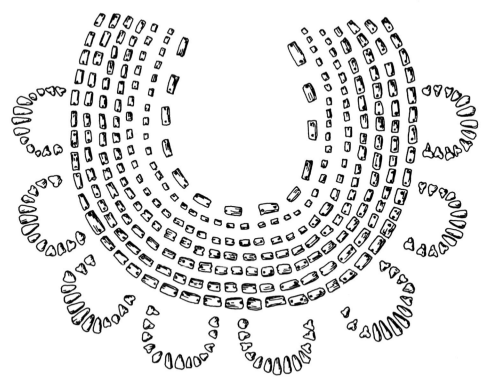

Peto en forma de maxilar humano. Depósito 2,
Pirámide de la Luna, Teotihuacán.

c) Un peto

En Vista Hermosa (VH31 S. XIV) el esqueleto llevaba, además de su gran pectoral triangular, que debía colgar sobre su pecho, un peto confeccionado con 492 pequeñas conchas del género *Marginella* sp. Medían entre 8 y 10 mm cada una.

El pequeño personaje de piedra verde que formaba parte de la ofrenda sacrificial (depósito 2) a la Pirámide de la Luna (Teotihuacán) iba vestido. Su peto estaba formado de conchas talladas en forma de dientes humanos, y dispuestas como un maxilar humano. El personaje tenía 30 cm de altura y el depósito 2 sacrificial está fechado en 250 d. C. (Sugiyama y López Luján, 2007).

d) El oyohualli

El adorno ritual llamado *oyohualli* estaba probablemente recortado en una valva de concha, por ejemplo de *Pinctada mazatlantica* (ostra perlera) que se encuentra a todo lo largo de la costa del Pacífico (Velázquez Castro *et al.*, 2004: 32; Velázquez Castro, 2006: 47). Era un adorno en forma de almendra o de gota de agua. Tocuepotzin, jefe indígena (*Códice Ixtlilxóchitl*, fol. 105r), lleva una tilma, que tiene algunas bandas horizontales negras decoradas con el *oyohualli*.

Entre los dioses, sobre todo los de la música (y a veces entre aquellos que los acompañaban o los representaban), el *oyohualli* servía ya sea de pendiente, ya sea de dije que se colgaba al cuello del personaje con una correa de cuero o un cordón torcido sobre sí mismo (*Códice Magliabechiano*, fol. 55r y 60r; véase aquí lámina 45).

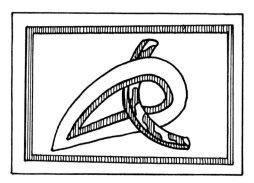

Oyohualli.
Códice Magliabechiano *(fol. 8r).*

Región de Tuxpan, Veracruz.

Durante la fiesta en honor de Tlaltegayoa, un indio abre la marcha, vestido con una piel de mono araña.
Lleva en el pecho el *anahuatl* y su pendiente es un *oyohualli*. (*Códice Magliabechiano*, fol. 55r).

Macuilxóchitl
(*Códice Magliabechiano*, fol. 60r).

Mono, animal asociado a Quetzalcóatl-Ehécatl. Pendientes en forma de almendra (*oyohualli*) (Bernal y Simoni-Abbat, 1986: 357, fig. 331).

LÁMINA 45. *Uso del adorno ritual llamado* oyohualli.

En 1962, Joaquín Meade publicó información relativa a una estatua huasteca proveniente de la región de Tuxpan (Ver.). Dicha estatua lleva ese tipo de colgante (Fuente, 1980: 351 y 352, fot. CCCXLIII).

La ofrenda 86 del Templo Mayor incluía dos cuchillos de sacrificio, un colgante en forma de anillo *(anahuatl)*, elementos de collar de piedra verde y dos dijes en forma de gota de agua *(oyohualli)*. Adrián Velázquez, al analizar el conjunto de esta ofrenda, menciona la asociación del cuchillo de sacrificio, del *anahuatl* y de los *oyohualli*. Ese adorno en forma de gota de agua podría ser, en su opinión, el símbolo de la fertilidad (Velásquez Castro *et al.*, 2004: 36-37). En efecto, los ritos de sacrificio y la sangre ofrendada a los dioses favorecían supuestamente la fecundidad del mundo.

e) El epcololli

El pendiente de Quetzalcóatl, *epcololli*, estaba también presente en las ofrendas CA y 6 del Templo Mayor (Velásquez Castro *et al.*, 2004: 30). Está recortada en la parte nacarada de una valva de concha, tal como lo describe Adrián Velázquez (2006: 44 y 47).

f) Los caracoles del género Oliva

Los caracoles del género *Oliva (Olividae)* tienen generalmente conchas cilíndricas fusiformes. Su superficie externa es lisa, brillante y a menudo colorida. Es posible hallarlos en las playas de los mares calientes. Son particularmente numerosos en las costas de Yucatán y en las costas del Pacífico, pero la especie llamada *Oliva reticularis* Lam. vive en las costas de Florida hasta las Antillas.

Epcololli.
*Templo Mayor
de Tenochtitlan.*

*Mono Ehécatl soplando viento. Animal asociado
a Quetzalcóatl. Museo del Quai Branly.*

E. Wyllys Andrews IV (1969: 17-19 y 55; lám. 12) publica una lista importante de los *Oliva* recogidos en las excavaciones de Mayapán, Dzibilchaltún, Labná, Chichén Itzá, Cancún, Uaxactún, etc. Estaban presentes en casi todos los niveles, desde el Preclásico hasta el Posclásico. Andrews IV enumera las conchas no mutiladas a veces depositadas como ofrenda así como las conchas mutiladas que, supone, servían para producir efectos sonoros (1969: 17). Menciona también, pero sin especificar su contexto arqueológico, la existencia de dos caracoles del género *Oliva* grabados, cada uno de los cuales representa un rostro humano. No parece que se trate ni de aditamentos sonoros ni de colgantes.

En cambio, pocas conchas del género *Oliva* fueron encontradas en las excavaciones realizadas en la región huasteca. En Tamtok (G. y C. Stresser-Péan, 2005: 719), fueron recabados dos fragmentos muy mutilados. Uno de ellos había sido depositado como ofrenda en una sepultura; estaba provisto de una perforación. Se trataba seguramente de un aditamento sonoro.

Ekholm (1944: fig. 52) publica información relativa a ocho instrumentos sonoros tallados en conchas del género *Oliva*. De los seis ejemplares que provienen del sitio de Las Flores, tres fueron encontrados en la sepultura 18 y uno más en el montículo A. Otro aditamento sonoro proviene del sitio Pavón.

La ofrenda 106 del Templo Mayor de Tenochtitlan incluye dos estrombos así como un gran número de *Oliva* transformados en aditamentos sonoros (Matos Moctezuma y Solís, 2002).

De manera general, los *Oliva* utilizados como aditamentos sonoros se colgaban principalmente en torno a la cintura (como sucedía a veces con los cascabeles de bronce).

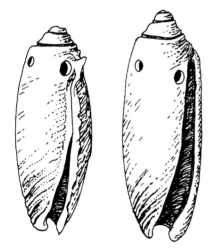

Caracoles de género Oliva usados como aditamentos sonoros y encontrados en Mayapán, dados a conocer por Tatiana Proskouriakoff (fig. 45a; según E. W. Andrews IV: fig. 6, p. 55).

Caracoles de género Oliva grabados. Colección particular (Mérida, Yucatán; según E. W. Andrews IV: fig. 6, p. 55).

6. *El coral*

El coral es un polípero de base calcárea de color blanco o rojo. Algunos fragmentos de coral han sido encontrados depositados a manera de ofrenda, por ejemplo en las tierras bajas mayas, en algunas tumbas como en Dzibilchaltún o en Mayapán. Esos fragmentos fueron examinados a petición de Andrews IV por la Smithsonian Institution. Se trataba de corales provenientes del Golfo de México (Andrews IV, 1969: 107 y 108).

En la tumba 7 de Monte Albán, Alfonso Caso (1969: 167, lám. XLIX) recogió un collar cuyos elementos son una alternancia de conchas rojas y de coral del mismo color. Los antiguos mexicanos tenían, en efecto, una predilección por el rojo (Caso, 1969: 160, lám. XLVIII).

También fueron encontrados corales en las ofrendas del Templo Mayor de Tenochtitlan (López Luján, 1993: cuadros recapitulativos desplegables).

7. *La madera*

Diversas maderas duras, entre ellas la caoba proveniente de Chiapas, eran utilizadas para fabricar numerosos objetos finamente labrados. Son muy escasas las piezas de madera que resistieron los embates del tiempo. Muchas fueron destruidas por el fuego de los incendios, durante la conquista española de Tenochtitlan. Algunas estatuas de madera lograron llegar hasta nosotros; la más hermosa de ellas, la diosa de la fertilidad, se encuentra en el Museo Nacional de Antropología. Algunos *teponaztli* o tambores de lengüetas vibrantes de la época precortesiana fueron escondidos en las grutas por los indígenas y gracias a ello se conservaron.

El huéhuetl de Malinalco (Edo. de Méx.), tambor de una sola membrana vibrante, es de época posclásica tardía. Fue conservado por los mayordomos. Está labrado con arte y representa a los caballeros águila y a los caballeros jaguar. Esas piezas no fueron enterradas, contrariamente a los adornos de atuendo cuya madera se desintegró. Una nariguera fue reconstituida por el Museo Nacional de Antropología. La parte tubular restaurada es de madera y cada extremo está coronado por un trabajo de oro en falsa filigrana (García Moll *et al.*, 1990: 129).

Nariguera horizontal encontrada en la Ciudad de México y restaurada
por el Museo Nacional de Antropología.

a) El papel amate

Los antiguos mexicanos usaban mucho el papel de corteza o papel amate *(amatl)*. Los arqueólogos han encontrado a menudo instrumentos para machacar la corteza que servían para fabricar ese papel. La corteza utilizada provenía de los árboles de la familia de los *Ficus*. El uso de esos machacadores se remonta hasta la época clásica. Encontramos uno en la excavación de una plataforma de habitación del sitio de época clásica de San Antonio Nogalar, Tamaulipas (G. Stresser-Péan, 1977: 373). Mac Neish (1967, II: 130, 131 y 156, figs. 110, 111 y 135) encontró también en el valle de Tehuacán dos machacadores en los niveles clásico y posclásico. El ejemplar más antiguo *(Early Venta Salada Complex)* estaba todavía provisto de su mango hecho con una liana.

Aún en nuestros días, los indígenas otomíes de San Pablito (Pahuatlán, Pue.) fabrican papel amate. Utilizan casi siempre machacadores prehispánicos encontrados en los campos.

Machacador de corteza, conservado con su mango. (según R. S. Mac Neish, 1967, II: fig. 135).

Teteoinan-Toci.
Deidad azteca con su tocado de papel. Museo Nacional de Antropología, Ciudad de México.

En los años 1930, Bodil Christensen (1942) dio a conocer al mundo científico los famosos papeles recortados por el adivino Santos García.

Entre los antiguos mexicanos, el papel amate era esencialmente de uso ritual. Pero también servía para confeccionar cintas frontales, diademas, tocados, estandartes, abanicos, códices, ropajes para los dioses, etcétera.

8. *El barro cocido*

En Tamtok (Tamuín, SLP) recogimos cinco esferas perforadas de barro cocido, de 23 a 24 mm de diámetro y un peso de 15 a 18 g (G. y C. Stresser-Péan, 2005: 607). En la tumba de El Fiscal, cerca de Tamtok, Guy Stresser-Péan encontró una de esas esferas. Aquella tumba, construida con losas de arenisca calcárea, contenía los restos de seis individuos: tres mujeres entre 18 y 20 años; un niño de entre siete y ocho años; y otros dos esqueletos que no eran analizables (según un informe inédito de Véronique Gervais). La tumba había sido saqueada, y los ladrones seguramente se llevaron las ofrendas. Sólo quedaba esa esfera. Sin embargo, los habitantes del rancho nos trajeron 33 esferas idénticas y 23 más pequeñas, de 20 mm de diámetro. En Tamante, sitio arqueológico igualmente cercano a Tamtok, los habitantes también nos trajeron esferas de ese tipo.

Tres esferas de El Fiscal y una de Tamante habían sido grabadas después del cocimiento y representaban una cabeza de tecolote. Todas esas esferas, al igual que las dos encontradas en San Antonio Nogalar, y las tres encontradas en Las Flores por Ekholm, están confeccionadas con pasta un tanto burda y están muy erosionadas en la superficie. Tal vez estuvieron engobadas. Desafortunadamente, incluso aquellas que fueron encontradas en excavaciones no aportan realmente datos sobre su probable uso. La cabeza de tecolote —el pájaro de la noche y del mundo subterráneo— podría sugerir que se trataba de un atavío funerario. El hecho de haber encontrado en dos sitios diferentes esas mismas cabezas de tecolote confirmaría dicha hipótesis.

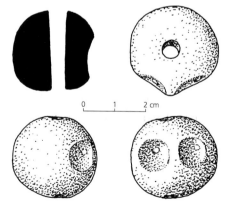

Elemento de collar de barro que representa una cabeza de tecolote
(El Fiscal, Tamuín, San Luis Potosí).

Los adornos de atuendo de barro eran evidentemente utilizados por quienes no tenían a su alcance ni metal ni piedras semipreciosas. Los huastecos de Tamante tenían algunos adornos "de lujo" hechos de obsidiana, pero tenían sobre todo adornos de calcita y de concha, orejeras de barro así como colgantes que representaban pájaros.

Los huastecos fabricaban también sonajas y cascabeles de barro cocido.

9. *Los animales de la tierra y del cielo*

El mundo cosmogónico de los antiguos mexicanos se caracteriza por su estrecha simbiosis con el universo del mundo animal. No sería posible concebir el uno sin el otro.

Los animales domésticos, como el perro y el guajolote *(uexolotl)*, así como la fauna silvestre de México —el jaguar, el puma, el coyote, el tlacuache, la marta, el conejo, la liebre, el pecarí de collar, el mono araña, los cérvidos, el águila, el zopilote, los reptiles—, protagonizan los mitos que explican el mundo. Casi todos ellos son asimismo los dobles de los dioses. De la misma manera, el maravilloso pájaro quetzal, las cotingas de Chiapas, las guacamayas; los loros, los pericos y los tecolotes; el colibrí y todos los pájaros multicolores que poblaban México en aquel entonces, eran indispensables para el desarrollo de la vida cotidiana y religiosa de los antiguos mexicanos.

a) Los cánidos

Durante el día *ce itzcuintli* (1-Perro) se celebraba una gran fiesta en honor del dios Xiuhtecutli, el dios del fuego (Sahagún, 1956, I: 136). Ello explica por qué las piedras del fogón pudieron ser sustituidas por perros de barro cocido en la región de Cuetzalan, incluso en nuestros días. El perro, que los antiguos mexicanos llegaban a sacrificar cual si se tratara de un ser humano, desempeñaba un papel esencial para ayudar al muerto durante su viaje al más allá. Esa creencia sigue viva en el espíritu de los indígenas de hoy. Los colmillos del perro, al igual que los del coyote y los de otros carnívoros, servían a veces como colgantes.

b) Los felinos

Después de que Nanahuatzin y Tecciztécatl se lanzaron a la hoguera para convertirse en el Sol y la Luna, el águila *(cuauhtli)* y el jaguar *(ocelotl)* se arrojaron también al fuego y se volvieron así los patronos de las dos grandes sociedades guerreras mexicas (G. Stresser- Péan, 1962: 3-32). En la estructura I del sitio posclásico de Malinalco (Edo. de Méx.) se encuentra el recinto de los caballeros águila y de los caballeros jaguar. Es una sala circular con representación de águilas y jaguares en alto relieve. Los caballeros águila y los caballeros

jaguar se dedicaban a la guerra sagrada y al culto del Sol. Las garras y los colmillos del jaguar eran las insignias de los jefes. Un collar formado con mola-
res y colmillos de jaguar fue encontrado en la tumba 7 de Monte Albán (Caso,
1969: 177-179, fig. 161).

Esos colmillos de felinos eran transformados a veces en bezotes (*Códice
Magliabechiano*, fol. 5v) y la piel del jaguar era un artículo de comercio muy
valioso (*Códice Magliabechiano*, fol. 68r).

Colmillo de carnívoro convertido en colgante
(Tamante, Tamuín, SLP).

Collar de muelas y colmillos de felinos (sobre todo de jaguar).
Tumba núm. 7 de Monte Albán, Oaxaca.

manta del beçote del diablo

Códice Magliabechiano *(fol. 5v).*

c) El antílope y los cérvidos

El *tlamacazcamazatl* es el antílope mexicano o berrendo, de la familia de los Antilocápridos (véase lámina 47).

Los informantes de Sahagún (1950-1969: libro XI, 15) describen al animal con un círculo negro en torno a los ojos. Ello explica por qué el antílope mexicano fue considerado por los antiguos, como el doble de Mixcóatl, el dios "serpiente de nubes", pues también él se pintaba de negro alrededor de los ojos (Olivier, 1999-2000: 85).

El antílope y el ciervo simbolizaban en los mitos indígenas a los animales de la llanura y de la vida silvestre. Mixcóatl, asesinado por sus hijos (o por sus hermanos), es resucitado por su hijo Quetzalcóatl. Desafortunadamente, el miedo lo domina y es inmediatamente transformado en antílope (Olivier, 1999-2000: 85). Mixcóatl no logró desprenderse de su mundo chichimeca.

Ese mito tiene numerosas variantes. Al igual que Quetzalcóatl, Cipak —el dios civilizador huasteco, dios del maíz— resucita a su padre y lo carga sobre sus espaldas para que pueda atravesar la llanura y para enseñarle los beneficios de la civilización sedentaria. Sin embargo, el padre, desobedeciendo a su hijo, no puede evitar mirar hacia atrás, por lo que se transforma inmediatamente en ciervo, y regresa a la vida nómada (G. Stresser-Péan, 2005: 321 y 370).

Algunas astas de cérvidos fueron labradas y grabadas con arte. Una de esas piezas está en el Museo del Quai Branly y proviene de Santiago Tlatelolco. Había sido regalada al Museo del Hombre en 1887 (López Luján y Fauvet-Berthelot, 2005: 176, 177). Otra asta se encuentra en el Museum für Volkerkunde de Berlín y representa un cérvido. Es una pieza de época posclásica (Bernal y Simoni-Abbat, 1986: 299, 302 y 303).

Museo de Berlín (según I. Bernal y M. Simoni-Abbat, 1986: 302).

Antilocapra americana mexicana (Antilocapridae)
(según A. S. Leopold: 1959).

⬚ Distribución geográfica en el pasado.

▨ Distribución geográfica actual.

El dios Mixcoatl, *Códice Magliabechiano*, fol. 42r.

LÁMINA 47. *El antílope mexicano es el doble del dios Mixcóatl.*

Si bien actualmente hay una sola especie de antílopes en América del norte, hasta los años 1900 había cuatro especies de ciervos (véase lámina 48). La especie más difundida era la del ciervo de Virginia o venado cola blanca, *Odocoileus virginianus* (Leopold, 1959).

En 1540, en honor del virrey Antonio de Mendoza, los otomíes de Xilotepec (Edo. de Méx.) organizaron una gran batida para cazar ciervos. Ese día, los indígenas estaban armados con arcos y flechas mientras que los españoles, montados en sus caballos, blandían arcabuces y ballestas. En un solo día mataron más de 600 antílopes y ciervos (Torquemada, 1975, II: 366-368). Cuando los ciervos penetraban en sus campos, los indígenas utilizaban también coas para matarlos (Torquemada, II, 1975-1983: 368).

El ciervo era la presa predilecta de los cazadores. Su carne y la médula de sus huesos son aptas para el consumo humano. Un animal da entre 30 y 50 kg de carne. Las astas sirven para confeccionar herramientas. Los huesos eran a veces grabados y algunos eran transformados en raspador musical. Finalmente, la piel servía para preparar el cuero. Tepeacac, por ejemplo, tenía que entregar cada 80 días a los mexicas 800 cueros de cérvidos (*Códice Mendocino*, fol. 42r).

Con el cuero se hacían correas angostas, a menudo teñidas de rojo, que servían sobre todo para colgar los adornos rituales como el *ehecacozcatl*, el *anahuatl* o el *oyohualli*. Esas mismas correas eran utilizadas para anudar a la espalda la cabellera de los sacerdotes o a veces para fijar una diadema sobre la cabeza de un gran personaje.

Se decoraba a veces la ropa ritual con correas de cuero cosidas directamente sobre la tela (*Códice Magliabechiano*, fol. 5r). También se confeccionaban brazaletes con estrechas cintas de cuero que rodeaban la muñeca. Quauh-

Códice Mendocino *(fol. 42r).*

Tilma ritual.
Códice Magliabechiano *(fol. 5r).*

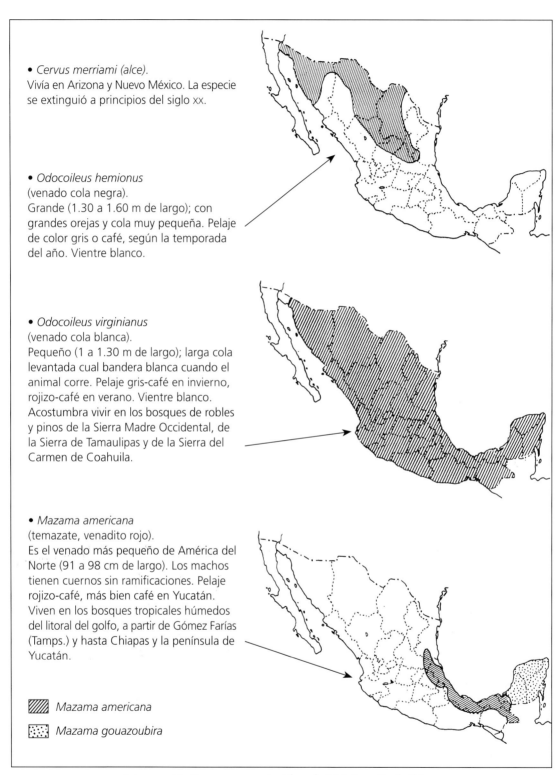

• *Cervus merriami (alce)*.
Vivía en Arizona y Nuevo México. La especie se extinguió a principios del siglo xx.

• *Odocoileus hemionus*
(venado cola negra).
Grande (1.30 a 1.60 m de largo); con grandes orejas y cola muy pequeña. Pelaje de color gris o café, según la temporada del año. Vientre blanco.

• *Odocoileus virginianus*
(venado cola blanca).
Pequeño (1 a 1.30 m de largo); larga cola levantada cual bandera blanca cuando el animal corre. Pelaje gris-café en invierno, rojizo-café en verano. Vientre blanco. Acostumbra vivir en los bosques de robles y pinos de la Sierra Madre Occidental, de la Sierra de Tamaulipas y de la Sierra del Carmen de Coahuila.

• *Mazama americana*
(temazate, venadito rojo).
Es el venado más pequeño de América del Norte (91 a 98 cm de largo). Los machos tienen cuernos sin ramificaciones. Pelaje rojizo-café, más bien café en Yucatán. Viven en los bosques tropicales húmedos del litoral del golfo, a partir de Gómez Farías (Tamps.) y hasta Chiapas y la península de Yucatán.

▨ *Mazama americana*

▨ *Mazama gouazoubira*

LÁMINA 48. *Los cuatro cérvidos de México. Su hábitat
(según A. S. Leopold: 1959).*

tlatzacuilotl, gran señor, llevaba en el brazo izquierdo un brazalete de cuero negro hecho de una correa enrollada varias veces en torno a la muñeca, que retenía una enorme piedra de jadeíta (*Códice Ixtlilxóchitl*, fol. 107r, comentario de Durand-Forest: 30).

Gruesas cintas de cuero hacían las veces de soporte para mosaicos de jadeítas, de piedras rojas o azules, de placas de nácar. Servían de espinilleras o de brazales. Las espinilleras enviadas por Moctezuma como regalo para Cortés estaban suntuosamente adornadas. Uno de esos pares era de cuero color crema cubierto de hojas de oro. Otro par era de cuero blanco recubierto de hojas de plata. Otros dos pares de espinilleras de cuero estaban adornados con plumas. De cada espinillera colgaban 16 cascabeles de oro. Otro par de espinilleras de cuero estaba cubierto de un mosaico de piedras azules; de cada espinillera colgaban 15 cascabeles de oro (Saville, 1920: 20-33).

Tocuepotzin, jefe indígena, al igual que Nezahualpilli, lleva espinilleras de cuero recubiertas de oro, y en el brazo una cinta ancha de cuero dorado *teocuitlamatecatl* (*Códice Ixtlilxóchitl*, fol. 105r y fol. 108r, comentario de Durand-Forest: 29 y 30) (véase aquí lámina 49).

Los huastecos usaban, según Sahagún (1950-1969: libro X, 185), cintas de cuero en las pantorrillas. Tal como lo sugiere Guy Stresser-Péan (1971: 582-602), esas cintas debían servir para adornarse con plumas de colores. Se trataba seguramente de plumas amarillas de perico y plumas rojas de guacamaya.

d) Las aves

El quetzal

Es un hermoso pájaro de la familia de los *Trogonidae* y es también el más grande —pues mide del pico a la cola 35 cm en promedio—. Se le encuentra exclusivamente en el continente americano, desde el sur de México hasta Costa Rica. Vive en ambientes tropicales húmedos. No emprende grandes desplazamientos debido a sus alas cortas, pero vuela muy rápido. Sabe camuflarse en los árboles y quedarse perfectamente inmóvil. Sólo su cabeza permanece en movimiento, lo cual le permite alimentarse de pequeñas moscas que pasan a su alcance, y vigilar los alrededores. El macho es el más hermoso. Tiene plumas azules sobre parte de su lomo, recubierto sobre todo de plumas verdes tornasoladas y cobrizas. Su pecho está cubierto de plumas rojas. Cuando llega el tiempo de los amores, las cuatro plumas supracaudales se alargan. Las centrales son más largas que las otras dos y rebasan la cola por 60 cm. Los antiguos mexicanos capturaban vivo al quetzal para quitarle sus cuatro largas plumas y luego lo soltaban, sin matarlo (véase lámina 50).

Los mexicas llamaban a este pájaro *quetzaltotolli* ("pájaro de bellas plumas"), pues la palabra *quetzal* designaba en náhuatl una bella pluma larga y verde (según Molina, 1970 [1571]: 89r), y Siméon da a la palabra *quetzal* diversos sentidos: "pluma hermosa, larga y verde, tesoro, joya, padre, madre, señor, jefe protector, hijo querido" (1977: 426).

Nezahualpitzintli (*Códice Ixtlilxóchitl*, fol. 108 r.).

Representación de *Nezahualpilli*, hijo de *Nezahualcóyotl*.
El fondo de la tela de su tilma es azul. La tela va adornada con pequeños cuadrados verdes con un punto negro en su centro. Podría ser una representación de jadeítas.
Orejeras de oro amarillo: el *teocuitlnacochtli coztic*.
Bezote: jadeíta rectangular, *chalchiuhtentetl*.
Peto de cuatro vueltas, hecho de jadeíta.
Dos cuentas esféricas alternan con una cuenta alargada.
Muñeca izquierda: brazalete de cuero negro, hecho de una correa enrollada que da varias vueltas alrededor de la muñeca. El brazalete sujeta una piedra de jadeíta de gran tamaño.
Muñeca derecha: cuatro vueltas de jadeíta. Perneras y brazaletes están probablemente hechos de cuero cubierto de oro.

Quauhtlatzacuilotl, gran señor (*Códice Ixtlilxóchitl*, fol. 107r).

Tilma blanca, decorada por ambas caras con caracolas rojas y rosas.
Orejera de oro martillado. Es la orejera de los señores y de los guerreros de alto rango.
Bezote de jadeíta, con embocadura de oro.
Muñeca izquierda: brazalete de cuero negro, hecho de una correa enrollada que da varias vueltas alrededor de la muñeca. Este brazalete sujeta una piedra de jadeíta de gran tamaño.

Tocuepotzin, jefe indio (*Códice Ixtlilxóchitl*, fol. 105r).

Orejera de oro amarillo: el *teocuitlnacochtli coztic*.
Bezote: *tentetl* o *tempilolli* (bezote grande y grueso).
En cada muñeca lleva un brazalete de turquesas cuyos elementos van ensartados en una tira de cuero roja, *macuextli*.
En el brazo derecho: ancha tira de cuero dorado, *teocuitlamatecatl*.
Perneras doradas, es decir, de cuero cubierto de oro.

Lámina 49. *Los grandes señores en traje de gala. Comentarios de Jacqueline de Durand-Forest* (Codex Ixtlilxóchitl, *1976: 29 y 30*).

Quetzal macho.
Pharomachrus mocinno
(según O. Austin y A. Singer, 1961: 172).

Tláloc. La fiesta del maíz
(*Códice Magliabechiano*, fol. 34r).

LÁMINA 50. *El* quetzaltotolli, *ave de plumas preciosas. Las grandes hojas verdes que protegen las mazorcas se asemejan a las plumas del quetzal.*

La pluma de quetzal, verde como la jadeíta, era tan preciosa como esa piedra.

En la región de Cuetzalan, todavía en los años 1900, vivía un bello pájaro de plumas de un azul casi negro bastante largas y que los nahuas llamaban *Cuetzal totot*. He allí otro ejemplo de la confusión entre el azul y el verde, así como una prueba más de la persistencia del significado inicial de la palabra *quetzal*: "hermosa pluma".

Las bellas plumas designan también otros bienes preciosos desde la óptica de los antiguos mexicanos. Así, antes de comenzar un partido de juego de pelota con los tlaloques (los pequeños dioses del rayo), el jefe Huémac acuerda con estos últimos el premio que recibirá el vencedor, que consistirá en plumas de quetzal y piedras de jadeíta. Como Huémac gana el partido de pelota, los tlaloques le entregan el premio prometido: mazorcas tiernas de maíz con grandes y bellas hojas verdes. Al ver esto, Huémac se enoja: él quería jadeítas *(chalchihuitl)* y plumas de quetzal. Los pequeños dioses del rayo acceden a su petición y declaran que se van con sus *chalchihuitl* y sus plumas de quetzal, es decir, con su maíz y sus hojas. Entonces, durante cuatro años, la sequía devastó el reino de Huémac ("Leyenda de los Soles" en *Códice Chimalpopoca*, 1945: 126).

Durante la fiesta de Etzalcualiztli, sexto mes del año, los antiguos mexicanos honraban al dios Quetzalcóatl (serpiente de plumas preciosas). Celebraban entonces la fiesta del maíz. El *Códice Magliabechiano* (fol. 34r) muestra a Tláloc (pariente o amigo de Quetzalcóatl) llevando un tocado con dos grandes plumas de quetzal; sostiene en su mano izquierda una espiga de maíz con sus grandes hojas verdes y sus granos. Las hojas de maíz son como las plumas de quetzal del tocado del dios y los granos de maíz son tan preciados como la jadeíta.

Casi todos los personajes divinos llevaban tocados con plumas verdes de quetzal. Los grandes jefes y los grandes señores se ataviaban también con ese atributo de ceremonia. Un gran tocado en forma de abanico, llamando "penacho", estaba reservado a los soberanos. El más famoso es el denominado "penacho de Moctezuma", que se encuentra actualmente en Austria, en la ciudad de Viena. Ese penacho lleva los colores del pájaro quetzal: verde, rojo y azul. El adorno frontal parece inspirarse de la cola de punta cuadrada de ese pájaro.

En cuanto a los guerreros vestidos con el *tlahuiztli*, sus tocados estaban también, a veces, provistos de plumas de quetzal, "plumas ricas" (*Códice Mendocino*).

Las plumas verdes o *quetzalli* eran, al igual que la jadeíta o *chalchihuitl*, atavío de grandes jefes, símbolo de poder.

Las guacamayas
Había en México dos grandes loros de colores vivos, llamados aras o guacamayas. El *Ara militaris* era el más común. Se le encontraba en las zonas semiáridas. Estaba presente en el oeste de México, desde el sureste de Sonora

El "penacho de Moctezuma". Reconstitución.
Museo Nacional de Antropología, Ciudad de México.

y el suroeste de Chihuahua hasta el istmo de Tehuantepec. Se le encontraba también en Zacatecas, al sur de Nuevo León, en Tamaulipas y hasta en el Estado de México. Es un ave que vive en la cima de los árboles y en los acantilados. Su vuelo es lento, se deja llevar por las corrientes del aire. El *Ara militaris* está cubierto de plumas verdes, tiene la cabeza y la cola rojas, y las alas son azules. La parte interna de éstas y la parte inferior de la cola son de color amarillo cobrizo (Peterson y Chalif, 1973: 73).

El *Ara macao* es un gran loro que vivía en las tierras bajas tropicales del sur de Veracruz, en los estados de Oaxaca y de Chiapas. Vivía también en el sur de Tamaulipas y de Campeche. Se trata de un ave grande y de color rojo con una cola larga y ancha, y alas rojas, amarillas y azules (Peterson y Chalif, 1973: 73).

Los antiguos mexicanos buscaban particularmente esas dos grandes aves debido a la belleza y al color de sus plumas. Ahora ambas han desaparecido en gran parte del territorio mexicano. Antes vivían en la Huasteca, lo cual explica en parte las incursiones militares de los mexicas y de los acolhuas en territorio huasteco: esas expediciones tenían a menudo como objetivo abastecerse de plumas verdes y rojas. Las grandes plumas rojas del *Ara macao* eran las más buscadas.

Sahagún (1956, III: 237) describe los numerosos loros que existían en aquel entonces en México; a las grandes plumas rojas del *Ara macao* las llama *cuetzalin* o *cueçali*, que traduce como "llama de fuego". El dios del fuego Xiuh-

El tlalpiloni *de los jefes y de los grandes señores*
(Códice Mendocino, *fol. 43r*).

tecutli o Huehuetéotl era llamado también Cuezaltzin, "llama de fuego" (Sahagún, 1956, I: 56).

Las plumas de colores vivos de las guacamayas y de los loros servían para confeccionar los tocados de los nobles del México precolombino.

Los grandes señores y los líderes ataban su cabellera con cordones cuyos extremos iban adornados con borlas de plumas verdes. Ese adorno se llamaba *tlalpiloni*. El príncipe Nezahualpilli se engalanaba con él (*Códice Ixtlilxóchitl*, fol. 108r). Los valientes guerreros y los jefes de guerra también llevaban el *tlalpiloni* cuando no estaban en la batalla (*Códice Mendocino*, fol. 65r).

Según Sahagún (1950-1969: libro X, 186) y Tezozómoc (1878: 314), los huastecos apreciaban particularmente los adornos de plumas (plumas amarillas de los loros y rojas de las guacamayas).

El colibrí

El colibrí es un pájaro de la familia de los *Trochilidae*. Vive exclusivamente en América. Hasta hoy se han cuantificado 319 especies de esta ave muy pequeña que, en algunos casos, mide del pico a la cola entre 4 y 5 cm. El colibrí está provisto de un pico muy largo y delgado que le permite chupar el néctar de las flores de forma tubular. Si la oportunidad se presenta, se alimenta también de las pequeñas moscas que encuentra en la flor. Tiene un batir de alas zumbante, que nunca cesa.

Los colibríes se encuentran entre los pájaros más hermosos y los colores de sus plumas se aprecian sobre todo cuando vuelan en plena luz del sol. Algunas especies viven en México, como el *Lampornis clemenciae* que tiene el cuerpo gris, la garganta azul cielo y la cola negra y blanca. El *Cynantus latirostris* tiene la garganta azul y el pecho verde, que armonizan con el gris y el blanco de sus alas. Tiene pico rojo y una larga cola negra. El *Amazilia tzacatl* está cubierto de plumas verdes. En invierno, numerosos colibríes migratorios llegan hasta México en busca de calor y de sol. Los migratorios, a semejanza de

Colibrí, doble de Huitzilopochtli y Tlaltecutli,
el monstruo de la Tierra (Códice Borbónico: 12).

los sedentarios, tienen plumas de una rara belleza en las que el verde de su cuerpo se armoniza con el rojo de su garganta, el azul de su cabeza y el blanco de su pecho (Greenwalt, 1960).

El colibrí es el "doble" de Huitzilopochtli. El dios específico de los mexicas, Huitzilopochtli, lleva un nombre compuesto de *huitzilin*, "el colibrí" (con pico largo y fino como una espina, *uitztli*), y *opochtli*, "de la izquierda", es decir "el guerrero resucitado del Sur".

Su madre Coatlicue, mientras barría el cerro de Coatepec, vio caer sobre ella una bola de plumas finas, como una pelota, y la colocó en su seno. Cuando terminó de barrer buscó la esfera de plumas, pero ya no la encontró. Estaba embarazada de Huitzilopochtli, a quien además se da el nombre de Tetzauitl ("la vergüenza, el espanto") haciendo alusión al hecho de que era un bastardo (Siméon, 1977). Ese nombre de Tetzauitl enfatiza, de hecho, el carácter insólito y prodigioso de este acontecimiento.

Coatlicue era madre de varios hijos, quienes se ofuscaron por esa situación escandalosa e inesperada. Su hija mayor, Coyolxauhqui, la Luna, era la más alterada; ella exhortó a los indios a ir al cerro para matar a su madre. Sus hermanos se prepararon para la guerra, se pintaron y se armaron como valientes guerreros, ataron a sus pantorrillas pequeños cascabeles sonoros. Coyolxauhqui abría la marcha. Al enterarse, Coatlicue se asustó, pero Huitzilopochtli, que se encontraba todavía en su vientre, la tranquilizó. Le dijo: "no tengas miedo, pues yo sé lo que debo hacer". Fue así como Huitzilopochtli, avisado de la inminente llegada de sus enemigos, nació completamente armado. Tenía su escudo y su dardo azul, su rostro estaba pintado. La frente y las orejas estaban cubiertas de plumas. Su pierna izquierda (la más enjuta) estaba también cubierta de plumas. Los dos muslos y los brazos estaban pintados de azul. Con una serpiente en llamas, mató primero a Coyolxauhqui. Su cabellera estaba cubierta de plumas blancas, como la de los prisioneros que los aztecas se disponían a sacrificar. Huitzilopochtli le cortó la cabeza, y su cuerpo cayó desde arriba del cerro, partiéndose en mil pedazos. Después Huitzilopochtli mató a todos los indios que no habían logrado huir a tiempo.

Huitzilopochtli era el dios de la guerra y protegía a los combatientes durante la batalla. Era también el sol vencedor y puede ser que, simbólicamente, fuese la reencarnación de los guerreros muertos en el combate. Es por ello que los valientes, heridos mortalmente durante la batalla, o sobre la piedra de sacrificio, acompañaban al sol, desde que se levantaba hasta que se acostaba, durante cuatro años, para reencarnarse después en colibríes (Sahagún, 1950-1969: libro III, cap. I y apéndice del cap. III).

Dotadas de simbolismo guerrero, las plumas de los colibríes servían para adornar los escudos de los grandes personajes. Los plumajeros mexicas, tomando en cuenta los colores con reflejos metálicos de esas bellas plumas, creaban los dibujos más artísticos y más complejos.

El arte plumario

El arte plumario se volvió particularmente refinado bajo el reinado de Moctezuma. El gran progreso técnico se debió a la utilización del hacha de cobre, que reemplazó a la laja de obsidiana y permitió preparar y seccionar mejor las plumas. Moctezuma tenía sus propios plumajeros encargados de confeccionar los más bellos adornos. Habían sido alojados por orden del jefe en un barrio de Tenochtitlan al que denominaron Amantlán, pues el artesano plumario era un "amanteca". Su dios era Coyotl Inahual. El día de su fiesta, el dios usaba una piel de coyote y una máscara humana con colmillos de oro. Tenía un escudo y una espada con lajas de obsidiana que sostenía como un bastón. Llevaba sobre su espalda un cántaro lleno de plumas preciosas. Lucía ajorcas sonoras en torno al tobillo, hechas de conchas. Llevaba sandalias de fibra de yuca para marcar claramente su origen chichimeca: la gente de Amantlán, en efecto, decía haber venido del norte y haber traído con ella el arte plumario.

Coyotl Inahual estaba rodeado de cinco dioses secundarios, tres de ellos masculinos y dos femeninos. Los dioses masculinos llevaban sobre su espalda, el día de la fiesta, los mismos cántaros de plumas preciosas. Llevaban sandalias tejidas que recordaban su mismo origen nórdico. Xiuhtlati, deidad femenina, llevaba un huipil azul y Xilo un huipil rojo. Esos huipiles estaban cubiertos de plumas: plumas de cotinga *(Cotinga amabilis)*, de espátula rosada, de águila; plumas verdes de quetzal, de loro, de pájaros amarillos. El borde inferior del huipil estaba tejido con plumón de águila. Las dos diosas sostenían en una mano una espiga de maíz cual si se tratase de un bastón y en la otra un abanico de plumas de quetzal o bien un ramo de plumas preciosas (Sahagún, 1950-1969: libro IX, cap. XX).

Las aves coloridas más diversas servían para la creación de todos esos adornos de lujo: huipiles, túnicas, tilmas ceremoniales y ropajes de guerra; tocados de los grandes personajes; escudos y estandartes; atavíos tales como el brazal recubierto de plumas o las insignias que decoraban la espalda del personaje (Sahagún, 1950-1969: libro IX, cap. XX).

El arte plumario no desapareció con la llegada de los españoles. Los plumajeros realizaron cuadros religiosos como los que están expuestos en el Museo Franz Mayer de la Ciudad de México. Fabricaron también mitras con sus ínfulas, relicarios, medallas santas, rosarios. Siempre se trataba, en suma, de arte religioso. El libro titulado *El arte plumaria en México* muestra también un abanico del siglo XVII, de tipo muy europeo, adornado con plumas (Castelló Yturbide, 1993: 198-199). Todavía en nuestros días hay en México algunos artesanos que trabajan la pluma, pues hay aficionados a su arte que compran sus obras. Gabriel Olai, quien vive en Tlalpujahua (Mich.), y su hijo del mismo nombre perpetúan esta tradición.

10. *La materia, el color, el sonido*

En todas las culturas del mundo, los colores tienen un lenguaje. Entre los antiguos mexicanos, el color determinaba la elección del material, que cobraba entonces pleno significado.

La jadeíta era una piedra preciosa debido a su bello color verde. Para ellos, el verde, el azul y el azul-verde se asemejaban; eran los colores de la fecundidad y del poder. No había palabra indígena para designar el azul.

La palabra *quetzal* significa en náhuatl "bella pluma verde". Por extensión, esa misma palabra designa al pájaro de bellas plumas verdes, mismas que adornaban los tocados de los grandes jefes.

El rojo era el color del sol. Las piedras semipreciosas rojas, los espóndilos, los corales, así como las plumas rojas de las guacamayas, proporcionaban a los grandes señores atavíos resplandecientes.

Sin embargo, la elección de la materia obedecía también, en ciertas ocasiones, a otras dos reglas. En efecto, independientemente del color, la materia en sí misma podía revestir un carácter sagrado. Además, el sonido que fuese capaz de producir podía hacer de ella una materia privilegiada.

Por ejemplo, el colibrí era el "doble" de Huitzilopochtli. Sus plumas servían para decorar los escudos de los grandes jefes guerreros.

El *Strombus gigas* engendra al dios Mâm de los mayas y de los huastecos, ese dios que muere y renace sin cesar. En él se labraba el pectoral huasteco y algunos de los adornos del dios Quetzalcóatl como el *ehecacozcatl*. Su materia se transformaba para hacer presente lo divino. Una vez seccionado su ápice, servía como caracola sonora, para atraer la atención de los dioses.

Los *Oliva* son aditamentos sonoros que hacen de la danza una plegaria. Sin duda alguna, los cascabeles de bronce o de oro desempeñaban ese mismo papel. El guerrero huasteco iba al combate con grandes cascabeles de bronce que colgaban de su cintura; su sonoridad atraía la atención de los dioses y por ende su protección, a la vez que espantaba al adversario.

Si el color otorgaba valor a la materia, la materia al tomar una forma nueva se volvía sagrada, y el sonido le prestaba vida.

11. ¿Tienen los adornos y las joyas de atavío un fin especializado?

El entierro de un individuo es un rito de paso. El muerto es vestido conforme a su rango. Sin embargo, por lo general, los arqueólogos sólo encuentran junto al esqueleto los adornos y las joyas de atavío que no fueron destruidos por el tiempo: piedra, metal, conchas, barro cocido. Son ellos los que hablan y dan al esqueleto su personalidad. Todos esos "atavíos" son llamados "funerarios". Sin embargo, algunos de ellos ya habían sido usados por el individuo en vida: tal era el caso, por ejemplo, de los adornos y las joyas que permitían identificar a un jefe, a un poderoso, a un sacerdote, a un comerciante. Otros más eran exclusivamente funerarios; acompañaban al difunto y lo presentaban ante tal o cual deidad del otro mundo. Ése era aparentemente el caso de los pequeños cascabeles esféricos de bronce que representaban a Tláloc (Platanito, esqueleto XVII), o de las cabezas de pato, hechas de obsidiana verde translúcida, o de las esferas de barro cocido con cabeza de tecolote.

El sitio arqueológico de Platanito (Valles, SLP) proporcionó un lote de 77 cascabeles de bronce, y el de Vista Hermosa (Nuevo Morelos, Tamps.) un lote de 24 cascabeles. Se encontraban en las sepulturas. Sin embargo, sabemos que los aditamentos sonoros de barro cocido, de concha o de metal, desempeñaban también un papel importante en la vida activa de los antiguos mexicanos. Los cascabeles de bronce, así como los caracoles del género *Oliva*, son a la vez objetos de ceremonia ritual y objetos funerarios de ornato.

12. ¿Podían tener también las joyas fines más frívolos?

Las joyas señalaban el rango social de la persona, pero cabe preguntarse si la búsqueda estética a veces muy refinada a la que daban lugar no expresa paralelamente, en aquella sociedad austera, cierto amor por la belleza. El personaje poderoso que llevaba esos adornos de atavío era conciente de su valor y de su hermosura, que contribuían ambos a reforzar su poder. Sin duda alguna, esto le permitía experimentar también placer y vanidad.

Si el hecho de ataviarse era para la clase dirigente un derecho y un deber social, es fácil imaginar que el deseo de ser bello o bella entraba asimismo en juego. Pedro de Carranza describe a las mujeres y los hombres de Sinaloa y narra que llevaban brazaletes de turquesa.

Cuando las mujeres del antiguo México se maquillaban, obedecían únicamente a las exigencias ceremoniales. Sin embargo, teñir el cabello perseguía en ocasiones fines estéticos. Las plumas de colores con las cuales las mujeres mayas, huastecas y totonacas adornaban su cabello para salir de su casa (véase en el capítulo III el apartado relativo al peinado femenino) eran también una manifestación de coquetería.

Sahagún describe a un hombre y a una mujer nobles (*Códice Matritense de la Real Academia de la Historia*, 1905-1907: fol. 55v y 56r). El personaje masculino es de apariencia muy cuidada. Lleva el cabello emparejado y corto, así como un *tlalpiloni*. Su orejera es un *teocuitlanacochtli coztic*; anudada sobre el hombro izquierdo luce una tilma ricamente decorada con motivos acuáticos. Su collar de jadeíta, tal vez dotado de cascabeles, se termina en un colgante circular que alcanza el nivel del ombligo. Los extremos muy adornados de su taparrabos cuelgan por delante y por detrás según la moda azteca. Calza sandalias de cuero blanco con contrafuerte de talón.

La mujer es elegante, sin ostentación. Lleva un peinado azteca de cornezuelos. Tiene orejeras circulares que pueden ser de obsidiana negra. Está vestida con un huipil corto de tela rayada, que le llega a medio muslo y cubre así la parte superior de una falda que cae hasta los tobillos, hecha de tela a cuadros de colores. Su gran collar de jadeíta y de cascabeles cuelga sobre su pecho hasta el nivel del ombligo. Calza, como el personaje masculino, sandalias de cuero blanco dotadas de contrafuerte de talón.

El *Códice Vaticano Ríos 3738* (lám. 61r) representa a dos mujeres: una es mexica y la otra es huasteca. Esta última va engalanada con un collar de piedras verdes, provisto de un colgante circular, probablemente de concha; su muñeca derecha luce un brazalete de piedras verdes. En cuanto a la mujer mexica, no lleva ningún atavío. Cabe hacer notar que los huastecos tenían fama, entre los mexicas, de apreciar los atavíos vistosos. Podemos también comentar que la mujer huasteca lleva un peinado de cornezuelos. Este peinado azteca, que no solía ser llevado por las mujeres huastecas, prueba que fue efectivamente un informante mexica quien dibujó a esas dos mujeres.

La relación de Motul describe en 1581 a las mujeres mayas de antes de la Conquista. Llevaban aros en las orejas y anillos en los dedos (Relaciones geográficas del siglo XVI, 1983: 271). Los hombres y las mujeres se perforaban la nariz para incrustar en ella una piedra preciosa y perforaban el lóbulo de sus orejas para fijar ahí un adorno circular (Relaciones histórico-geográficas..., "Relación de Izamal y Santa María", 1983, I: 307).

El *Códice Florentino* (1979: t. III, fol. 134r, p. 136), nos presenta un pequeño dibujo que representa aparentemente a una pareja totonaca. La mujer está engalanada con grandes perlas en torno a ambas muñecas y al cuello.

Sin embargo, en la sociedad precortesiana esas manifestaciones de coquetería desempeñaban un papel secundario, pues no formaban parte de la concepción estructural de aquella cultura. Ataviarse equivalía, entre los antiguos mexicanos, a una manera de afirmar su acuerdo irrestricto con una sociedad en la cual el ritual religioso y social tenía autoridad sobre todo y sobre todos.

V. EL ESPEJO DE LA SOCIEDAD

L'histoire du vêtement témoigne en profondeur sur les civilisations. Elle en révèle les codes.

DANIEL ROCHE (1989)

I. LA IMPORTANCIA DEL TEJIDO EN LA SOCIEDAD PRECORTESIANA

Todas las mujeres, ricas o pobres, tenían la obligación de hilar y de tejer.

El telar amerindio es muy sencillo: está compuesto esencialmente de dos otates de tensión, uno en cada extremo. Se adapta bien a las actividades de los nómadas o seminómadas pues es fácil de transportar. La mujer sedentaria puede enrollarlo y colgarlo en la pared de la casa, dejándolo fuera del alcance de los niños, mientras no lo usa. El telar no puede medir más de 60 o 70 cm de ancho, tomando en cuenta que la tejedora requiere mover obligatoriamente ambos brazos. Puede llegar a tener hasta 2.5 m de largo, por ejemplo, cuando sirve para confeccionar un huipil. Para formar una túnica, un quechquémitl o alguna otra prenda, se cosen juntos tantos lienzos como sea necesario. Antaño no se conocía el arte del corte; las tramas extra de relleno permitían en ciertas ocasiones modificar la forma de una prenda.

En México, a este tipo de telar se le conoce como telar de otates (de *otatl*, "caña" o "carrizo"), o telar de cintura, pues la tejedora tensa el telar con una correa colocada alrededor de su cintura.

Códice Mendocino *(fol. 60r).*

231

Las tejedoras del siglo XVI, al igual que los demás artesanos, realizaban su tejido con arte y amor. Cuidaban y reverenciaban de manera especial su telar. Suárez de Peralta (1878) señala que las tejedoras gustaban de adornar con flores o con una correa de colores el nudo que servía para fijar la cuerda del telar a un tronco de árbol.

El tejido era una actividad creadora que daba vida a la sociedad precortesiana.

Tlazoltéotl era la diosa del tejido. Era representada con uno o dos malacates a manera de adorno en su peinado. Era también la diosa del parto y de la lujuria, de allí la etimología de su nombre: "diosa de la suciedad". Era la patrona de las parteras y de los médicos.

Xochiquétzal, por su parte, era una joven de gran belleza, diosa de la fertilidad y de la vegetación. Vivía por encima de los nueve cielos, en un lugar lleno de flores donde se dedicaba a hilar y a tejer, pues ella había inventado el hilado y el tejido. A menudo era representada con un machete de telar en la mano derecha, en ocasiones pintado de azul, color del poder y de la guerra. Era la protectora de las hilanderas y de las tejedoras, quienes la festejaban durante la segunda fiesta móvil del calendario azteca (Dehouve y Vié-Whorer, 2008: 216-217).

Tlazoltéotl y Xochiquétzal eran patronas del tejido y también deidades de lo que nace, de lo que se crea en la naturaleza. Ahora bien, el tejido es un acto creador que responde a exigencias de belleza.

II. LAS TELAS DE REFLEJOS TORNASOLADOS

Las telas precortesianas eran ligeras, flexibles y de flamantes colores. Las ropas de Nezahualpilli dejan entrever lo que podían llegar a ser esas refinadas prendas.

Tlazoltéotl.
Códice Borgia *(lám. 12).*

Xochiquétzal.
Códice Telleriano-Remensis *(fol. 22v).*

Las tejedoras del México antiguo eran sumamente hábiles. Entre sus manos, el hilo de algodón podía alcanzar extrema finura, dándole a la tela toda su sedosidad. Como el algodón difícilmente absorbía el tinte, en ocasiones era hilado con pelo de conejo.

Si no hubiésemos tenido a nuestra disposición los documentos pictográficos, tales como el *Códice Mendocino*, el *Códice Vaticano Ríos* o el *Códice Ixtlilxóchitl*, nunca habríamos podido imaginar la habilidad de las tejedoras de los tiempos precortesianos, ya que el subsuelo húmedo de México impidió la conservación de aquellas telas. En Perú, en cambio, fueron halladas, en un subsuelo perfectamente seco, todas las telas precolombinas.

No obstante, algunas muestras textiles han podido ser sacadas a la luz en los sitios arqueológicos de México, gracias al óxido de cobre producido por los cascabeles que impregnaba el textil. El cenote de Chichén Itzá también ha permitido rescatar una gran variedad de trozos de tela que lograron conservarse en el lodo del fondo. Finalmente, algunas prendas ceremoniales casi intactas han sido encontradas en cuevas secas, tales como la cueva de La Garrafa (Chis.) o la de La Candelaria (Coah.). El *xicolli* del Templo Mayor pudo conservarse milagrosamente dentro de un depósito votivo. Estos hallazgos han permitido establecer una lista de las técnicas de tejido precortesianas.

1. *La tela*

Cuando era de buena calidad, la tela era tejida casi siempre con dos hilos de trama por cada hilo de urdimbre. Esta costumbre rige aún en los poblados indígenas, ya que las tejedoras consideran que la doble trama le da mayor solidez a las telas.

En Ocosingo, la misión francesa encontró en la sepultura 2 (op. IV, 5ª terraza, estructura X) un trozo de tela adherido a uno de los costados de un cascabel de bronce (Becquelin y Baudez, 1982: 1420). Se trata de una tela de tafetán. Aunque no se haya conservado ningún orillo, es factible suponer que

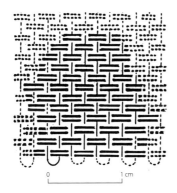
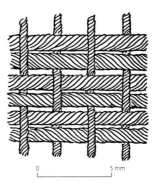

Toniná (Ocosingo, Chiapas).

el hilo doble constituye la trama. Presenta por lo demás una peculiaridad interesante: la "trama" doble combina un hilo torcido en S y otro hilo torcido en Z. Wendell C. Bennett y Junius B. Bird señalan la misma costumbre entre los peruanos. Ambos autores suponen que las tejedoras de antaño pensaban lograr de esa manera una tela más resistente (1949: 256-293).

2. El tejido "en forma": el uso de tramas de relleno

Es una técnica de tejido que, a primera vista, parece ser una solución coyuntural o una muestra de equilibrismo empírico. Añadir tramas de relleno permite a veces a la tejedora emparejar el tejido. En otras ocasiones, sin embargo, la introducción de tramas extra de relleno también tiene como fin modificar la forma de la tela, tal como pudimos comprobarlo al estudiar el quechquémitl tejido en Santa Ana Hueytlalpan, comparándolo con los quechquémitls de las figurillas de Xochitécatl. Pensamos asimismo que las pequeñas capas son confeccionadas en un solo lienzo, pero con un tejido cuyas tramas de desigual longitud proporcionan al textil cierta concavidad, permitiendo así a la prenda tener una mejor caída a la altura del busto.

A principios del siglo XX, entre los bereberes del Alto Atlas marroquí, los pastores vestían capotes con capucha, tejidos en un telar vertical. Se introducían tramas de relleno para amoldar mejor la prenda al cuerpo del individuo (Henninger, 1974: 37-41).

3. El tejido "en curva"

Al igual que el tejido "en forma", el tejido "en curva" debe su aparición al hecho de que las tejedoras de antaño ignoraban el arte del corte. Ahora bien, mientras el tejido "en forma" se conoce en todo el continente americano e incluso en el mundo entero, el tejido "en curva" es una creación específica del México precortesiano. Algunos hilos de la urdimbre son parcialmente introducidos como hilos de trama; la curva que así se obtiene no lleva costura alguna.

Figurilla de Teotihuacán con capa corta.
Tejido "en forma".

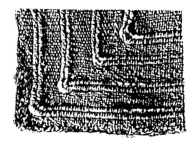

Lienzo de Ocotepec (Oaxaca).
Tejido "en curva".

Al igual que el tejido "en forma", el tejido "en curva" tenía fines esencial-mente decorativos, pero también modificaba en ocasiones el aspecto de una prenda.

4. *El tejido de cuadritos*

La elegante mujer cuya imagen publica Sahagún en el *Códice Matritense* (1905-1907), viste una falda con tejido de cuadritos. La técnica para obtener este tipo de tela obliga a la tejedora a alternar la cara de urdimbre y la cara de trama, mientras que para tejer una tela a rayas se utiliza solamente la cara de urdimbre.

5. *El tejido confite*

Su uso sigue muy extendido en todo el México moderno, pues las tejedoras tradicionales utilizan esta técnica de tejido para confeccionar servilletas des-tinadas a transportar y conservar calientes las tortillas.

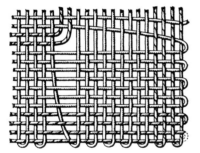

Cenote de Chichén Itzá, Yucatán
(según J. M. Lothrop, 1992: 46).
Tejido "en curva".

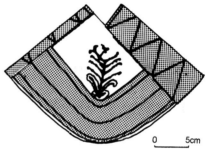

Santa Ana Hueytlalpan
(Tulancingo, Hidalgo).
Tejido "en curva".

Códice Matritense *(fol. 55v).*
Tejido de cuadritos.

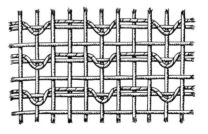

Cenote de Chichén Itzá, Yucatán
(según J. M. Lothrop, 1992: 63).
Confite.

Irmgard W. Johnson (1959b: 454) considera que el tejido confite existía desde tiempos precortesianos. Por su parte, Lothrop (1992: 63) dibujó el esquema de un trozo de confite hallado en el cenote de Chichén Itzá.

En Perú existen muchos ejemplos de esta técnica de tejido (Harcourt, 1934: 32).

6. *La tapicería*

La tapicería se obtiene introduciendo paulatinamente en el tejido tramas de trayecto discontinuo. El color de dichas tramas va formando los motivos del diseño. Esta técnica sigue siendo utilizada en México para tejer los sarapes.

Los cronistas afirman que era una técnica muy extendida en el México precortesiano.

Lothrop (1992: 65) ha descrito algunos trozos de tapicería hallados en el cenote de Chichén Itzá.

Aquella sociedad que buscaba ante todo decorar artísticamente sus telas se veía seguramente tentada a recurrir con frecuencia a la técnica de la tapicería, que se teje de manera fácil y rápida.

7. *El tejido con plumas*

El cronista fray Diego de Landa (1938: 136) habla con entusiasmo de las tejedoras mayas que suelen adornar los extremos de los taparrabos con plumas de colores, que van introduciendo paulatinamente en su tejido. Dice que los mayas criaban aves de colores por placer pero también, para tener a su disposición las plumas requeridas por este tejido de lujo.

El tejido con plumas de colores debe de haber impresionado a muchos cronistas; Irmgard W. Johnson (1989: 164-165) cita entre ellos a Sahagún, Torquemada, Oviedo, Ixtlilxóchitl y Muñoz Camargo. Esa práctica, que perduró hasta el siglo XX, parece haber existido en todo México. Se ha conservado, por

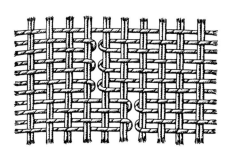

*Cenote de Chichén Itzá, Yucatán
(según J. M. Lothrop, 1992: 65).
Tapicería.*

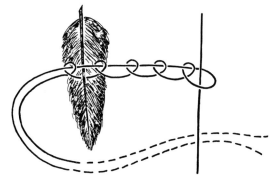

*Cómo se fija la pluma en la tela
(dibujo de I. W. Johnson, 1957: 195).*

ejemplo, un huipil atribuido a la Malinche y actualmente resguardado por el Museo Nacional de Antropología; data del siglo XVIII y está adornado con plumas. Ese tipo de huipil debía de estar muy de moda ya que recientemente, en 1988, una coleccionista adquirió un trozo de idéntica factura en un mercado popular de Puebla.

En 1956, Guy Stresser-Péan compró un huipil de boda zinacanteco (Chis.) adornado con plumas, sobre el cual Irmgard W. Johnson publicó un estudio, en 1957, en el *Journal de la Société des Américanistes* (1957b).

8. *La sarga*

a) Sarga en diagonal

En el sitio arqueológico huasteco de Vista Hermosa (Nuevo Morelos, Tamps.), recogimos de entre los vestigios de una sepultura que había sido saqueada, un trozo de tela conservado gracias al óxido de cobre. El tejido corresponde a tela de sarga en diagonal. Su proximidad con un cascabel de bronce lleva a pensar que formaba parte del bulto funerario. Cabe destacar que lo que parece ser la trama es doble.

Este tipo de sarga estaba seguramente muy extendido en México, a pesar de que contamos con escasas huellas materiales. Un trozo similar fue hallado en el sitio arqueológico de Yagul, Oaxaca (Johnson, 1959b: 455). El trozo de tela encontrado en Vista Hermosa confirma la existencia de ese tipo de tejido.

b) Sarga diamante

Un trozo de sarga compleja fue sacado a la luz en Teotihuacán (Johnson, 1959b: 455).

Lothrop (1992: 67) describe dos trozos de sarga diamante hallados en el cenote de Chichén Itzá.

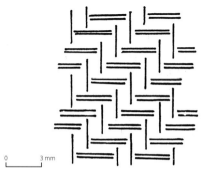

Vista Hermosa
(Nuevo Morelos, Tamaulipas).
Sarga en diagonal.

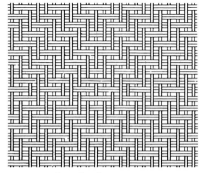

Cenote de Chichén Itzá, Yucatán
(según J. M. Lothrop, 1992: 67).
Sarga diamante.

Todo indica que el uso de las sargas se extendía a todo México. La sarga diamante era probablemente utilizada para obtener textiles de lujo, probablemente de color.

9. *La gasa*

La gasa es un textil que se obtiene cruzando los hilos de urdimbre entre ellos y manteniendo fijo ese cruzamiento al pasar un hilo de trama.

Irmgard W. Johnson enumera los escasos datos que existen al respecto (1959b: 456-457). Al parecer, Sahagún menciona que las mujeres tarascas vestían prendas de gasa. En el cenote de Chichén Itzá fueron hallados algunos trozos de ese material.

En 1986, R. E. W. Adams menciona en su reporte de excavación el hallazgo de un trozo de gasa perteneciente al individuo enterrado en una sepultura del siglo v d. C., ubicada en Río Azul (tumba 19; Petén, Guatemala).

Ciertas figurillas femeninas mayas, y otras de la cultura totonaca, parecen asimismo vestir huipiles de gasa.

La gasa es actualmente muy común en la Huasteca y en toda la Sierra de Puebla, principalmente, y sirve para tejer los quechquémitls. Los indígenas de la Sierra ven en ella un textil de lujo. Es probable que la gasa haya suplantado poco a poco al quechquémitl de algodón con franja decorativa tejida "en curva".

10. *El brocado de trama o trama suplementaria decorativa*

La trama suplementaria con fines decorativos sigue siendo muy apreciada por las tejedoras actuales, que la introducen a mano. El cenote de Chichén

Mujer noble ataviada con un huipil de gasa. Calakmul (Campeche).

EL ESPEJO DE LA SOCIEDAD

Itzá nos brinda un ejemplo de textil brocado, citado por Lothrop (1992: 56-57). El brocado de trama tenía naturalmente fines decorativos; la trama suplementaria era seguramente de color diferente del de la tela principal (véase lámina 51).

El trozo de gasa encontrado en Río Azul presenta también un brocado de trama sobre un fondo de gasa (Adams, 1984). Al parecer, no se han encontrado hasta ahora huellas de brocado de urdimbre.

La urdimbre o la trama decorativas no suplementarias constituían quizá técnicas de tejido conocidas por las tejedoras del México antiguo, ya que muchas fajas indígenas lucen ese tipo de adorno.

11. *Los adornos pintados sobre tela*

¿Cómo distinguir a simple vista en un documento pictográfico los adornos brocados de los adornos pintados sobre tela? Los motivos pintados son a menudo comparables a los motivos brocados. Tal es el caso del *xicolli* hallado en el Templo Mayor de Tenochtitlan. La prenda fue decorada con negro de humo, a semejanza de otro textil precortesiano encontrado en Malinalco (Edo. de Méx.). El *xicolli* proveniente de la cueva seca de La Garrafa es también un hermoso ejemplo de pintura sobre tela, con colores tales como el azul pálido, el amarillo y el castaño rojizo. Irmgard W. Johnson (1954: 137-149) estudió los textiles provenientes de la cueva seca de Chiptic (Chis.), mismos que presentan colores especialmente hermosos: negro, marrón, rojo cochinilla, azul turquesa, amarillo…

Es posible que ese tipo de adorno haya estado reservado a los textiles destinados a las ofrendas, que debían ser elaborados con bastante rapidez.

El xicolli *del Templo Mayor de Tenochtitlan.*

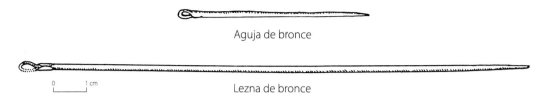

Aguja de bronce

Lezna de bronce

Sitio arqueológico huasteco (Vista Hermosa, Nuevo Morelos, Tamps.),
Posclásico tardío.

Los textiles precortesianos, que muestran una gran variedad de adornos y de técnicas decorativas, eran una de las bases principales de la cultura de aquella sociedad.

III. LA INDUMENTARIA

Los cronistas españoles del siglo XVI denunciaban en sus escritos la "desnudez" de los hombres del México antiguo, acusándolos de cubrir apenas "sus vergüenzas" con un taparrabos. En su opinión, los indígenas eran impúdicos. Ahora bien, estamos en realidad ante el choque de dos culturas.

De hecho, las dos únicas prendas indispensables en el México precortesiano eran el taparrabos para el hombre y la falda para la mujer. Quien se veía desposcído de alguna de ellas perdía tanto el honor como la dignidad.

Aquella relativa desnudez no era algo constante, ya que el hombre vestía casi siempre una tilma, mientras que la mujer se cubría el busto con un huipil o un quechquémitl. Ambas prendas drapeadas facilitaban la vida a ras del suelo, ya que convenían especialmente a quien solía estar en cuclillas. En tal caso, la tilma no envolvía el cuerpo por completo, por lo que dejaba entrever la desnudez del cuerpo.

Tanto el paño de cadera colocado en ocasiones por encima del taparrabos como la faja que detenía en ciertos casos la falda de las mujeres, eran prendas de gala y ceremonia. La naturaleza misma de las prendas drapeadas alentaba el uso de vestimenta complementaria, cuya función era simbólica. Así ocurría con el paño de cadera y la faja, que carecían ambos de función propiamente utilitaria.

El hecho de que los antepasados hayan ignorado el arte del corte favorecía la creación de prendas drapeadas y sin ajustar. Sin embargo, cabe preguntarse si los hábitos gestuales asociados a la vida al ras del suelo no alentaban también la confección y el uso de ese tipo de ropa.

Puesto que el busto femenino no tenía connotación sexual entre los antiguos mexicanos, las mujeres de tierra caliente solían andar con el torso desnudo. En ocasiones, se cubrían la cabeza o la parte superior del busto con una prenda de tela. Esa prenda flotante proporcionaba cierta sensación de frescura. Las mujeres mayas de la aristocracia aparecen a veces representadas con huipiles de gasa, como es el caso en Jaina o en los murales de Calakmul. En efecto, la gasa es ligera y deja pasar el aire. Numerosos trozos de gasa han sido hallados en el cenote de Chichén Itzá.

A primera vista, en efecto, el clima debería desempeñar una influencia importante en la confección de la indumentaria de cierta etnia. No siempre es así, sin embargo. México es un país donde la altitud varía mucho (hay, por ejemplo, 2 668 m de altitud en Toluca y 1 m en Veracruz). Por lo tanto, el clima varía también según la región. Cempoala (Ver.) se caracterizaba por un calor tropical y un alto grado de humedad, mientras que en Tenochtitlan el clima llegaba a ser muy riguroso y gélido; en el valle de Cuernavaca (Mor.) privaba un clima templado a una altitud de 1 500 m sobre el nivel del mar. No obstante, la indumentaria precortesiana era prácticamente idéntica en todas partes. En tierra fría, para vestirse, los campesinos o macehuales sólo tenían derecho a usar el ixtle, mientras que los miembros de la clase gobernante portaban prendas de algodón, menos rugosas. No cabe duda de que ni el algodón ni el ixtle protegían cabalmente del frío, máxime que la ropa no cubría todo el cuerpo.

La sociedad azteca no da la impresión de haberse empeñado en tener indumentaria cómoda. Sin embargo, Clavijero (1958, II: 333-334), al describir la vestimenta de los ricos, señala que los hombres solían portar varias tilmas sobrepuestas y que en invierno llevaban, pegada al cuerpo, una especie de ropa interior de algodón tejido con pelos de conejo o plumón de pato. Las mujeres se ponían varias faldas y huipiles sobrepuestos y también, en ocasiones, una especie de bolero o capa corta que les cubría los hombros.

Cabe suponer que la búsqueda de comodidad hace eco en una sociedad azteca que ha alcanzado el apogeo de su riqueza y su poderío, es decir, en el siglo XVI, justo antes de la llegada de los españoles.

Cuando el virrey Antonio de Mendoza (1535-1550) introdujo borregos en México, las tejedoras indígenas se adaptaron rápidamente a la lana para elaborar las prendas de ropa; apreciaban cabalmente un textil que daba calor.

Desde tiempos del Preclásico los guerreros llevaban túnicas cerradas, cortas, sin mangas, con escote. Los tarascos de Michoacán vestían una túnica de ese tipo. Con el paso del tiempo las túnicas cortas habrían de abrirse al frente y, desde el siglo XIV, de transformarse en una coraza acolchada, rellena de algodón *(ichcahuipilli)*. Aunque siguen siendo túnicas *(huipilli)*, se omite deliberadamente coser los dos lienzos que forman la parte delantera de la prenda.

Estas túnicas, inicialmente diseñadas para los guerreros, introducen dos elementos novedosos en la historia de la indumentaria precortesiana. Si bien una túnica abierta no es una chaqueta propiamente dicha, su uso exige cambiar de hábitos gestuales y disociar los movimientos de cada uno de los brazos.

La coraza acolchada *(ichcahuipilli)* se adapta muy bien a los requerimientos de una guerra cuyas armas ofensivas —tales como flechas, jabalinas y espadas de obsidiana— tenían un alcance bastante corto. Esta eficacia es única en la historia de la indumentaria precortesiana. En efecto, por lo general, ninguna otra prenda, ningún otro objeto de uso cotidiano fueron diseñados por los artesanos mexicanos teniendo la eficacia como propósito. Quizá podría hacerse una excepción con el abanico y el espantamoscas, a pesar de ser ambos objetos más simbólicos que realmente útiles, descontando por supuesto el caso de los mayas. El espantamoscas era atributo exclusivo de los jefes, y los abanicos estaban reservados a personajes cuyo destino y oficio estaban relacionados con los viajes.

Aunque las diversas prendas mencionadas hasta ahora cubrían el cuerpo, no era ésa su función principal, salvo en el caso del taparrabos y la falda. A través de su calidad y su belleza, la vestimenta indicaba el rango y la clase social de cada individuo. Ese valor ceremonial estaba estrechamente ligado a la significación religiosa, pues los antiguos mexicanos convivían en todo momento con sus dioses, omnipresentes en la tierra y en el universo.

Tanto la elección de cada prenda como la de sus accesorios obedecían al sentido de lo divino.

La zona mesoamericana definida por Paul Kirchoff (1967) fue construyéndose paulatinamente, como consecuencia de las conquistas, las migraciones y el comercio. Mesoamérica habría así de compartir hábitos de vida idénticos y hasta una religión idéntica, pues los dioses de unos eran perfectamente adoptados por los otros.

1. *Conquistas y migraciones*

Los nahuas del noroeste de México, en su desplazamiento paulatino hacia el sur, introdujeron el uso del quechquémitl. Esa prenda, más cómoda que el huipil, obtuvo una buena aceptación.

Al parecer, introdujeron primero el quechquémitl cuadrado, fácil de confeccionar con un solo lienzo rectangular. Cuando la prenda es amplia, aprisiona los brazos; sólo quedan a la vista antebrazos y manos. Tal sigue siendo el quechquémitl entre los huicholes y los coras.

El quechquémitl elaborado con dos lienzos idénticos rectangulares se pone igual que el cuadrado, con una punta al frente y otra por detrás. Tal es el modelo que subsiste actualmente en todo México. Aunque su confección es más compleja brinda mayor comodidad que el quechquémitl cuadrado, ya que deja los brazos libres. Actualmente, las mujeres han adoptado la costumbre de ponérselo con las puntas sobre los hombros, con el fin de facilitar sus actividades cotidianas.

Casi todos los quechquémitls llevaban una o dos franjas decorativas tejidas "en curva", franjas de anchura variable en función de las etnias y de los poblados. El tejido "en curva" es de fácil realización cuando sólo se trata de unos cuantos hilos de urdimbre, utilizados como hilos de trama. Las franjas decorativas más anchas, que alcanzan unos 20 cm, son en cambio resultado de un proceso de tejido sumamente complejo, que exige por parte de la tejedora una gran habilidad.

Ciertas figurillas de Xochitécatl (650-1200 d.C.) lucen un quechquémitl muy escotado. Esa prenda, confeccionada con dos lienzos rigurosamente idénticos, lleva toda una orilla redondeada. Este tercer tipo de quechquémitl es prácticamente idéntico al elaborado a partir de dos lienzos rectangulares. El estudio de esta técnica de tejido "en curva", que sólo existe en México, muestra cuán indispensable resulta la destreza manual de la tejedora, pues podría llegar a decirse que se trata de un tejido-trenzado.

En América del Norte, el tejido-trenzado del *chilkat blanket* recurre a la misma destreza manual. El *chilkat blanket* es una especie de capa de danza y ceremonia utilizada por varias tribus del litoral pacífico norte. La prenda es confeccionada en un telar vertical. La tejedora tiene por único instrumento una vara medidora que sirve para copiar los motivos. El tejido en sí es elaborado exclusivamente con los dedos. En la medida en que el producto obtenido es un textil, es posible hablar de tejido, aunque las tramas acordonadas o en espiral hacen pensar más bien en el trenzado. Se trata entonces de un tejido muy primitivo, que no se ha liberado aún del trenzado.

El tejido "en curva" realizado en Santa Ana Hueytlalpan incluye varias manipulaciones de tejido-trenzado. Se trataría entonces, de alguna manera, de un tejido primitivo. Si el sur aportó la túnica, el norte parece haber aportado el quechquémitl y el tejido "en curva".

En opinión de Nigel Davies (1977: 113), tras la caída de Tula, en el siglo XII, los toltecas pudieron haber emigrado hasta Nicaragua, donde sus mujeres habrían introducido el quechquémitl.

Las túnicas del sur parecen haber inspirado una túnica abierta, el *xicolli*, de uso cotidiano pero también en ocasiones militar en Guatemala, Yucatán, Tabasco, Chiapas… Al desplazarse hacia el norte, el *xicolli* se convirtió en la prenda específica de los sacerdotes y los sabios.

2. *Huipil y quechquémitl*

La distribución geográfica muy claramente definida del huipil y del quechquémitl confirma de alguna manera la influencia de las migraciones y de los intercambios culturales.

A todas luces, el huipil, túnica semejante a la de los hombres, llega poco a poco hasta el Altiplano. Es la prenda más a menudo mencionada por los cronistas españoles, ya que es la prenda que mayor admiración despertó en ellos al inicio de la conquista.

Hemos visto ya cómo el quechquémitl llegado del noroeste se extendió paulatinamente hacia el sur. Huipil y quechquémitl van de pronto a tener que compartir el mismo territorio. Sin embargo, la historia de la indumentaria otomí y mazahua nos indica que el quechquémitl logró imponerse en el Altiplano, haciendo retroceder al huipil hasta los estados del sur.

3. *El tributo y el comercio*

El *Códice Mendocino* brinda una visión bastante completa de los tributos que los vencidos debían hacer llegar a los mexicas. Además de las materias preciosas que los artesanos de Moctezuma transformaban en objetos de arte, los vencidos debían entregar una cantidad impresionante de faldas, huipiles, taparrabos, tilmas y ropajes de guerra como el *tlahuiztli*. El tejido constituía entonces uno de los pilares económicos de la sociedad precortesiana. La agricultura era, naturalmente, una actividad indispensable, e iba a la par de toda esa actividad artesanal. Se cultivaba el algodón en tierra caliente, se criaban cochinillas en todas las regiones, se cultivaba el índigo. El ixtle era obtenido gracias a los magueyes que prosperaban en todo México.

Así pues, los tributos eran un motor nada desdeñable de la economía precortesiana. Los mexicas recibían grandes cantidades de prendas suntuosas y revendían algunas de ellas a los caciques de provincia. Las múltiples rutas comerciales, terrestres y marítimas, que surcaban el territorio permitían a los mercaderes-embajadores-espías vigilar toda la provincia. El trueque comercial daba vida a todo el país. Los pochtecas o mercaderes mexicanos no le temían a los largos trayectos a pie. Constituían un grupo social importante que llevaban a tierra caliente los objetos pequeños en jadeíta, los *nuclei* y los adornos de obsidiana negra o verde a cambio de conchas, caracoles y plumas de colores. Desde Centroamérica hasta los actuales estados de Yucatán, Oaxaca y Guerrero llegaban adornos de oro, y los orfebres mixtecos no tardaron en aprender la técnica de la falsa filigrana, que se obtiene por fundición a la cera perdida.

Los navegantes ecuatorianos llegaban por cabotaje hasta el río Balsas para intercambiar pequeños objetos de bronce por conchas de espóndilos rojos. Hacia 600 d. C., los mexicanos habrían aprendido los secretos de las aleaciones, lo cual les permitió fundir ellos mismos el bronce.

Los granos de cacao servían como una especie de moneda durante el trueque, al igual que grandes lienzos de algodón *(quachtli)*, apreciados por doquier.

4. *La religión y el ritual*

Las prendas con las que iba ataviada una diosa —su falda, desde luego y, en ocasiones, su faja— servían a menudo para designar su personalidad. Así, Citlalicue es "la de la falda de estrellas", mientras que Matlalcueye lleva siempre una falda verde o azul. Chalchiuhtlicue es la diosa con falda de jadeíta, por ser la deidad del agua; su falda va sujeta por una faja en forma de crótalo. Casi todas las diosas llevaban la falda sujeta a la cintura mediante una faja, aun cuando en la vida cotidiana las mujeres no necesitaban usar faja, ya que las faldas de algodón o ixtle nunca pesaban más de 600 u 800 gramos.

Aún en nuestros días el traje femenino tradicional constituye a menudo una representación del universo. Se trata de un fenómeno heredado de la antigua religión panteísta.

El paño de cadera que va por encima del taparrabos es indispensable en la vestimenta de los dioses. Sólo los grandes atlantes de Tula lucen una faldilla en forma de delantal, sin taparrabos. Ese detalle es ritual, a semejanza de la desnudez de Cipak.

Ehécatl-Quetzalcóatl es representado a menudo como un mono que sopla. Lleva a manera de pectoral un remolino de viento *(ehecacozcatl)* cortado transversalmente en un caracol marino. Lo anterior recuerda el mito según el cual, al término del periodo del "Sol de viento" *(Ehecatonatiuh)*, Quetzalcóatl provocó un vendaval que levantó a los hombres por los aires llevándolos hasta los árboles, donde fueron transformados en monos araña.

El sitio arqueológico posclásico de Vista Hermosa (Tamps.), sitio huasteco marcado por una fuerte influencia cultural azteca, está dedicado a Quetzalcóatl. Numerosas piezas de cerámica que representan un mono soplando lucen el mismo *ehecacozcatl*.

Múltiples deidades, entre ellas Tezcatlipoca, portan el pectoral circular conocido como *anahuatl*. En opinión de Guy Stresser-Péan esa joya tiene un simbolismo cósmico.

Los antiguos mexicanos apreciaban especialmente las conchas y los caracoles marinos, ya que veían en ellos la representación del mundo. El gran pectoral huasteco era lucido por las deidades y los grandes personajes.

Los dioses y las diosas iban pues ataviados en función de su identidad. En ocasiones hombres y mujeres se engalanaban como dioses con el fin de encarnarlos durante una fiesta o un sacrificio. Dejaban de ser ellos mismos para convertirse en dioses. Los plumajeros honraban a Coyotl inahual el día de su fiesta, sacrificando a un individuo que llevaba su atuendo.

Los antepasados tenían por costumbre ataviar a sus dioses esculpidos en piedra con los ropajes y los adornos que permitían identificarlos. Aún en nuestros días, los indígenas visten a los antiguos ídolos de piedra, así como a los santos del pueblo, con prendas que casi siempre forman parte del traje tradicional. En el rancho Zopope (Aquismón, SLP), Guy Stresser-Péan pudo admirar en 1956, el santuario de Maitejá, diosa de las flores y de las bordadoras. Dos piedras sin labrar, de 30 a 35 cm de altura, hacían las veces de ídolos; cada una iba cubierta con un quechquémitl en miniatura.

Frederick Starr (1900: 83) habla de los ídolos de papel cortado de San Pablito (Pahuatlán, Pue.). El pueblo contaba con un "especialista" cuya única función consistía en confeccionar calzado miniatura para completar la vestimenta de los ídolos masculinos.

5. *La religión y la guerra*

La guerra compete a la clase dirigente. La codificación de la vestimenta permite distinguir a los jefes, a los valientes, así como a los miembros de las diversas sociedades guerreras.

Los grandes jefes guerreros iban desnudos al combate, con el cuerpo entero pintado, luciendo adornos y accesorios suntuosos que los distinguían de los demás combatientes. Sin embargo, cuando Hernán Cortés y sus tropas llegaron para conquistar México, pudieron admirar la valentía de los grandes jefes vestidos con el *tlahuiztli*. Era una prenda ajustada al cuerpo que figuraba un animal feroz, un monstruo aterrador: así ataviado el combatiente ya no era él mismo, sino el monstruo que lo tornaba invencible.

El *tlahuiztli* otorgaba poder divino al combatiente que lo portaba. Era una forma de nahualismo eficaz en la medida en que el adversario compartía las mismas creencias.

De hecho, la guerra representaba siempre una guerra divina. De allí la idea de que los cuerpos desnudos pintados con colores simbólicos, al igual que los cascabeles que se ponían los jefes huastecos para ir a la batalla, tenían la misma eficacia. Supuestamente, el sonido producido por los cascabeles atraía la atención de los dioses, quienes debían proteger a su portador y por ende asustar al enemigo.

6. *Una sociedad fuertemente estructurada*

La ropa no es indispensable para la vida cotidiana de una sociedad nómada. No obstante, una sociedad sólo puede estructurarse gracias a la indumentaria, que de algún modo le ayuda a construirse y le da vida. A cambio, esa misma sociedad da una razón de ser a la indumentaria, cuya función principal consistirá en definir las diferentes clases sociales.

7. *¿Cabía acaso la coquetería en esa sociedad?*

La coquetería es el arte de hacerse notar con el fin de gustar a los demás.

El mundo animal no necesita inventar la coquetería. El macho es siempre superior en belleza, gracias a lo cual logra atraer para sí los favores de la hembra. El pájaro quetzal luce en tiempo de amores largas plumas, tan hermosas que los grandes jefes aztecas quisieron engalanarse con ellas.

La "coquetería" animal no es producto del libre albedrío; es un asunto biológico que acompaña conductas instintivas. Algo semejante ocurre con el ser humano. Sin embargo, éste tuvo que inventar los atuendos de la coquetería, el juego del amor y el deseo de destacar en sociedad.

Así pues, en la sociedad precortesiana al igual que en todas las sociedades, privaba cierta voluntad de coquetería.

El hombre y la mujer acaudalados que representa el *Códice Matritense de la Real Academia de la Historia* (Sahagún, 1905-1907: fol. 55v y 56r) exhiben collares, brazaletes, sandalias lujosas, sin que sea posible ver en ello un mensaje religioso o político.

Las mujeres mexicas que teñían con índigo su cabellera buscaban dar a su peinado reflejos tornasolados. Las mujeres elegantes del *Códice Azcatitlán* le confieren al sencillo peinado de cornezuelos un aspecto rebuscado lleno de fantasía. Los taparrabos mayas cuyas puntas iban adornadas con plumas de colores, traducen el gusto por las apariencias.

Los totonacos y los huastecos adornaban su cabello con plumas y flores.

Manifestación discreta pero de algún modo liberadora, la coquetería habrá permitido a la fantasía y a la belleza penetrar en aquella sociedad tan austera.

8. *La moda*

La moda es un fenómeno social de duración limitada, un acontecimiento que se enfrenta al orden social para modificarlo.

Ahora bien, entre los antiguos mexicanos, el orden social era inmutable por definición. Toda infracción a ese principio era castigado con la muerte. Por lo demás, una sociedad estructurada vigila la cabal conservación de dicho orden; Molière, al crear su personaje del burgués gentilhombre, procedió a un ajusticiamiento aparentemente más anodino: ridiculizó a quien, pretendiendo adoptar un atuendo que no corresponde a su rango, hace caso omiso de las leyes sociales.

Entre los antiguos mexicanos, todos vestían en apariencia las mismas prendas. La indumentaria no era un fenómeno transitorio y desempeñaba una única función: determinar la identidad del individuo y, por lo mismo, afirmar su pertenencia étnica.

Sin embargo, no todas las sociedades estructuradas observaban reglas tan conservadoras. Desde la Edad Media, en España, en Francia o en Italia, la moda suscitaba de vez en cuando modificaciones en la indumentaria que trastocaban el orden establecido. En opinión de Michel Pastoureau (2000: 81), entre los siglos XII y XIV se impuso en Europa una nueva manera de seleccionar los colores, que fue dándole al azul una importancia creciente. El azul se puso de moda en los escudos de armas y en la ropa (2000: 50). El azul muy oscuro fue cediendo el paso al azul más luminoso. Comenzó la búsqueda de colores más brillantes.

Lo que sucede es que, para aquella sociedad, la ropa sólo existía con el fin de garantizar su propia inviolabilidad.

9. *La fatiga cultural*

Guy Stresser-Péan (2005: 16-17) explica en parte la conversión masiva de los indios al cristianismo mediante el fenómeno de "fatiga cultural". En el Altiplano los indios abandonaron de buen grado su religión. Sin embargo, pusieron su mejor empeño en conservar sus prendas de vestir, que resultaban cómodas para sus hábitos gestuales. La introducción forzosa del calzón constituyó para los varones una exigencia desagradable. No obstante, un fenómeno de rechazo los incitó a ataviarse a su gusto, dejando de tomar en cuenta su rango social.

Podría decirse que las mujeres, en cambio, al continuar vistiéndose según sus antiguas costumbres, salvaron de alguna manera la tradición indumentaria indígena.

Efectivamente, la indumentaria constituye por sí sola un lenguaje. Antes de la conquista, describía la vida y las creencias de aquel mundo precortesiano. Tras la llegada de los españoles su función se modificó y se convirtió en el reflejo de una sociedad desorientada, mientras que en el campo se convirtió en un baluarte de la identidad indígena.

35. *Sábado de Gloria. Indios tarahumaras de Norogachic (Batopilas, Chihuahua).*
Grupo de "pintos" peinados con la cinta blanca tradicional.
Fotografía del R. P. André Lionnet S. J. (1959).

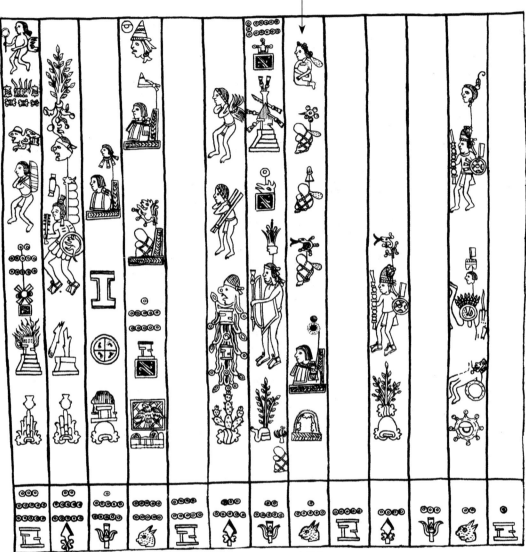

Chalchiuhnenetzin

1498

36. Códice en Cruz

37 y 38. *Feliciana Flores vestida con el traje tradicional y sus sandalias de ixtle trenzado. Hueyapan (Tetela del Volcán, Morelos) Fotografías de Claude Stresser-Péan, 1983.*

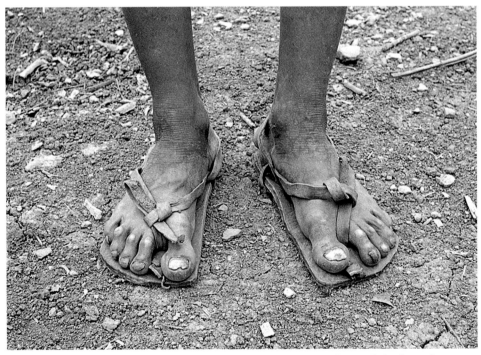

39 y 40. *Los indios nahuas de Panacaxtlán (Huejutla, Hidalgo) usaban huaraches "pie de gallo". Fotografías de Guy Stresser-Péan, 1953.*

23C. Lienzo de Tlaxcala, *lám. 61. Guerreros cazcanes con su cinta en la frente.*

24C. *Mujer nahua de Tetelcingo (Cuautla, Morelos) tiñéndose
el cabello de verde con una planta machacada.
Fotografía de Donald Cordry, 1966.*

25C. *Figurilla hueca tipo Huasteca polícromo. Cráneo deformado, peinado de raya en medio. Museo Nacional de Antropología, Ciudad de México. Tanquián (San Luis Potosí). Gouache de Andy Seuffert.*

26C. *Vasija antropomorfa que representa a una mujer en cuclillas, con las manos sobre los muslos, el cráneo deformado y peinado de raya en medio. Tipo Huasteca polícromo.*
Platanito (Valles, San Luis Potosí). Gouache de Andy Seuffert.

27C. *Figurilla de barro cocido de Tlatelolco (D.F.), de 12.10 cm de alto, que representa a una mujer mexica con su metate. Lleva peinado de cornezuelos.*
Cortesía del MNA. *Fotografía de Francisco Javier Ruiz del Prado.*

28C. *Estas mujeres mexicas llevan peinado de cornezuelos, aunque los mechones de cabello hacen gala de coquetería.* Códice Azcatitlán *(fol. 24).*

29C. *Mujeres huastecas con* petob. *San Antonio (San Luis Potosí). Fotografía de Claude Stresser-Péan, 1995.*

30C. *Niñas huastecas de Paytzen (San Antonio, San Luis Potosí).*
Fotografía de Claude Stresser-Péan, 1995.

31C. *Mujer huasteca de El Lejem (San Antonio, San Luis Potosí).*
Lleva la cabeza adornada con un voluminoso petob.
Fotografía de Claude Stresser-Péan, 1995.

32C. *Mujer nahua de Tuzantla, barrio (Tancanhuitz, San Luis Potosí).*
Fotografía de Claude Stresser-Péan, 1995.

35C. *Embajador mexica.* Códice Mendocino *(fol. 66r).*

36C. *Yacatecuhtli, patrono de los pochtecas o comerciantes.*
Códice Fejérváry-Mayer *(p. 36).*

37C. *Mujer maya ricamente ataviada, que lleva un abanico.*
Figurilla de la isla de Jaina (Campeche).

41. *Pedro Flores, curandero huasteco, consulta su cristal de roca adivinatorio (medicina mágica ilalixtalab). San José Xilatzen (Tanlajás, San Luis Potosí). Fotografía de Guy Stresser-Péan, 1938.*

42. *Vista Hermosa, sitio arqueológico (Nuevo Morelos, Tamaulipas). VH31, esqueleto masculino XIV.*
Bajo el cráneo alcanza a verse el borde lateral de un gran pectoral triangular en concha de caracola.
Fotografía de Jean-Pierre Courau, 1967.

43. *Tambor vertical precolombino (*huehuetl*) conservado
por los indígenas en Malinalco (Estado de México).
Fotografía de Victor Lagarde, 1971.*

44. *Tambor vertical precolombino* (huehuetl) *conservado por los indígenas
en Malinalco (Estado de México). Sobre los costados, labrados
en madera, aparecen el águila y el jaguar.
Fotografía de Victor Lagarde, 1971.*

49, 50 y 51. *Malinalco, sitio arqueológico (Estado de México). Sala de reunión de los caballeros águilas y de los caballeros jaguares. Fotografías de Bertrand Guérin-Desjardins, 1964.*

38C. *El arco iris de los antiguos mexicanos, según la descripción de los informantes de Sahagún* (Códice Florentino: *lib. 2, cap. v*)

Vista Hermosa, Nuevo Morelos, Tamaulipas.

Vista Hermosa, Nuevo Morelos, Tamaulipas.

39C. *Un revestimiento de colores (Gouaches de Andy Seuffert).*

Platanito, Valles, San Luis Potosí

Huejutla, Hidalgo

39C. *Un revestimiento de colores (Gouaches de Andy Seuffert).*

40C. *Hallazgo por Alberto Ruz Lhuillier de la tumba de Pakal en Palenque (Chiapas). Su peto de jadeíta aparece aún en su sitio. Fotografía de Arturo Romano, 1952.*

41C. *Peto de jadeíta de Pakal. Detalle. Pieza exhibida en la sala maya del Museo Nacional de Antropología, Ciudad de México. Cortesía del MNA, INAH.*

42C. *Collar de obsidiana que representa cabezas de pato.*
Ajuar recabado en una urna funeraria. Templo Mayor, Tenochtitlan
(E. Matos Moctezuma y F. Solís, 2002: 316).

43C. *Diadema y pluma de oro que forman parte del ajuar funerario de la tumba mixteca 7 de Monte Albán (Oaxaca).*
(A. Caso, 1969: lám. XIX)

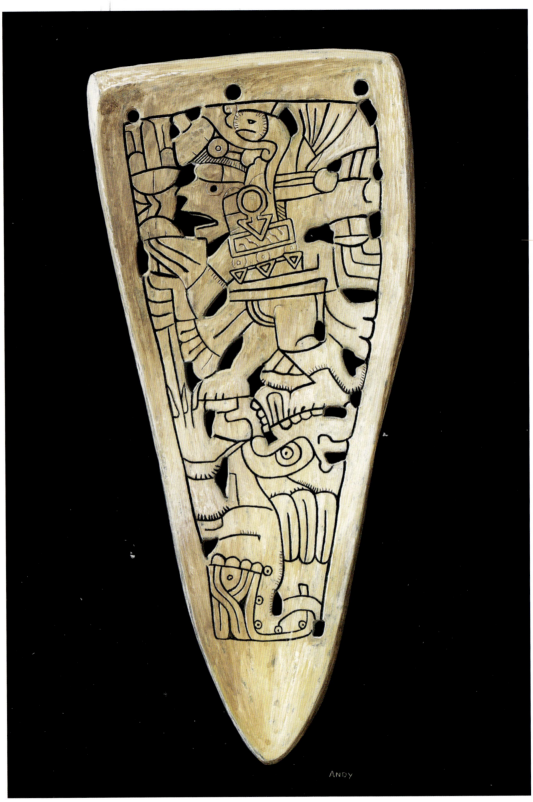

44C. *Gran pectoral huasteco exhibido en la sala del Golfo del Museo Nacional de Antropología, Ciudad de México. Gouache de Andy Seuffert.*

45C. *Las guacamayas vivían en diversas regiones de México.*
Ara Militaris *(J. M. Forshaw, 1973: 375).*

46C. *Los amantecas*
(Sahagún, Códice Florentino: *lib. 9, cap. 20).*

47C. *Escudo del siglo* XVI. *Völkerkunde Museum, Viena.*
(E. Matos Moctezuma y F. Solís, 2002: 331).

48C. *Virgen con niño. Cuadro de plumas elaborado en el siglo* XVI.
Museo Etnográfico de Berlín (T. Castelló et al., 1993: 124).

49C. *La clase noble y su elegancia en el siglo XVI.*
(Sahagún, Códice Matritense de la Real Academia de la Historia, *fol. 55 v y 56 r).*

50C. Códice Mendocino *(fol. 34r). Tributo compuesto por telas*
de refinados adornos y por tlahuiztli.

51C. *Falda comprada por Guy Stresser-Péan en 1953 y donada al Museo del Hombre (París).*
Actualmente pertenece al Museo del Quai Branly.
Teñido con reserva (plangi) índigo y rojo. La Bajada (Cadereyta, Querétaro).

52C. *Ídolos vestidos que pertenecían a la colección de Bodil Christensen hacia 1935. Fotografía de Bodil Christensen, 1960.*

ANEXO

EL TEJIDO "EN CURVA" ENTRE LOS OTOMÍES
DEL SUR DE LA HUASTECA

I. Tejido del quechquémitl de las mujeres otomíes
de Santa Ana Hueytlalpan, Tulancingo, Hidalgo

Los pueblos otomíes de Santa Ana Hueytlalpan y San Pedro Tlachichilco son vecinos y Galinier (1979: 5) los incluye a ambos en el grupo de los otomíes del sur de la Huasteca —junto con los pueblos de San Pablito, Tutotepec, Tenango de Doria, y algunos otros pueblos situados en la Sierra Norte de Puebla—. Santa Ana Hueytlalpan y San Pedro Tlachichilco forman una especie de islote en medio de una zona cuya población habla mayoritariamente náhuatl. Sus habitantes viven en la orilla noreste del Altiplano mexicano, cerca de Tulancingo y de Acaxochitlán, y aproximadamente a 130 km al noreste de la Ciudad de México.

Al parecer toda esa región estuvo poblada en un primer momento por los totonacos, quienes, a decir de Torquemada (1975-1983 III: cap. XVIII), habrían construido parte de Teotihuacán y habrían ocupado esa región durante el siglo IX. Los toltecas llegaron más tarde, en el transcurso del siglo X, y fundaron un imperio cuya capital era Tula; dominaron toda la región hasta 1175 o 1179, fecha de la caída de Tula (Davies, 1977: 141). A partir de ese momento, es decir, del siglo XII, llegaron por oleadas sucesivas los bárbaros nómadas provenientes del norte a quienes se dio el nombre de "chichimecas". Entre ellos se encontraban los otomíes que Galinier (1979: 51) llama *totomitl* ("flechador de pájaros"). Esos otomíes, tras haber invadido el Valle de México, se instalaron en la región y llegaron a Tulancingo en el siglo XIII, pero a finales del siglo XIV fueron expulsados del Altiplano primero por los acolhuas y luego por los teochichimecas provenientes del noroeste y hablantes de náhuatl (G. Stresser-Péan, 1998: 26-32). La gran mayoría se refugió en las montañas de la Sierra Norte de Puebla, pero quedaron en esa planicie dos pueblos otomíes, Santa Ana Hueytlalpan y San Pedro Tlachichilco.

Como ya lo mencionamos en el capítulo I, fueron probablemente los toltecas, provenientes del norte, los que trajeron con ellos el quechquémitl y el tejido en curva.

Las mujeres de Santa Ana Hueytlalpan y de San Pedro Tlachichilco usan el mismo traje tradicional. Si bien Santa Ana es un pueblo de tejedoras y San Pedro un pueblo de alfareras, ambos pertenecen a la misma cultura material y religiosa.

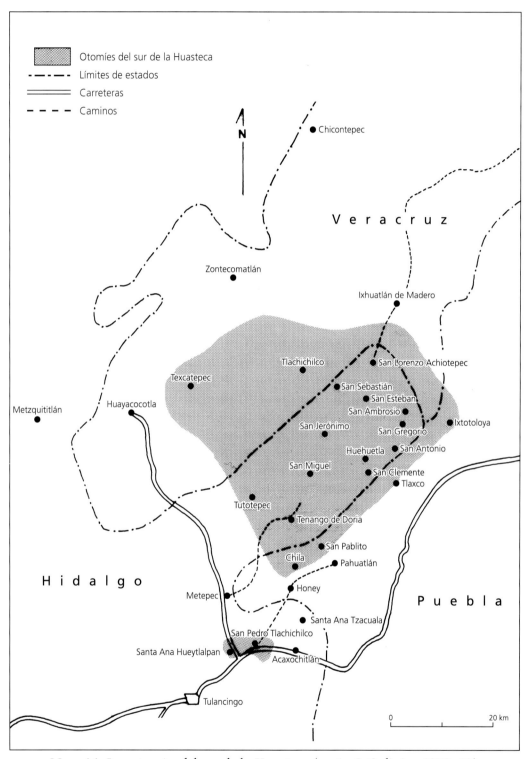

Otomíes del sur de la Huasteca

Límites de estados

Carreteras

Caminos

Chicontepec

V e r a c r u z

Zontecomatlán

Ixhuatlán de Madero

Tlachichilco

San Lorenzo Achiotepec

Texcatepec

San Sebastián

San Esteban

Metzquititlán

Huayacocotla

San Ambrosio

Ixtotoloya

San Jerónimo

San Gregorio

Huehuetla

San Antonio

San Miguel

San Clemente

Tlaxco

Tutotepec

Tenango de Doria

H i d a l g o

San Pablito

Chila

Pahuatlán

Metepec

Honey

P u e b l a

Santa Ana Tzacuala

San Pedro Tlachichilco

Santa Ana Hueytlalpan

Acaxochitlán

Tulancingo

0   20 km

MAPA 14. *Los otomíes del sur de la Huasteca (según J. Galinier, 1979: 10).*

1. *Definición, descripción*

Un quechquémitl está formado por dos lienzos tejidos por separado pero que deben, sin embargo, ser idénticos. El de Santa Ana Hueytlalpan es de dos colores principales: blanco (algodón) y rojo (lana).

La franja de lana roja es de una anchura variable (entre 12 y 23 cm), pero presenta siempre el mismo rasgo peculiar: el trayecto de los hilos de urdimbre de lana roja fue alterado en cierto momento durante el proceso de tejido para formar una curva, sin recurrir al corte ni a la costura. Así pues, esa franja ornamental de lana roja está tejida "en curva": de allí que la forma de ese quechquémitl se asemeje a la que llevan algunas figurillas de Xochitécatl (Tlaxcala).

La técnica de tejido en curva fue probablemente inventada por los mismos toltecas que llegaron del norte y que trajeron con ellos el quechquémitl. El tejido en curva es una técnica precortesiana que se practica únicamente en México.

Xochitécatl

Santa Ana Hueytlalpan

II. Técnica del tejido en curva en Santa Ana Hueytlalpan

1. *Urdido vertical*

Figura 1. El urdido vertical consiste en la colocación de las capas de hilos de urdimbre de algodón blanco. Calculando la distancia con el hilo que acaba de anudar a una primera estaca y utilizando su brazo como medida, la tejedora clava una segunda estaca. Dispone entonces su hilo de algodón blanco haciéndolo pasar alrededor de esas dos estacas, de tal manera que formen un cruzamiento en el centro del recorrido. Urdirá al mismo tiempo los hilos de algodón de los dos lienzos con el fin de que cada uno tenga el mismo recorrido y la misma cantidad de hilos.

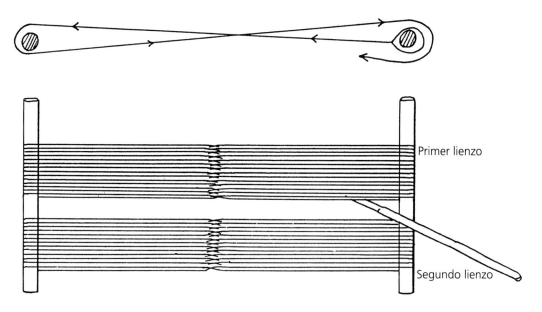

Primer lienzo

Segundo lienzo

Figura 1.

2. *Urdido horizontal*

Figura 2. La tejedora coloca sobre el telar los hilos de algodón blanco que fueron urdidos verticalmente. Ata el enjullo superior provisional a un árbol o a una viga con una cuerda doble; ésa es la vara núm. 1. El enjullo inferior provisional está unido a una piedra grande por el mecapal que la tejedora pondrá alrededor de su cintura durante el tejido; ésa es la vara núm. 2. Acomoda y ordena sus hilos de urdimbre de algodón blanco hasta que están bien colocados sobre los enjullos. El cruzamiento de los hilos formados durante la urdimbre vertical se encuentra en el centro del telar entre las dos varas tensoras núm. 1 y núm. 2.

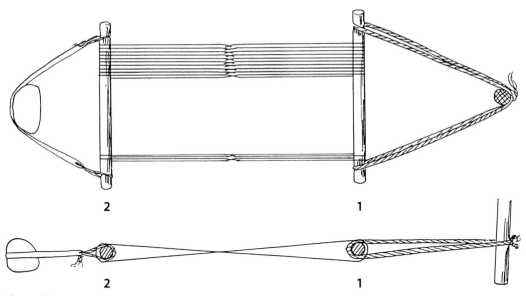

Figura 2.

Los hilos de algodón blanco fueron colocados en el borde izquierdo del telar; sobre el borde derecho coloca dos pares de hilos blancos realizando el mismo cruzamiento.

Figura 3. Introducción de una vara que separa las capas de hilos de urdimbre (A) a nivel del cruzamiento central. A aproximadamente 10 cm más allá del enjullo superior provisional, o vara núm. 1, la tejedora tuerce la cuerda doble que tensa el telar e introduce en el trenzado (entre los dos cabos) una pequeña vara tensora adicional, o vara núm. 3. La distancia entre la vara núm. 1 y la vara núm. 3 equivaldrá a la anchura de la parte blanca ya urdida, más 8 o 10 cm.

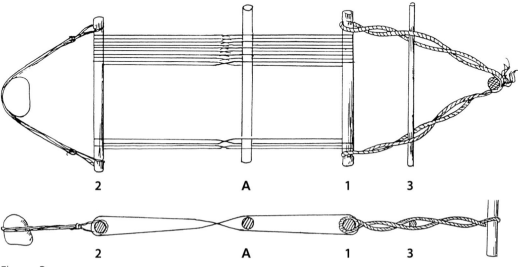

Figura 3.

Figura 4. Colocación de los hilos de urdimbre de lana roja. Los hilos de urdimbre de algodón blanco ocupan hasta ahora más o menos la tercera parte de la anchura del telar, sobre uno de sus lados. Ubicándose del otro lado del telar —y empezando así por el borde opuesto—, la tejedora instala los hilos de lana roja, pero utilizando esta vez como enjullo superior la pequeña vara tensora adicional o vara núm. 3. El trayecto de estos hilos de lana es entonces más largo que el de los hilos de algodón blanco. Sin embargo, el recorrido es idéntico puesto que los hilos realizan siempre el mismo cruzamiento en el centro de lo que es el telar propiamente dicho, al mismo nivel de cruzamiento que los hilos de algodón blanco.

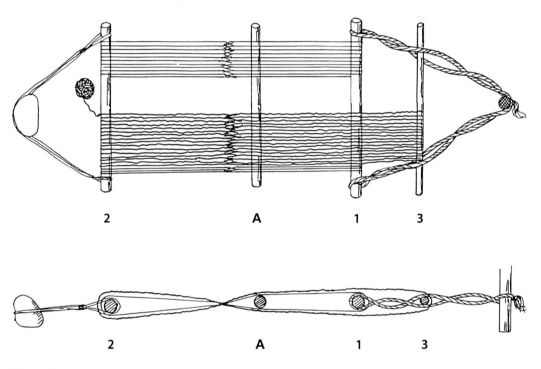

Figura 4.

Figura 5. Urdido de los hilos de algodón verde. La tejedora instala hilos de algodón verde que separan las capas de hilos de urdimbre de lana roja en franjas de anchos desiguales. Ningún hilo verde se mezcla con las capas de hilos de urdimbre de algodón blanco. El hilo verde forma un borde que separa por ambos lados de las capas de hilos de urdimbre de lana roja. Esos hilos verdes siguen el trayecto de las capas de hilos de urdimbre a los cuales están asociados; desempeñan un papel ornamental y constituyen además un punto de referencia para el conteo de los hilos de urdimbre de lana roja. Muy a menudo son los hilos de lana verde o azul los que cumplen esa función. Cuando los hilos son de algodón van por pares; cuando son de lana, en cambio, la tejedora pone sólo uno a la vez.

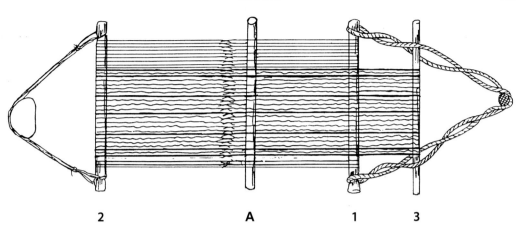

2   **A**   **1**   **3**

Figura 5.

3. *Almidonado*

Figuras 6 y 7. El almidonado se lleva a cabo con agua de nixtamal, es decir, agua en la cual se ha hervido maíz con cal para preparar las tortillas. Esta agua contiene un fuerte porcentaje de almidón. La tejedora moja con esta agua caliente todos los hilos de urdimbre que forman la capa de arriba (fig. 6), luego voltea el telar y moja todos los hilos de urdimbre de la capa que estaba abajo (fig. 7). No almidona el trayecto adicional de los hilos de urdimbre rojos pues éstos serán introducidos como hilos de trama, en un momento dado del proceso de tejido.

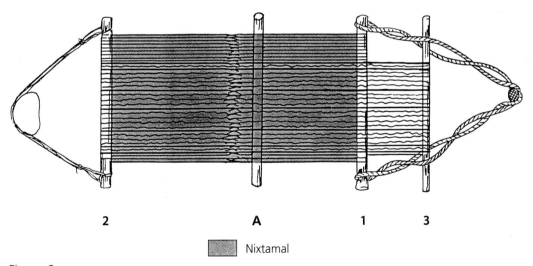

2   **A**   **1**   **3**

▨ Nixtamal

Figura 6.

Una vez que se ha secado el agua de nixtamal, la tejedora despega los hilos con los dedos, uno por uno, con el fin de separarlos antes de empezar el tejido.

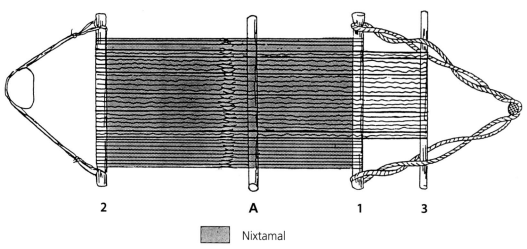

2   **A**   **1**   **3**

▨ Nixtamal

Figura 7.

4. *Corte de los hilos de urdimbre de lana roja*

Figura 8. Sosteniendo con la mano izquierda todos los hilos de lana roja que urdió dándoles un largo adicional, la tejedora quita la pequeña vara núm. 3. Luego, con un cuchillo que sostiene con la mano derecha, corta todos esos hilos en su punto más extremo, justo donde dan vuelta en *U*. Después, anuda los hilos por grupos de 8 a 10 pares (obteniendo así cuatro a seis grupos) a nivel del enjullo tensor núm. 1. Más allá de esos nudos, el extremo de los hilos queda colgando.

Para esta operación, la tejedora pide a menudo ayuda a una pariente o a una vecina. Si no hay quien le ayude en ese momento, deja colgar hasta el suelo los hilos que acaba de cortar, y los retoma después por grupos sucesivos para anudarlos.

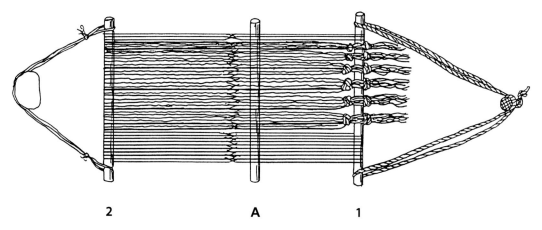

2   **A**   **1**

Figura 8.

5. *Instalación de la vara de lizos*

Figura 9. Tomando un pequeño ovillo de hilo de algodón, la tejedora introduce este hilo entre las capas de hilos de urdimbre que se encuentran entre la vara núm. 2 y el cruzamiento central, utilizando su mano izquierda para separar las capas de hilos de urdimbre. Procede de derecha a izquierda. Anuda el extremo de este hilo *R1* a la varilla de lizos *a*.

Figura 10. La tejedora instala entonces su vara de lizos de izquierda a derecha, es decir, con los hilos de urdimbre del pequeño borde blanco y, enseguida, con los hilos de urdimbre de lana roja.

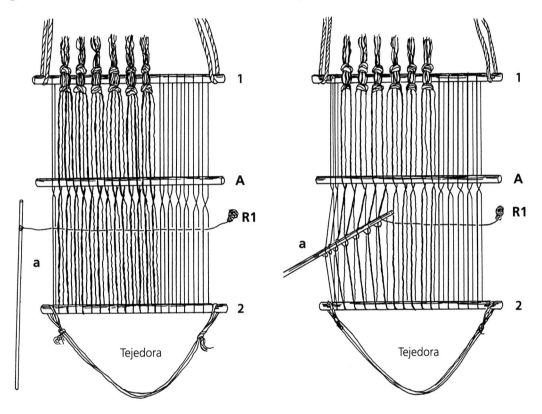

Figura 9.   Figura 10.

Figuras 11 y 12. La urdimbre incluye dos capas, que llamamos *x* y *y*. En la mitad proximal actual del telar, *x* es la capa inferior, *y* la capa superior.

Debido al cruzamiento central, *x* se convierte en la capa superior en la mitad distal del telar; *y* se convierte en la capa inferior.

La varilla de lizos *a* se une a todos los hilos de urdimbre de la capa *y* en su posición inferior.

Sosteniendo su varilla *a* con la mano izquierda, la tejedora va a tomar con un dedo de la mano derecha el hilo *R1* después de cada hilo de urdimbre de la

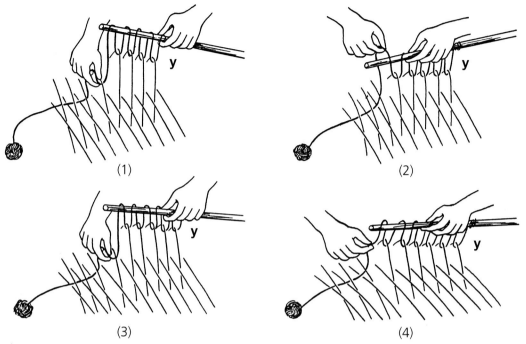

(1) (2)

(3) (4)

Figura 11.

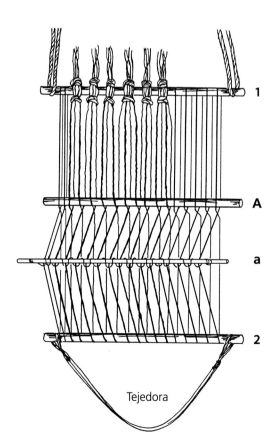

1

A

a

2

Tejedora

Figura 12.

capa superior *y*, pasándolo luego cada vez por encima de la varilla *a*. Así une con un hilo continuo y sin nudo todos los hilos de urdimbre de la capa *y* a la varilla de lizo.

Figura 13. La tejedora empuja su varilla de lizos hasta la vara separadora de las capas *A*, más allá del cruzamiento, de tal manera que la varilla de lizos está unida ahora a todos los hilos de urdimbre de la capa inferior *y*.

Nota: esta varilla de lizos *a* levanta al mismo tiempo todos los hilos de urdimbre de la capa *y*. Así, es utilizada únicamente cuando el tejido se lleva a cabo a todo lo ancho del telar.

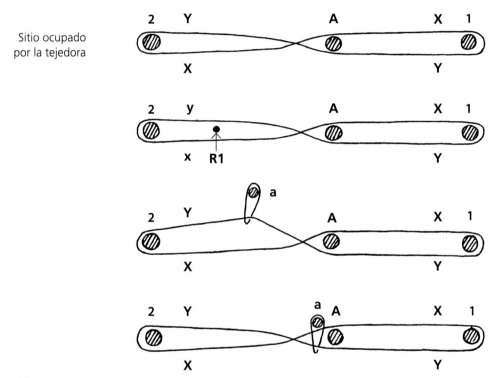

Sitio ocupado por la tejedora

Figura 13.

6. *Instalación del enjullo tensor definitivo núm. 4*

Figura 14. La vara tensora núm. 2 era provisional. Llamaremos enjullo núm. 4 al definitivo. Éste mide aproximadamente 60 cm de largo y su diámetro es de entre 3 y 3.5 cm. Está unido por una serie de lazadas sin nudo al hilo de algodón introducido previamente entre las capas de hilos de urdimbre de algodón y de lana y, por lo tanto, tensará todos los hilos de urdimbre del telar.

Primer movimiento: la tejedora superpone las varas 2 y 4 (sin amarrarlas entre sí); al mismo tiempo, introduce un hilo de algodón blanco entre las capas de hilos de urdimbre. Fija el hilo que introdujo a los dos extremos de la vara núm. 4. Para introducir ese hilo —que forma de alguna manera la primera pasada—, no utiliza el machete, sino que se ayuda con la mano.

Segundo movimiento: a través de una serie de lazadas sin nudo (con un segundo hilo independiente del primero y que anudará en sus dos extremos), fija contra la vara núm. 4 el hilo de algodón con el que había realizado la pasada. Ese segundo hilo es un cordoncillo muy fino, de ixtle o fibra de maguey, de dos cabos, torcidos en forma de S.

Tercer movimiento: la tejedora levanta la vara núm. 4 y la jala hacia ella. La vara núm. 2 queda libre y podrá ser eliminada cuando sea necesario.

Nota: Algunas tejedoras van introduciendo paulatinamente el hilo que hace las veces de pasada a medida que van haciendo las lazadas con el otro hilo.

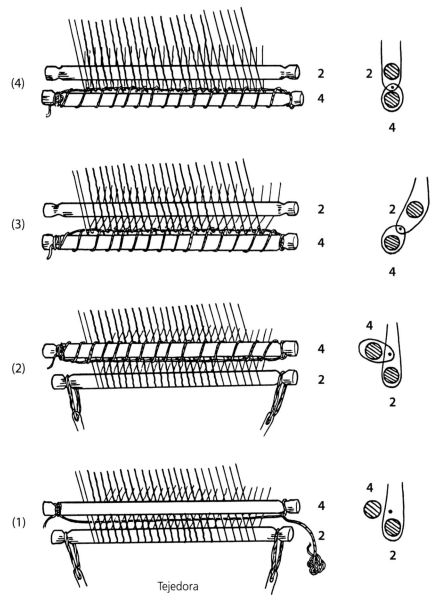

Figura 14.

7. *Tejido para formar un primer orillo*

a) Situación actual

1) El gran enjullo tensor definitivo, o vara núm. 4, está colocado. Durante esta primera fase del tejido, es proximal.
2) La gran varilla de lizos *a* se encuentra también colocada junto a la vara separadora *A*.
3) El enjullo tensor provisional núm. 2 queda libre, y hace momentáneamente las veces de separador de las capas.
4) Por último, la tejedora tiene ya lista una bobina larga y delgada, provista de un hilo doble de algodón blanco.

b) Inicio del tejido

Antes de dar vuelta al telar, la tejedora introduce algunas pasadas (en número impar) para dejar en ese extremo del telar una franja tejida de 1 cm aproximadamente. Ese tejido abarca todo el ancho del telar. Cada lienzo lleva efectivamente un orillo en cada uno de sus cuatro lados.

Figura 15. La tejedora sustituye la vara núm. 2 por el gran machete de madera *M1*. Habiéndolo introducido, lo levanta verticalmente para el primer paso de la bobina. Una vez que la pasada ha sido colocada, la tejedora retira el machete.

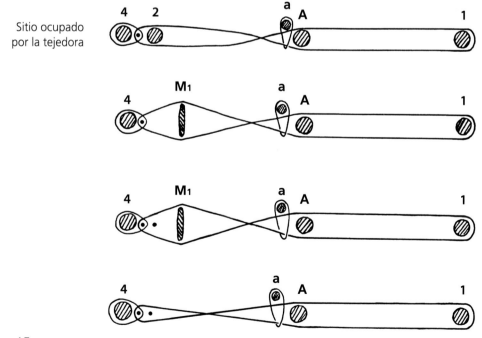

Figura 15.

Figura 16. La tejedora introduce su machete entre las capas de hilos de urdimbre más allá del cruzamiento, luego mueve el machete hacia ella para apretar su pasada. Termina de apretar la pasada "peinando" la urdimbre contra la trama. Sin retirar su machete, lo dispone verticalmente, creando así una calada por la que introduce su segunda pasada con ayuda de la bobina.

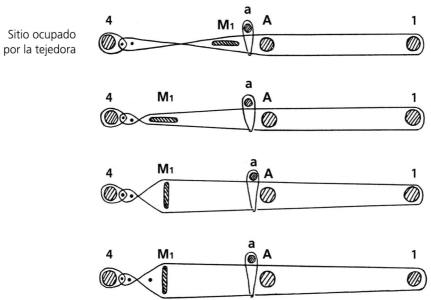

Sitio ocupado por la tejedora

Figura 16.

Figura 17. La tejedora retira el machete, luego levanta su varilla de lizos para volver a formar el entrecruzamiento. Obtiene entonces en realidad dos cruzamientos, uno después de la segunda pasada y uno central. Introduce su

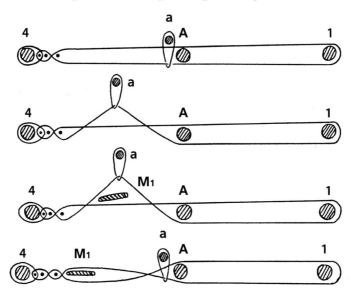

Figura 17.

machete entre los dos cruzamientos. Después, gracias a un movimiento simultáneo, mientras aprieta el cruzamiento contra la pasada, empuja la varilla de lizos contra la vara *A*, que recupera así su posición inicial.

Figura 18. La tejedora repite la operación tantas veces como sea necesario.

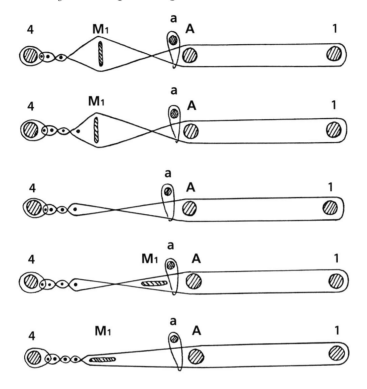

Figura 18.

Figura 19. Gracias al número impar de pasadas, la tejedora puede, cuando interrumpe el tejido, dejar un cruzamiento para mantener en su lugar la última pasada. Ese cruzamiento es mantenido temporalmente por el machete. Para interrumpir su tejido, la tejedora secciona el hilo de trama, del cual deja colgando un tramo considerable.

Figura 20. La tela tejida a todo lo ancho del telar mide alrededor de un centímetro.

Se trata de un tejido "dos por uno", es decir que la trama está hecha de un hilo de algodón blanco doble mientras que la urdimbre está constituida por hilo de algodón blanco sencillo (no doble) en la primera parte y después por hilo sencillo de lana roja. Esa lana, por cierto, fue hilada a mano por la tejedora y lleva una torsión media en *Z*.

Este tejido lleva un efecto de cara de urdimbre, es decir que sólo ésta es visible. Así, la parte de algodón sigue siendo blanca y en la otra parte se ve únicamente la lana roja. Dicho efecto de cara de urdimbre se obtiene gracias a la trama doble y al hecho de que la tejedora tiene buen cuidado de apretar los cruzamientos con fuerza, primero con su machete y después con su peine.

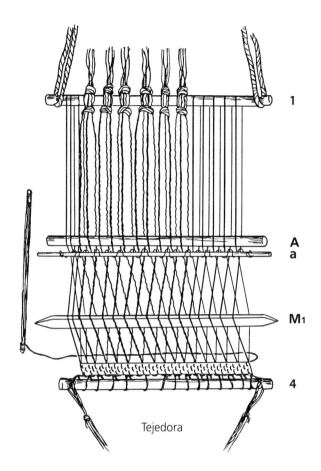

1

A
a

M₁

4

Tejedora

Figura 19.

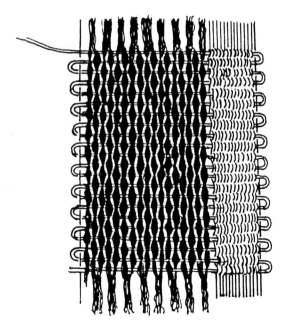

Figura 20.

8. *Preparación del telar antes de voltearlo*

Figura 21. La tejedora sustituye el machete *M1* por la vara separadora *A* para mantener en su lugar el último cruzamiento de ese primer tejido. Otra vara, a la que llamaremos vara separadora *B*, sustituyó inicialmente la vara *A* para mantener separadas las dos capas de hilos de urdimbre.

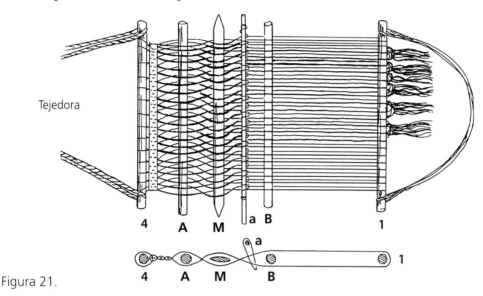

Figura 21.

Figura 22. La tejedora voltea su telar de tal manera que la vara tensora definitiva núm. 4 se convierte, durante todo el resto del tejido, en el enjullo superior. En lo sucesivo, la tejedora va a tener a su izquierda los hilos de urdimbre de algodón blanco y a su derecha los hilos de urdimbre de lana roja.

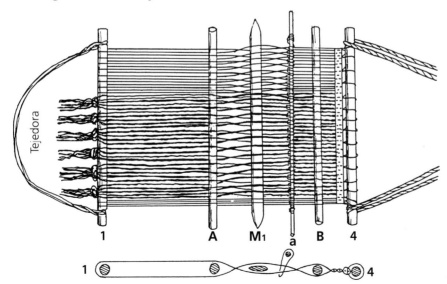

Figura 22.

9. *Liberación de los hilos de urdimbre de lana roja*

Figura 23. La tejedora desató todos los hilos de urdimbre de lana roja. El machete *M1* mantiene provisionalmente el cruzamiento.

Figura 24. Todos los hilos de urdimbre de lana roja —así como los hilos de algodón verde— cuelgan libremente, formando un vacío entre el gran borde blanco y el pequeño borde blanco. La tejedora desliza entonces los hilos de urdimbre de algodón blanco del pequeño borde a lo largo del enjullo tensor provisional núm. 1, hasta alcanzar los hilos de urdimbre de algodón blanco del gran borde. El vacío dejado por los hilos de urdimbre de lana roja forma así un triángulo rectángulo. Pero la posición actual de los hilos de urdimbre de algodón blanco vuelve precario el equilibrio del telar, por lo que la tejedora debe tener buen cuidado de tensar suficientemente el telar para garantizarle cierta estabilidad. Puesto que ello representa un esfuerzo físico considerable, algunas tejedoras vuelven a anudar entonces al extremo de la vara núm. 1 el último grupo de hilos de urdimbre de lana roja (el grupo del exterior).

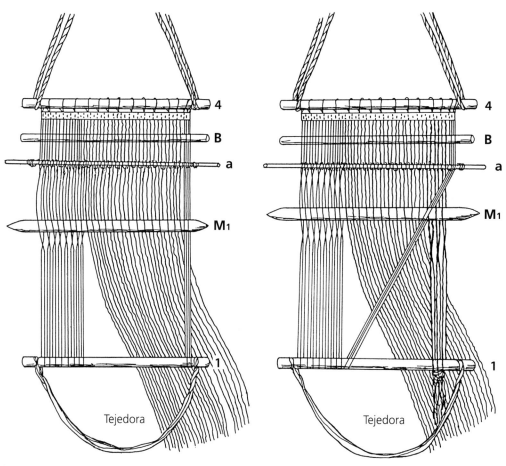

Figura 23.   Figura 24.

Figura 25. La tejedora procede a la instalación del enjullo tensor definitivo núm. 5, cuyo papel va a consistir en tensar únicamente los hilos de urdimbre de algodón blanco. La vara tensora provisional núm. 1, al haber sido liberada, hace entonces las veces de vara separadora de las capas.

Figura 26. La tejedora desliza su varilla de lizos *a* hacia el primer cruzamiento, y más allá de ese primer cruzamiento, acercándola lo más posible a la vara *B*; al mismo tiempo, acerca el machete *M1* y por ende también el segundo cruzamiento.

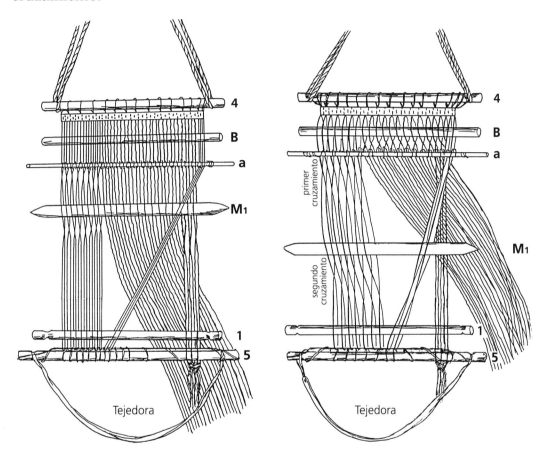

Figura 25.   Figura 26.

10. *Tejido del pequeño orillo blanco*

Figura 27. Es el tejido propiamente dicho de un fino orillo blanco. Incluye el hilo de dos pasadas de algodón blanco.

La trama, hilo doble de algodón blanco, toma y deja un hilo de urdimbre de algodón blanco del gran borde blanco así como del pequeño borde del mismo color.

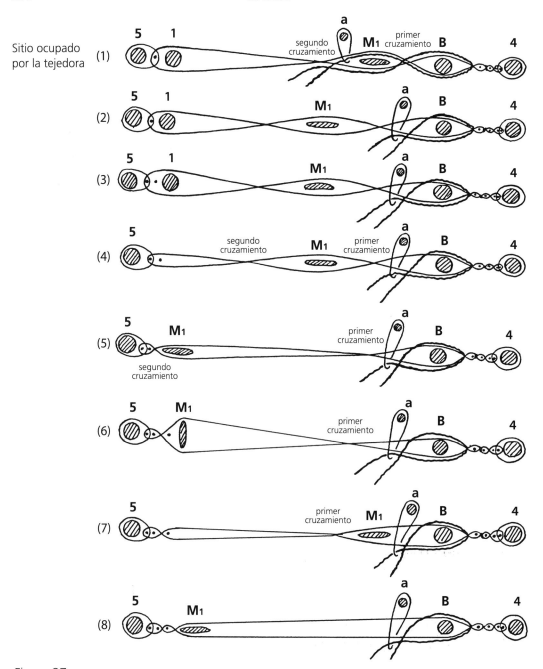

Figura 27.

11. *Supresión del segundo cruzamiento*

(1) y (2) Mientras la vara núm. 1 hace las veces de separador de las capas, la tejedora acerca a ella el segundo cruzamiento al acercar *M1*, y lleva la varilla de lizos *a* junto a *B*.

(3) Con ayuda de la bobina, la tejedora introduce una primera pasada.

(4) y (5) La tejedora retira entonces la vara núm. 1 y, con el machete, aprieta el segundo cruzamiento contra la primera pasada, haciéndolo desaparecer. Antes de continuar, "peina" sus hilos de urdimbre para apretar mejor su pasada y su cruzamiento.

12. *Supresión del primer cruzamiento*

(6) Disponiendo su machete verticalmente, la tejedora introduce una nueva pasada con ayuda de la bobina.

(7) y (8) Con su mano, la tejedora baja hacia ella el primer cruzamiento. Después, retirando su machete, lo introduce más allá de ese primer cruzamiento, que aprieta contra la segunda pasada.

Figura 28. Se teje el orillo blanco que prolonga el trayecto del pequeño borde blanco.

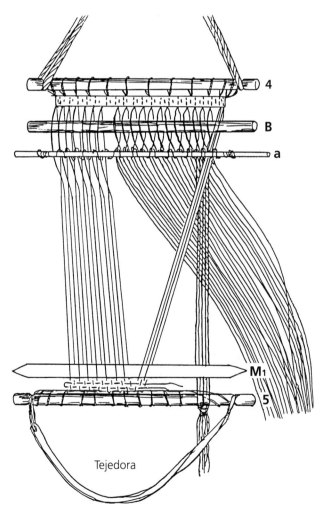

Figura 28.

13. *Instalación de una segunda varilla de lizos*

Era importante hacer desaparecer el primer y el segundo cruzamientos para poder preparar la instalación de la segunda varilla de lizos. El machete no ha sido retirado por la tejedora y sirve para separar las dos capas de hilos de urdimbre de algodón blanco. Sólo los hilos de urdimbre de algodón blanco son tensados por el telar.

Esta segunda varilla de lizos es necesaria en esta fase del tejido: su objetivo es dividir los hilos de urdimbre de las dos capas, reunidas en una sola por grupos de seis, ocho o 10 hilos de urdimbre, para obtener dos capas, una inferior y una superior. Cada una de estas capas incluye una mitad de hilos de urdimbre de la capa *x* y una mitad de los hilos de urdimbre de la capa *y*. El pequeño orillo blanco que fue acercado y unido a través del tejido a la gran franja blanca no será incluido en esta modificación de las capas de hilos de urdimbre de algodón blanco.

Figura 29. Después del tejido del orillo blanco, la tejedora no retiró su machete, sino que lo acostó. En efecto, la gran varilla de lizos *a* fue empujada contra la vara separadora *B* pues, durante esta fase del tejido, la tejedora no la va a utilizar. Como los dos cruzamientos fueron suprimidos, el machete hace las veces de separador de las capas, pero en posición horizontal, pues el agrupamiento de los hilos de urdimbre se hace con los hilos de las dos capas no separadas una de la otra.

Para volver a tensar tanto los hilos de urdimbre de lana como los hilos verdes, la tejedora comienza por el par más cercano al pequeño borde blanco.

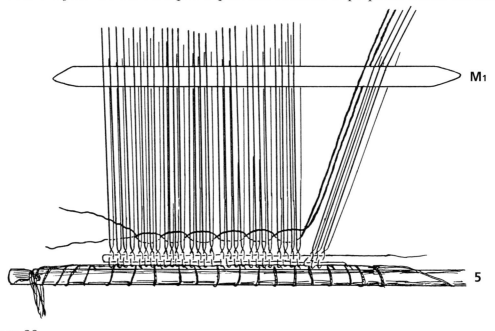

Figura 29.

La tejedora toma entonces el par de hilos verdes que está inmediatamente
después del pequeño borde blanco, lo tensa y deshace con el dedo el cruzamiento todavía existente (primer cruzamiento). Introduce a mano ambos hilos juntos, como hilos de trama, a través de los hilos de urdimbre de algodón
blanco. El hilo verde de la capa superior comienza su trayecto por debajo, y
el hilo verde de la capa inferior comienza el suyo por encima.

Cada hilo toma y deja al mismo tiempo un grupo de seis, ocho o 10 hilos
de urdimbre de algodón blanco (el número varía según la tejedora, pero siempre es par): cada grupo, si es de seis hilos, incluye tres hilos de la capa x y tres
hilos de la capa y; si es de ocho hilos, cuatro hilos de la capa x y cuatro de la
capa y, etcétera.

Ese tejido a mano de dos pasadas al mismo tiempo provoca un cruzamiento de los hilos verdes entre sí, cada vez que se pasa de un grupo de hilos
de urdimbre de algodón blanco a otro, en una especie de trenzado. Además,
provoca automáticamente un cruzamiento de las capas, seis hilos por seis hilos (u ocho por ocho, o 10 por 10), entre las dos pasadas verdes.

14. *Confección de un orillo lateral*

Figura 30. Después de haber tomado el último grupo de hilos de urdimbre
con la pasada verde de la capa superior (que da una vuelta completa alrededor del grupo de hilos en cuestión), las dos pasadas verdes inician un trayecto de regreso que sólo será parcial. La segunda pasada (hilo de urdimbre
verde de la capa inferior), que había dejado el último grupo, vuelve a salir tres
grupos después de éste, mientras que la siguiente pasada vuelve a salir cuatro grupos después del último grupo.

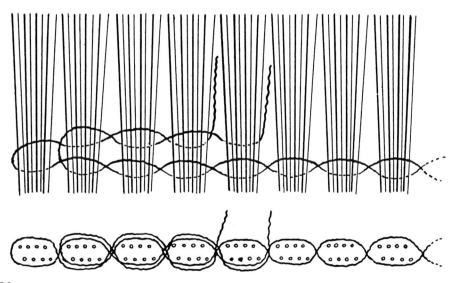

Figura 30.

Figura 31. (1) El recorrido de las dos pasadas verdes reunió los hilos de urdimbre de algodón blanco por grupos de seis, ocho o 10 hilos, suprimiendo teóricamente la separación de los hilos de urdimbre en dos capas x y y. Sin embargo, esta separación es mantenida gracias al machete, de tal manera que cada capa x y y presenta un desdoblamiento de sus hilos, aunque ese desdoblamiento todavía no es visible, pues no ha sido realizado ningún cruzamiento después de la segunda pasada verde.

(2) Dejando el machete en el mismo lugar y en posición horizontal, la tejedora selecciona a mano un grupo de hilos de urdimbre de cada dos, lo cual hace que la nueva capa superior w esté compuesta a medias por hilos de urdimbre de la capa x y a medias por hilos de urdimbre de la capa y. El resultado es que se forma un cruzamiento después de la segunda pasada verde.

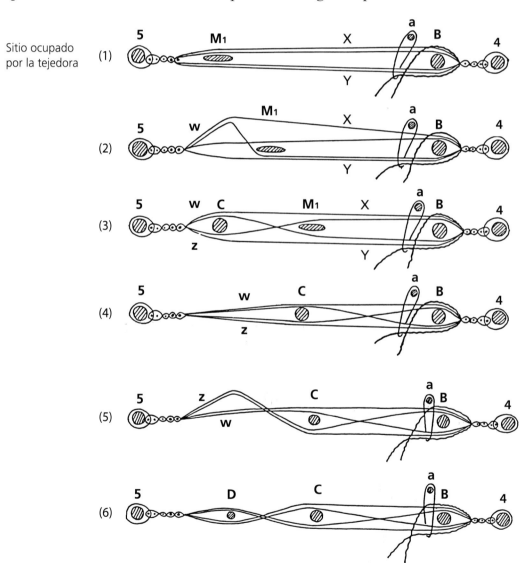

Figura 31.

(3) Con la mano, la tejedora separa las dos nuevas capas *w* y *z*, e introduce una vara separadora *C*. Entre *C* y *M1* aparece un cruzamiento debido al desdoblamiento de las capas *x* y *y*.

(4) La tejedora retira *M1* y empuja *C* hacia *a* y *B*. Ese cruzamiento se encuentra entonces entre *C*, por una parte, y *a* y *B*, por la otra. No cumplirá ninguna función en el tejido, sólo es la consecuencia de una nueva preparación de las capas de hilos de urdimbre.

(5) La tejedora selecciona a mano los hilos de urdimbre de la capa inferior *z* para convertirlos provisionalmente en la capa superior.

(6) La tejedora introduce una vara separadora *D*.

Figura 32. La tejedora introduce el hilo (*R2*) entre las capas de hilos de urdimbre y ata su extremo a la varilla de lizos *b*.

Figura 33. La varilla de lizos *b* está unida a todos los hilos de urdimbre de la capa *z*, agrupados por grupos de seis, ocho o 10 hilos. Las lazadas continuas de la varilla de lizos respetan ese agrupamiento de los hilos.

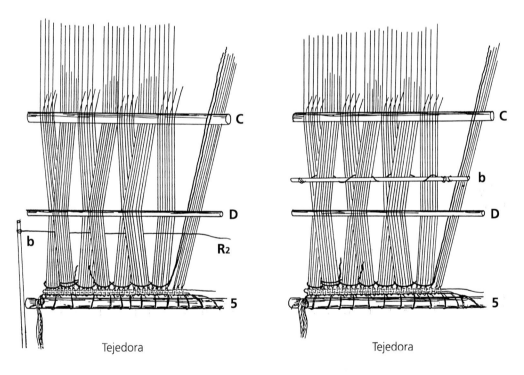

Figura 32.   Figura 33.

Figura 34. Simultáneamente, la tejedora quita la vara *D* y empuja la varilla de lizos *b* hacia *C*. La varilla de lizos está colocada, unida a todos los hilos de urdimbre de la capa inferior *z*. La tejedora introduce entonces entre las capas *w* y *z* su machete *M1* para comenzar a tejer.

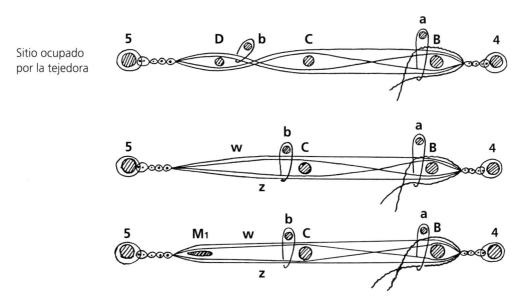

Sitio ocupado
por la tejedora

Figura 34.

15. *El telar está listo para el tejido en curva*

Figura 35. Según puede verse en la figura, ciertas tejedoras no utilizan la vara *D* a pesar de que ésta facilita la instalación de la varilla de lizos.

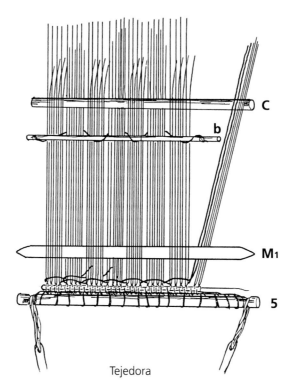

Tejedora

Figura 35.

16. *El tejido en curva*

Figura 36 (números 1 a 8). Colocando *M1* verticalmente, la tejedora introduce su hilo de urdimbre de la capa inferior como hilo de trama. Retirando su machete, la tejedora levanta su varilla de lizos *b* e introduce *M1* entre los dos cruzamientos así formados.

Dejando caer su varilla de lizos, la tejedora aprieta el cruzamiento contra la primera pasada de lana. Después, colocando el machete verticalmente, introduce su segundo hilo de urdimbre como hilo de trama (capa superior). Retira entonces su machete.

Introduciendo después su machete más allá del cruzamiento, lo aprieta contra esta segunda pasada. Vemos que se trata de los movimientos clásicos del tejido.

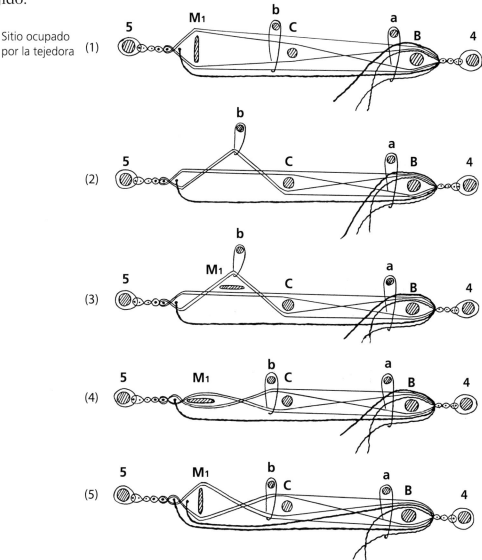

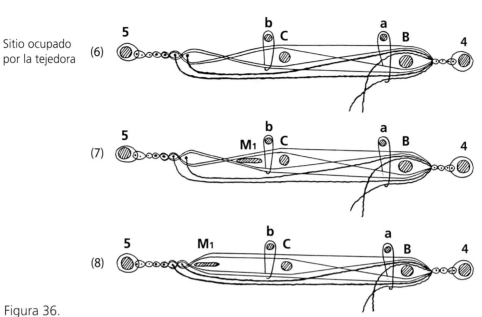

Sitio ocupado
por la tejedora

Figura 36.

Para que el cruzamiento sea particularmente apretado, la tejedora va a introducir un punzón entre cada grupo de hilos de urdimbre para ordenar los hilos de trama. Ese punzón puede ser una espina de maguey muy grande o a veces una lezna moderna de acero. A veces peina también el tejido con un peine de madera dura de naranjo, comprado a los vendedores ambulantes provenientes de Puebla.

17. *Descripción del recorrido de las pasadas: primera pasada (capa inferior)*

Figura 37. La pasada de lana toma y deja seis, ocho o 10 hilos de urdimbre de algodón blanco del borde grande. Una punta bastante larga de dicho hilo de lana (pasada) sale en el extremo lateral del borde.

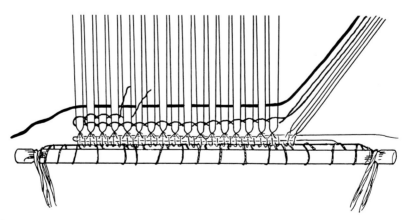

Figura 37.

Figura 38. Primera pasada (capa inferior). La tejedora tuvo buen cuidado de pasar ese hilo de urdimbre de la capa inferior por debajo del machete.

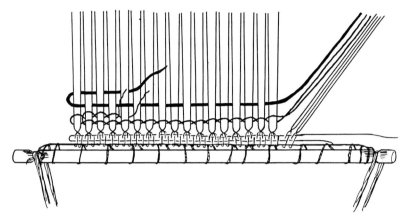

Figura 38.

18. *Segunda fase del recorrido: confección de un orillo.*

La tejedora hace que la pasada tome un trayecto de regreso parcial. El hilo vuelve a salir después de cinco grupos de hilos de urdimbre de algodón blanco. Esa pasada ya es la segunda y la tejedora formó a mano el cruzamiento después de la primera pasada.

19. *Descripción del recorrido de las pasadas: segunda pasada*
(capa superior que pasa por encima del machete)

Figura 39. Esta pasada realiza un trayecto parcial y vuelve a salir cuatro grupos antes del final de los hilos de urdimbre del gran borde blanco. Como ambos hilos de trama forman la segunda pasada, vuelven a salir de un lado y otro del mismo grupo de hilos de urdimbre de algodón blanco (en general el quinto grupo a partir del borde lateral).

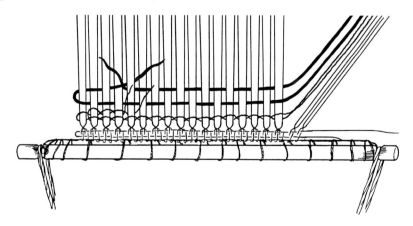

Figura 39.

Figura 40. Esa figura muestra el detalle del trayecto que acabamos de explicar.

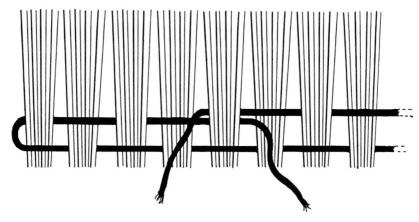

Figura 40.

Figura 41. A medida que la tejedora vuelve a tensar sus hilos de urdimbre de lana roja, al introducir el cabo de cada uno de ellos como hilo de trama, el triángulo rectángulo formado por la ausencia provisional de los hilos de urdimbre, hasta entonces hueco, se va llenando. El espacio libre entre la parte tejida y la varilla de lizos *b* disminuye.

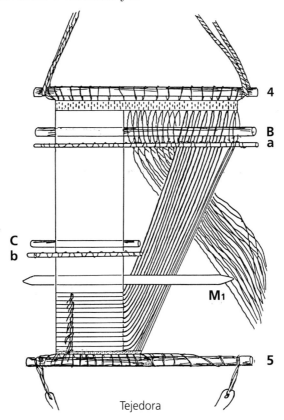

Figura 41.

Figura 42. El espacio disminuye tanto que, para introducir sus últimas pasadas, la tejedora se ve obligada a sustituir la vara *C*, separadora de las capas, por la vara *E*, más pequeña, y a utilizar, en vez del machete *M1*, un machete más angosto, *M2*.

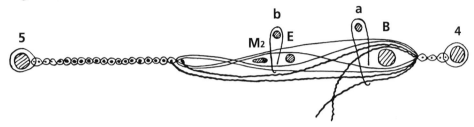

Figura 42.

Figura 43. El último par de hilos de urdimbre que se van a introducir como hilos de trama es un par de hilos verdes. La tejedora dice que va a interrumpir el tejido (se sobreentiende que se refiere a esta fase del tejido gracias a la introducción de esas dos últimas pasadas). Procede como hizo con las dos primeras pasadas verdes: las introduce juntas y a mano, restableciendo así la situación inicial, antes de la instalación de la segunda varilla de lizos.

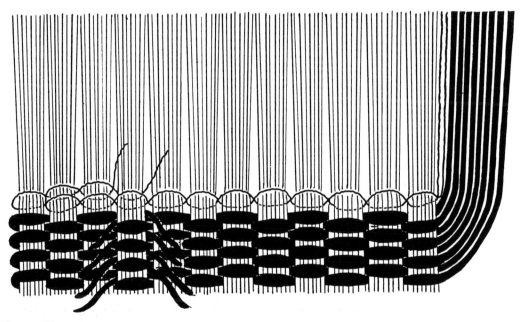

Figura 43.

Figura 44. La tejedora retira entonces su vara separadora *E* y su varilla de lizos *b*.

Figura 45. Este corte teórico muestra la introducción de los dos últimos hilos de urdimbre como hilos de trama y la supresión de los cruzamientos.

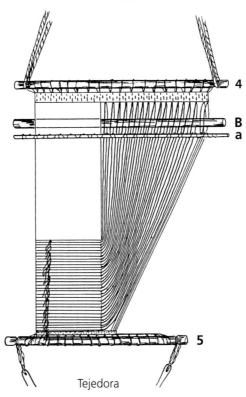

Figura 44.

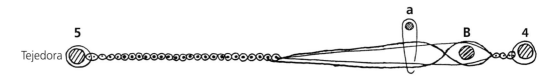

Figura 45.

20. *Definición de la tela tejida*

Figura 46. Después de cada introducción de un hilo de trama, la tejedora apretó cuidadosamente su pasada y su cruzamiento con el machete. Luego, para apretar todavía más sus pasadas, las ordenó con el punzón y las peinó varias veces. Un hilo de trama (de lana) tomó y dejó seis, ocho o 10 hilos de urdimbre de algodón blanco.

Las pasadas muy apretadas dieron como resultado un tejido con un efecto de cara de trama (sólo la trama se ve, y es de color rojo).

El agrupamiento por seis, ocho o 10 hilos de urdimbre de algodón blanco facilita quizá, el efecto de cara de trama pero tiene también como objetivo impedir que esta parte de la tela forme una franja más ancha que la franja blanca de arriba, es decir, el borde blanco grande. Si la lana, mucho más gruesa que los hilos de urdimbre, hubiera tomado y dejado uno o dos hilos de urdimbre de algodón blanco, la tela tejida habría sido mucho más ancha que el borde blanco grande y habría quedado desproporcionada respecto a ella.

En cuanto a la cara de trama, su objetivo es dar continuidad a la parte roja de los hilos de urdimbre que, por su parte, son tejidos con efecto de cara de urdimbre: eso dará entonces como resultado una franja roja tejida continua y "en curva".

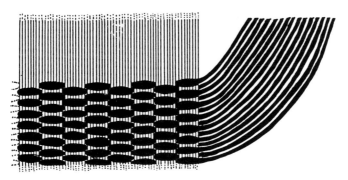

Figura 46.

21. *Tejido en diagonal (tejido "en forma")*

Todos los hilos de urdimbre de lana roja (así como los hilos verdes), fueron tensados de nuevo gracias a que su extremo fue utilizado como hilo de trama. Pero, debido a ello, la tejedora forzó esos hilos de urdimbre a seguir un trayecto anormal, desviándolos del recorrido recto. Esos hilos de urdimbre forman una especie de curva en su punto de unión con el borde blanco grande.

Esa nueva fase tendrá como objetivo tejer esa curva y recuperar poco a poco el nivel horizontal de la tela por tejer. Dicho resultado se obtiene introduciendo tramas de longitudes desiguales.

Llamamos a esta fase: tejido de la curva o tejido "en forma".

Figura 47. La tejedora se ve obligada a introducir sus pasadas diagonalmente respecto al sentido del tejido y del telar. Para ello, dispone diagonalmente su varilla de lizos *a* y su machete *M1* y los acerca entre sí.

Retoma el hilo de trama que había dejado colgando después de la introducción de la segunda pasada, utilizada para tejer el orillo blanco, e introduce diagonalmente sus nuevas pasadas.

Figura 48. Para hacer ese tejido en diagonal y recuperar poco a poco el nivel horizontal del tejido, cada pasada de algodón blanco toma y deja un número diferente de hilos de urdimbre. El trayecto de esas pasadas se va alargando paulatinamente. La operación se repite tantas veces como sea necesario. Cada vez que la progresión de las pasadas ya no puede continuar, la tejedora realiza de nuevo la misma operación: la primera pasada vuelve a ser muy corta, la siguiente un poco más larga, etc. Cuando la curva está completamente tejida, la última pasada alcanzará el nivel horizontal del tejido anterior y tomará y dejará todos los hilos de urdimbre del telar.

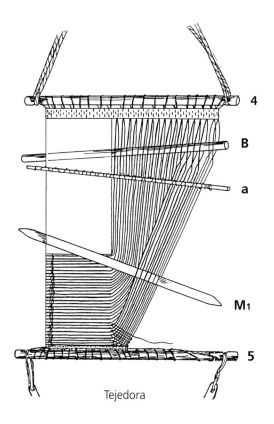

4

B

a

M₁

5

Tejedora

Figura 47.

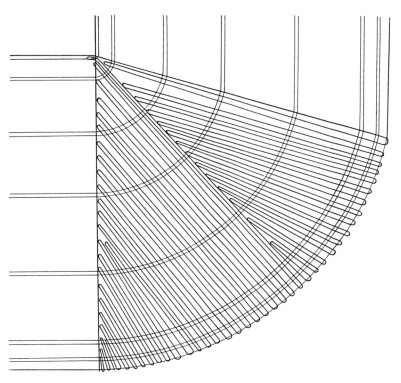

Figura 48.

Figura 49. En esta maniobra de progresión de las pasadas cada tejedora procede a su manera. Ninguna tejedora sigue exactamente la misma regla. Llega a suceder que ciertas tejedoras hagan una pasada en sentido inverso, justo en medio de una serie de progresiones graduales, para compensar mejor la curva. De vez en cuando, dos o tres pasadas son introducidas en una misma calada. Pero ésta coincide siempre con el fin de una operación de progresión de las pasadas.

El tejido de seis de los diez quechquémitls adquiridos en Santa Ana Hueytlalpan se caracterizaba por esa introducción de varias pasadas en una misma calada:

1. Dos quechquémitls. Cada pasada fue introducida en una misma calada.
2. Un quechquémitl. Cuando la tejedora alcanzó el nivel horizontal de la tela tejida, las dos últimas pasadas fueron introducidas en la misma calada.
3. Un quechquémitl. Tres pasadas fueron introducidas en una misma calada, al final de una progresión, pero aproximadamente a la mitad del tejido de la curva.
4. Un quechquémitl. En dos ocasiones, tres pasadas fueron introducidas en una misma calada.
5. Cuatro quechquémitls. En una primera ocasión, dos pasadas fueron introducidas en una misma calada, y luego en dos ocasiones tres pasadas.
6. Un quechquémitl. En tres ocasiones, la tejedora introdujo tres pasadas en una misma calada. Sin embargo, como calculó mal sus operaciones de progresión, la tejedora rebasó el nivel horizontal de la tela tejida: procedió entonces a una nueva operación progresiva pero en sentido inverso, para alcanzar el nivel adecuado.

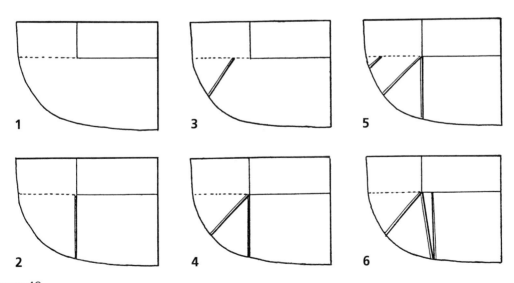

Figura 49.

La cantidad de operaciones de progresión es siempre diferente. Los 10 quechquémitls tejidos por ocho mujeres diferentes mostraron seis maneras distintas
de proceder. Lo que sucede es que se trata de manipulaciones contrarias a
todas las reglas del tejido y que recurren tanto al empirismo como a la técnica.

En todo caso, se reconoce el trabajo de una buena tejedora cuando dicha
parte del tejido forma una curva regular y sin fruncir.

22. *Estudio detallado del trayecto de estas pasadas en un quechquémitl*

Figura 50. Se trata del quechquémitl núm. 5 de la figura 49.

La figura 50 es una gráfica: cada línea vertical representa una pasada. La
tejedora introdujo 76 pasadas para tejer su curva. Los hilos de urdimbre son
154. Las líneas horizontales continuas son los hilos de urdimbre verdes.

Esta gráfica permite comprobar la función desempeñada por las tramas de
trayecto parcial e irregular, que permiten dar al lienzo una forma redondeada.

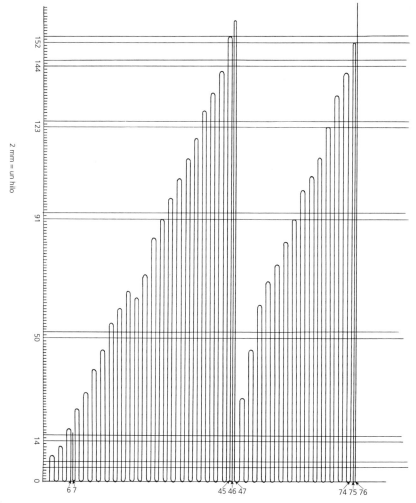

Figura 50.

23. *Descripción de los movimientos*

Figura 51. (1) La primera pasada se introduce en la calada tomando y dejando los cinco hilos del pequeño borde blanco, los dos hilos dobles de algodón verde y dos hilos de lana roja. En la calada siguiente, la segunda pasada toma y deja la misma cantidad de hilos de urdimbre, pero en el trayecto de regreso.

(2) La tercera pasada introducida en una nueva calada toma y deja los cinco hilos del pequeño borde blanco, los dos hilos dobles de algodón verde y cinco hilos de lana roja.

(3) La varilla de lizos *a* sirvió para formar el cruzamiento, pero está muy alejada de la parte por tejer y no puede acercarse a ella. Además, el tejido no atañe en este caso más que 12 hilos de urdimbre. La tejedora desliza hacia ella ese cruzamiento con su dedo que, al mismo tiempo le permite seleccionar los hilos de urdimbre necesarios: sólo hace bajar el cruzamiento de esos 12 hilos de urdimbre.

(4) Utilizando su mano para separar las capas, la tejedora introduce el machete *M1*.

(5) La tejedora aprieta su cruzamiento contra su pasada y después, con mucho cuidado, ordena los hilos con su punzón (o con su espina de maguey) y los "peina".

(6) Cuarta pasada: regreso en la calada siguiente.

(7) La tejedora retira su machete.

(8) Siguiendo siempre las mismas maniobras manuales, la tejedora reintroduce su machete más allá del cruzamiento.

(9) El cruzamiento es apretado contra la cuarta pasada.

(10-13) La quinta pasada introducida en una calada toma y deja el pequeño borde blanco (cinco hilos), los dos hilos dobles de algodón verde, siete hilos dobles de algodón verde, siete hilos de lana roja, dos hilos dobles de algodón verde del segundo ribete verde ornamental y dos hilos de lana roja.

(14) La sexta pasada sigue un trayecto de regreso en la calada siguiente, y el hilo se termina al mismo tiempo que el trayecto de esta pasada, es decir, en el orillo. Es el hilo de trama del inicio. Como se desea evitar hacer un nudo a nivel del orillo, la próxima pasada no está unida a este último por ningún nudo. Ese hilo seccionado no es una regla del tejido, sino otro ejemplo de solución empírica.

(15-18) La séptima pasada está constituida entonces por un hilo de trama de inicio de bobina. La tejedora va a utilizar la misma calada que la sexta pasada, retomando el mismo sentido, lo cual evitará que se deshaga la sexta pasada. Sin embargo, la séptima pasada toma al inicio del trayecto solamente un hilo de urdimbre de lana roja en lugar de dos.

Cuando la séptima pasada alcanza los cinco hilos de urdimbre del pequeño borde blanco, no se introduce en la misma calada, sino en una calada diferente.

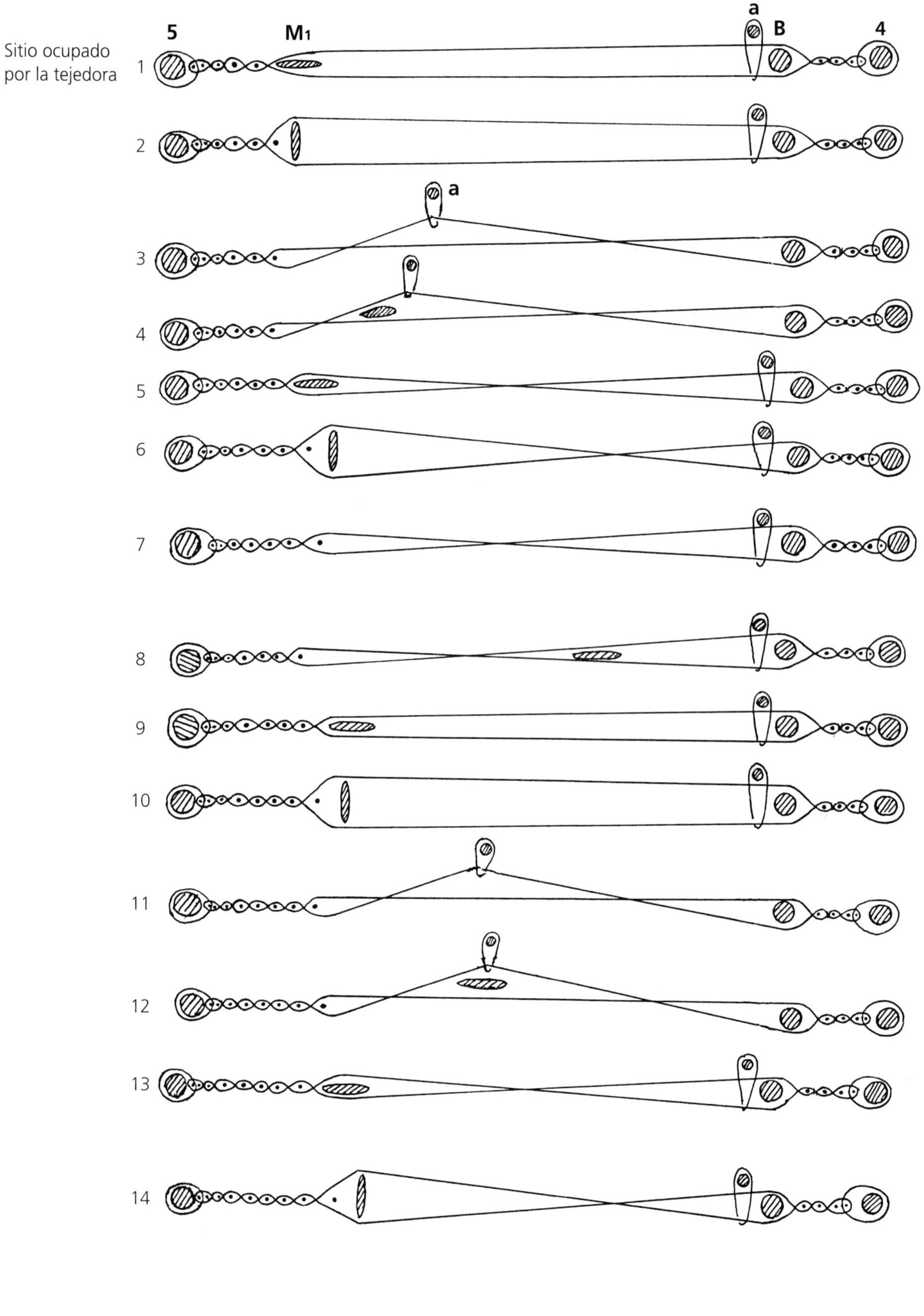

Sitio ocupado
por la tejedora
5
M1
a
B
4
1
2
3
4
5
6
7
8
9
10
11
12
13
14

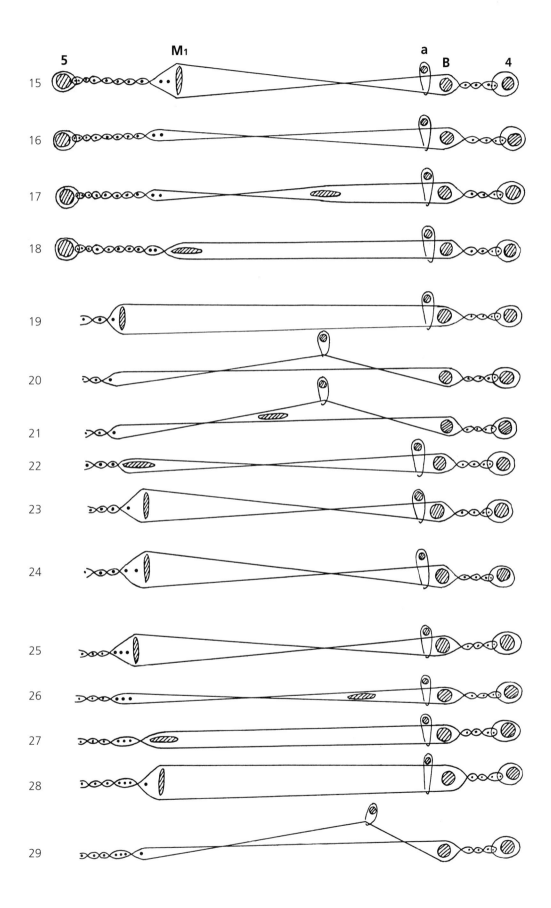

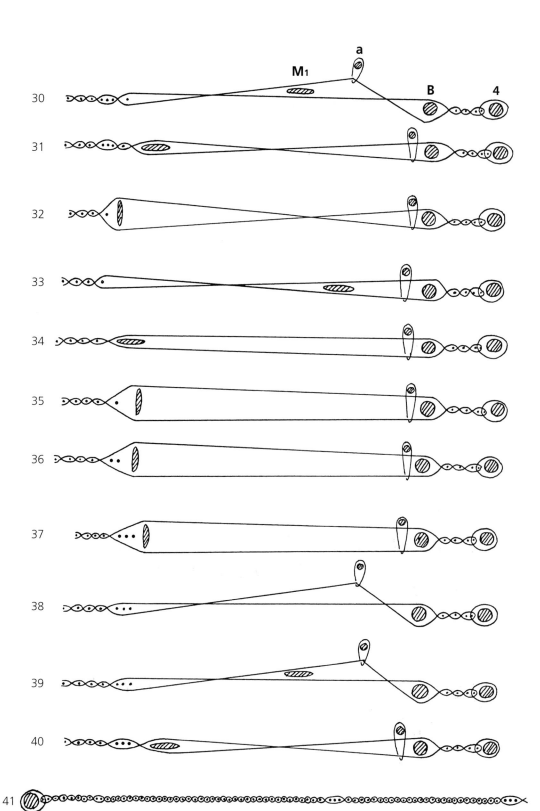

Figura 51.

Esa primera introducción de dos pasadas en una misma calada, corresponde al momento en que la tejedora terminó de tejer en diagonal los hilos de urdimbre del pequeño borde blanco cuyo extremo es estirado por la vara tensora núm. 5. La proximidad de esa vara hizo imposible el uso de la bobina.

(19-31) El avance gradual de las pasadas continuará enseguida regularmente hasta la pasada 45. Las pasadas 45, 46 y 47 van a ser introducidas en una misma calada que corresponde al trayecto de regreso. Mientras que la pasada 45 ha alcanzado los dos hilos dobles de algodón verde del último ribete verde, las pasadas 46 y 47 progresan gradualmente tomando cinco hilos del borde blanco grande. Como las pasadas 6 y 7, las pasadas 45, 46 y 47 son introducidas en una calada diferente cada vez que alcanzan los cinco hilos de algodón blanco del pequeño borde blanco. Sucederá lo mismo con las pasadas 74, 75 y 76. El pequeño borde blanco forma en efecto el orillo de la tela y el tejido debe ser regular.

A partir de la pasada 48, va a iniciar una nueva progresión gradual: la pasada 48 toma y deja los cinco hilos de urdimbre del pequeño borde blanco, los dos hilos dobles de algodón verde del primer ribete ornamental, siete hilos de urdimbre de lana roja, los dos hilos dobles de algodón verde del segundo ribete ornamental y 13 hilos de urdimbre de lana roja.

La pasada 49 realiza el trayecto inverso en la calada siguiente, etcétera.

(32-40) El avance gradual continúa como anteriormente hasta las pasadas 74, 75 y 76: estas tres últimas son introducidas todas en la misma calada.

La pasada 76 es la última del tejido en diagonal de la curva. Después de haber tomado y dejado los 154 hilos de urdimbre de lana roja y de algodón verde, continúa su trayecto y toma y deja todos los hilos de urdimbre del borde blanco grande. La unión está hecha, en ese momento debe ser terminado el tejido de la curva para iniciar el tejido que abarca todo lo ancho del telar.

(41) Corte que muestra el paso de las 76 pasadas entre las capas de hilos de urdimbre tejidas en diagonal.

Figuras 52, 53, 54 y 55. Durante toda esta fase del tejido, la tejedora utilizó mucho sus dedos tanto para seleccionar el número necesario de hilos de urdimbre —en cantidad siempre cambiante—, como para la introducción de cada pasada, para hacer bajar el cruzamiento creado con su varilla de lizos a, y para separar las capas de hilos de urdimbre.

Otra dificultad de esta fase consiste en la apreciación del largo que hay que dar a cada pasada. Si la pasada queda demasiado corta, el tejido se fruncirá, si resulta demasiado larga, la curva tejida tendrá irregularidades notorias.

Las figuras 52 a 54 muestran el telar visto desde abajo. La varilla reguladora de anchura ha sido fijada diagonalmente y, conforme avanza el tejido, la tejedora va desplazando la varilla.

Figura 56. La tela que acaba de ser tejida tiene efecto de cara de urdimbre: únicamente la urdimbre es aparente. El hilo de trama, doble, es de algodón blanco. El hilo de urdimbre simple es de lana roja. La urdimbre incluye también los hilos verdes. Un hilo doble de trama toma y deja un hilo de urdimbre. El efecto de cara de urdimbre es obtenido gracias a una trama muy apretada.

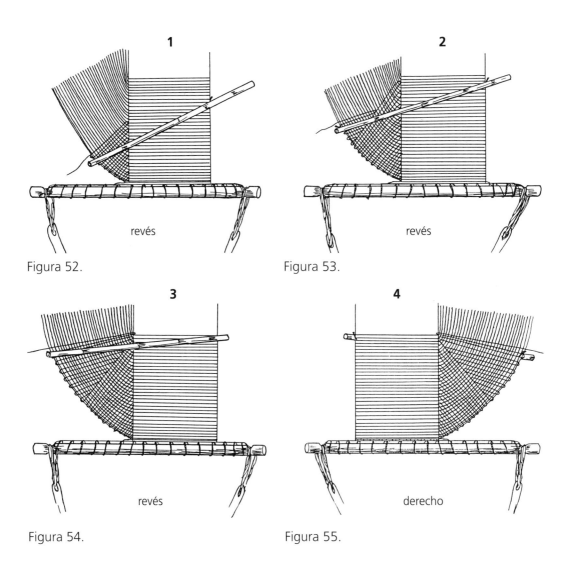

1

revés

Figura 52.

2

revés

Figura 53.

3

revés

Figura 54.

4

derecho

Figura 55.

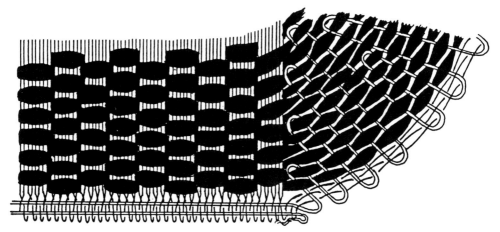

Figura 56.

Durante la segunda fase del tejido, la tejedora obtuvo una cara de trama: al ser ésta de lana roja, el tejido es rojo.

Durante la tercera fase del tejido, la tejedora obtuvo una cara de urdimbre: al ser ésta de lana roja, el tejido también es rojo, lo cual otorga a la franja tejida una continuidad de color.

24. *Tejido terminal del lienzo*

El tejido de la curva ha sido concluido. A partir de ahora, la tejedora va a tejer a todo lo ancho del lienzo. Su trama doble se va a entrecruzar con la urdimbre de lana roja y con la urdimbre de algodón blanco. El peine servirá para apretar fuertemente cada cruzamiento y así obtener una cara de urdimbre, lo cual permitirá obtener de un lado una franja roja continua y del otro una franja blanca. Durante esa fase del tejido, la tejedora cuidará de que la progresión del tejido sea siempre horizontal. Debido a la utilización de materiales diferentes (lana gruesa y algodón delgado), tendrá que restablecer de vez en cuando el nivel, introduciendo pasadas adicionales y parciales en la parte que forma la franja blanca.

Figura 57. (1) A medida que la labor de tejido avanza, la parte por tejer se vuelve cada vez más estrecha. Es preciso utilizar elementos de telar adaptados a esta situación y por ende cada vez más estrechos. La tejedora reemplaza la vara separadora *E* por una vara separadora *F*, de menor diámetro, y utiliza el machete *M2* que había utilizado ya durante el tejido de la curva.

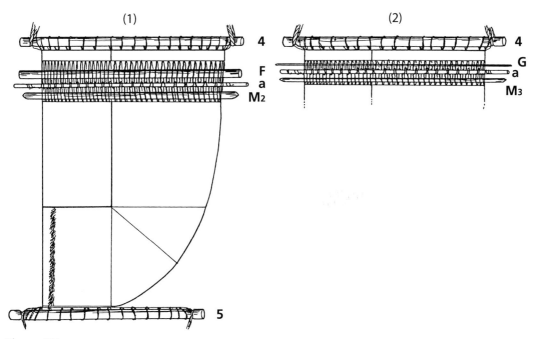

Figura 57.

(2) Posteriormente, el espacio se vuelve tan estrecho que la vara *F* es reemplazada por la vara *G* que de hecho es un alambre. Finalmente, la tejedora utiliza un machete *M3*, y después el *M4* que mide menos de un centímetro de ancho.

Ese tejido terminal se llama tejido de unión porque su objetivo es alcanzar la parte tejida a partir de la vara tensora núm. 4, parte que había sido tejida para que ese lienzo tuviera cuatro orillos.

Cuando el espacio por tejer se vuelve tan estrecho que la tejedora ya no puede utilizar ningún elemento, la tejedora retira la vara separadora *G*, renuncia al machete *M4* y quita la varilla de lizos *a*. Así, libera el lienzo de sus varas tensoras núm. 4 y núm. 5.

Le quedará un centímetro por tejer, lo cual llevará a cabo con una lezna. Ese tejido manual es en suma un tejido con punto de zurcido.

25. *Lienzo terminado*

Figuras 58 y 59. Durante la labor de tejido, lo que estaba visible era el revés de la tela (figura 59). Recordemos que para crear un orillo durante la operación de tejido en curva, la tejedora hizo salir los hilos de lana roja en una línea media. Los cortará casi al ras del tejido. Así, esos hilos de lana no se verán por el derecho de la tela. El lienzo se presenta tal como lo vemos en la figura 58. Gracias a un tejido combinado de cara de trama seguido de otro de cara de urdimbre, la franja roja ornamental es continua. La franja blanca, que forma un rectángulo, será el cuello de la prenda.

La franja roja no siempre es tan ancha. El espacio blanco se ensancha cuando la franja roja se hace más estrecha.

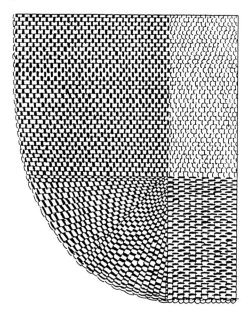

Figura 58.

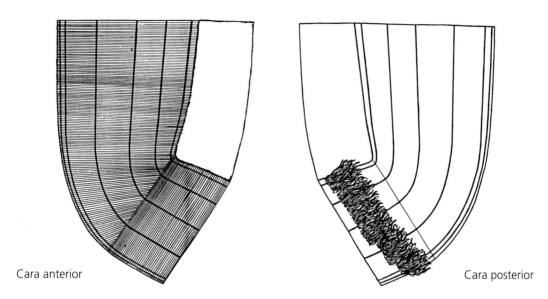

Cara anterior   Cara posterior

Figura 59.

III. Los colores y los tintes

Figura 60. Esta figura representa el lienzo con sus distintos colores, que son tres: los bordes blancos —el grande y el pequeño, que continúan a lo largo del borde en curva—, la franja ornamental roja y los hilos ornamentales verdes o azules.

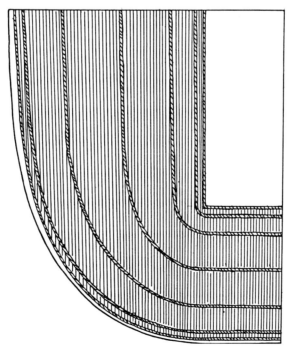

Figura 60.

1. *El color*

a) *El color rojo*

Aunque en los años ochenta todas las mujeres adultas, la mayoría de las jóvenes
y algunas niñas usaban todavía el quechquémitl, muchas de ellas poseían también suéteres y varias se vestían como citadinas. Sea como fuere, pudimos comprobar cierta predilección por el color rojo: en efecto, sus suéteres y sus vestidos modernos eran siempre de ese color. El rojo vivo y el rosa son, de cualquier
manera, los colores más populares. Los quechquémitls siguen la misma regla.

En los años noventa, los quechquémitls usados en Santa Ana Hueytlalpan
eran de cuatro tonos diferentes de rojo (queda claro que cada color puede
tener variaciones en su grado de intensidad, que obedecen al modo de teñido
y al lavado).

La definición que damos de esos rojos está basada en el *Código universal de
los colores* de Séguy (1936). Se trata de proporcionar una impresión general
antes que de brindar una información de gran precisión científica.

1. Lám. IV, núm. 48: rosa de anilina, fucsina.
2. Lám. XI, núm. 151: escarlata, *coccinatus*.
3. Lám. VII, núm. 103-102: granate púrpura.
4. Lám. IV, núm. 51: rojo púrpura violáceo.

Las ancianas usan de preferencia colores oscuros. Las jóvenes, colores vivos.

Al parecer, ese gusto de las mujeres jóvenes por los colores vivos es una
forma de aculturación. El color tradicional debía de ser semejante al rojo púrpura (color obtenido gracias a la cochinilla). Sin embargo, ninguna de las ancianas pudo darnos una respuesta segura al respecto.

b) *El color verde*

La lana verde es siempre del mismo tono más o menos oscuro: verde esmeralda.
El algodón verde es un algodón perlado industrial de color similar.

c) *El color azul*

La lana azul es también siempre del mismo tono más o menos oscuro: azul
turquesa. El algodón azul de origen industrial es de tono similar.

Cabe notar que esos tres colores son los colores del antiguo México. El
rojo es el color del sol, de la guerra, de la sexualidad. El verde y el azul —que,
incluso en la actualidad, constituyen para los indígenas un mismo color— son
el símbolo del agua profunda y por lo tanto de la fecundidad. El verde es el
color de la jadeíta.

d) El color blanco

El algodón blanco no siempre es de un blanco resplandeciente, sino más bien del color del algodón apenas lavado y ligeramente crudo.

e) La tintura

En otra época, cada familia de Santa Ana Hueytlalpan tenía sus propias ovejas. La familia Pablo, a la que pertenece mi informante Pascuala, ya no tiene ovejas, pero en los años ochenta algunas familias todavía criaban estos animales (en 1985, por ejemplo, Juana García, indígena otomí de Santa Ana Hueytlalpan, fue encontrada muerta en las faldas del Cerro Napateco, en medio de sus ovejas).

Antaño las tejedoras de ese pueblo limpiaban y desgrasaban la lana bruta que provenía de su ganado o de las rancherías vecinas, con un baño que contenía tequesquite (una especie de salitre). Después llevaban esa lana a cardar a Tulancingo o a Acaxochitlán. Finalmente la hilaban con la ayuda de un huso que estaba formado por una varita de madera de unos 40 cm de largo y por un malacate de barro de 6 cm de diámetro aproximadamente. Para el tejido del quechquémitl, la lana es objeto de una torsión media en *Z*.

Actualmente, sin embargo, las tejedoras de Santa Ana Hueytlalpan van cada vez más a menudo a Tulancingo a comprar ovillos de lana que a veces vuelven a hilar para darle la torsión deseada. Sucede también, desafortunadamente, que se dejen llevar por la tentación de comprar lana industrial ya teñida.

En cuanto al hilo de algodón blanco de origen industrial, a veces también lo desdoblan para darle, al hilarlo, una torsión apretada.

Para teñir de rojo, se prepara en primer lugar un agua en la cual hirvieron largamente flores de color amarillo llamadas localmente "tripas de gallina". Antes de sumergir las madejas en esa decocción todavía caliente, se disuelve en ella tinte de origen industrial comprado en Tulancingo. Esos polvos baratos son de muy mala calidad.

La planta "tripa de gallina" fue determinada por Henri Puig (*Muséum National d'Histoire Naturelle*): *Bidens aurea* (Aït) Sherff. Compuesta.

Esa planta crece en tierras altas, en medio húmedo, y florece durante la temporada de lluvias.

0   10 cm

No desempeña un papel de mordiente sino que su decocción facilita el henchimiento de las fibras y la fijación del colorante, tal como lo mostró el análisis que hizo de ella, en 1973, el ingeniero químico Garuad, cooperante militar en México. En efecto, cuando uno lava el quechquémitl, el rojo se destiñe. En los tiempos precortesianos, los panes de cochinilla preparados para la tintura contenían alumbre (Hernández, 1960-1984 II: vol. 1, 315). Entre 1602 y 1605, la región de Tulancingo, a la cual pertenecen Santa Ana Hueytlalpan y San Pedro Tlachichilco, practicaba la crianza de la cochinilla (Ruvalcaba y Baroni, 1994: 28-30, 33, 35 y 37). Nosotros logramos todavía encontrar algunos ejemplares de cochinilla sobre las pencas de los nopales del pueblo. Naturalmente, se trataba de cochinillas salvajes.

Es casi seguro que, en épocas antiguas, ese color rojo fuese obtenido a partir de la cochinilla. Sin embargo, ninguna de las ancianas de Santa Ana Hueytlalpan recuerda el colorante natural que se usaba en aquel entonces. Ellas llaman a todos los polvos industriales "añil", sinónimo de "(azul) índigo", pero en el vocabulario local esa palabra significa simplemente colorante. Así, ellas dicen: "añil rojo", "añil verde" o inclusive "añil azul". El añil azul corresponde, de hecho, al añil propiamente dicho, que las tejedoras todavía utilizan para teñir sus faldas.

IV. Ensamblado del quechquémitl

1. *Tejido con punto de zurcido*

Figura 61. La tejedora coloca sobre sus rodillas los dos lienzos del quechquémitl. Los dos orillos están a una distancia de aproximadamente 8 a 10 cm uno del otro. Ambos lienzos están dispuestos con el revés hacia el exterior.

Figura 62. Habiendo enhebrado su lezna con un hilo doble de lana roja de aproximadamente 2 m de largo, la tejedora comienza su tejido por el borde que queda hacia el exterior.

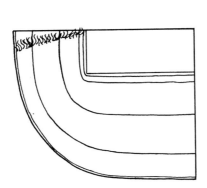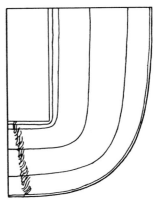

Figura 61.

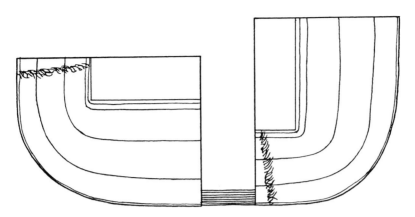

Figura 62.

Figura 63. Detalle de esta primera operación: coloca hilos de urdimbre paralelos y horizontales. No hay cruzamiento central, puesto que se trata de un tejido con punto de zurcido. Los hilos de la capa inferior y de la capa superior siempre se encuentran en número impar y generalmente son nueve.

Figura 64. El mismo hilo doble de lana sirve de hilo de urdimbre y luego de hilo de trama. El hilo doble de trama toma y deja un hilo doble de urdimbre. Cuando la tejedora ya ha realizado su segunda pasada, el hilo se convierte de nuevo en hilo de urdimbre y es colocado oblicuamente, tendido hacia el orillo opuesto a aquél, en el cual el tejido había comenzado realmente. La distancia entre los hilos de urdimbre horizontales y la llegada del primer hilo de urdimbre oblicuo es de cuatro dedos.

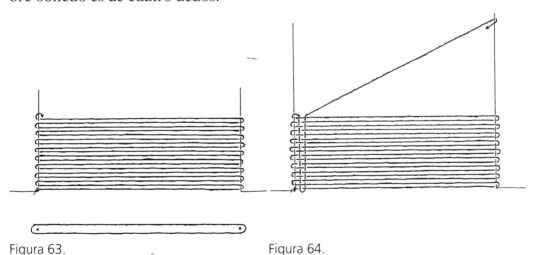

Figura 63.   Figura 64.

Figura 65. Cuando todos los hilos de urdimbre horizontales fueron tejidos, se van colocando los hilos de urdimbre oblicuos.

Figura 66. Cuando el último hilo de urdimbre ha sido colocado, se empiezan a tejer los hilos de urdimbre. El tejido se hace siempre de la misma manera: un hilo doble de trama toma y deja un hilo doble de urdimbre. Empero, en

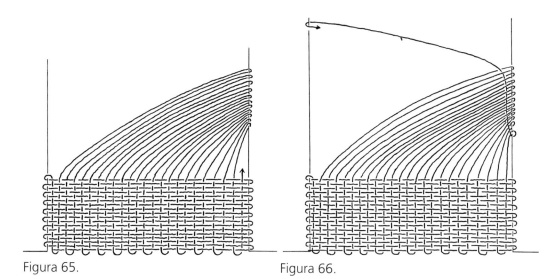

Figura 65.   Figura 66.

cuanto ha sido introducida la primera pasada, el hilo se convierte en hilo de urdimbre instalado oblicuamente, siguiendo los mismos principios que en las figuras 64 y 65.

Figura 67. Esta figura muestra el trayecto del hilo, que funge sucesivamente como hilo de trama y como hilo de urdimbre. Se puede apreciar también que las pasadas son de distintas longitudes. En efecto, se trata de llenar de manera más o menos homogénea esos hilos de urdimbre oblicuos que forman un triángulo rectángulo y no permiten por lo tanto un trayecto regular de las pasadas.

Figura 68. La última pasada que fue introducida se une al tejido anterior. El mismo hilo se convierte en el último hilo de urdimbre del triángulo siguiente; luego el mismo hilo es introducido como hilo de trama a través de los nuevos hilos de urdimbre y se convierte después en el primer hilo de urdim-

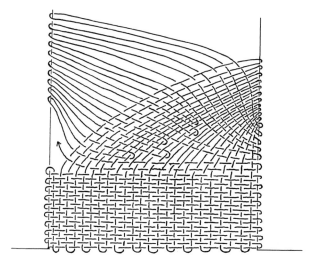

Figura 67.

bre oblicuo del triángulo siguiente. Es posible ver en la figura que quedará un espacio por llenar.

Figura 69. Las operaciones de tejido continúan de manera idéntica.

El hilo doble de lana es continuo. Se vuelve sucesivamente hilo de trama e hilo de urdimbre.

La lezna de acero sirve como machete, opera el cruzamiento de los hilos de urdimbre y sirve también para apretar la trama.

A final de cuentas, hay una analogía evidente entre el tejido del quechqué-mitl y el tejido de esta banda de lana: los hilos de urdimbre tienen un trayecto inusual oblicuo, y la técnica de llenado se asemeja a la del tejido diagonal en curva. La base tiene siempre cuatro dedos de anchura.

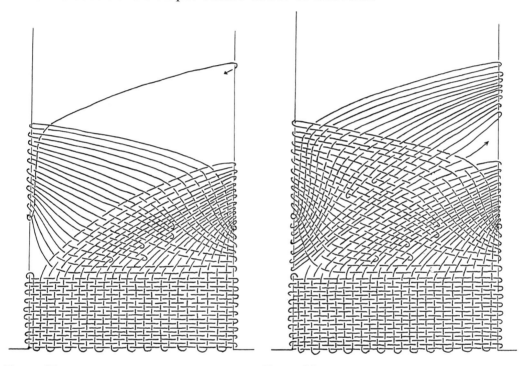

Figura 68.   Figura 69.

Figura 70. Una vez que la banda de unión ha sido acabada, la tejedora llena los vacíos con una nueva aguja o refuerza los lugares demasiado holgados con un punto de zurcido sobreañadido.

La tejedora toma entonces una aguja enhebrada con hilos verdes de algo-dón o de lana y teje con punto de zurcido, hilos ornamentales que siguen y subrayan el contorno de los triángulos tejidos. En la parte media de la banda de unión, continúa con una aguja enhebrada con hilo azul de algodón o de lana. Después, dándole la vuelta a la banda tejida, y con la prenda, ya no so-bre el revés, sino sobre el derecho, dobla la prenda para juntar los otros dos orillos tomando como medida de anchura la banda de unión ya hecha que se encuentra debajo.

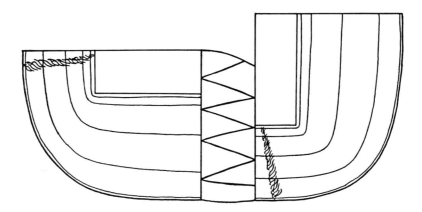

Figura 70.

Esos ribetes ornamentales que son mitad verdes y mitad azules se observan en todos los numerosos quechquémitls que adquirimos en Santa Ana Hueytlalpan. No se trata de un capricho de la tejedora, sino de una tradición que confirma la confusión entre azul y verde.

Figura 71. La originalidad de este quechquémitl es que cada lienzo, en lugar de ser rectangular, tiene un lado curvo. Así, una vez ensamblados los dos lienzos, en lugar de tener una prenda de aspecto triangular con una punta que cae sobre el pecho de la mujer, tendremos una prenda que presentará un contorno redondeado.

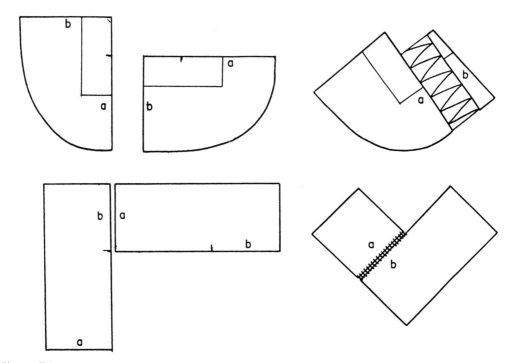

Figura 71.

Ese "tejido" con la aguja permitirá unir los dos lienzos para dar su forma a la prenda. Se trata de un tejido poco común y que, en los años ochenta, sabían realizar sólo algunas mujeres en Santa Ana Hueytlalpan. En el mercado, la prenda es vendida bajo la forma de dos lienzos unidos por medio de un hilo bastante flojo: la compradora acudirá después con una de esas pocas especialistas para ensamblar la prenda.

En la Sierra de Puebla, en Tenango de Doria y en San Pablito —donde la técnica de tejido del quechquémitl es similar— los dos lienzos son simplemente cosidos juntos, pero son de dimensiones más grandes.

Las indias nahuas de la región de Zontecomatlán unían ambos lienzos con un hilo doble de lana, alternando el rojo y el verde. Esa banda de unión tenía entre cuatro y cinco centímetros de ancho. La técnica empleada era un trenzado sin nudo, probablemente realizado con una aguja. Dicho tipo de quechquémitl, de dimensiones similares al de Santa Ana Hueytlalpan, se tejía todavía en los años 1930.

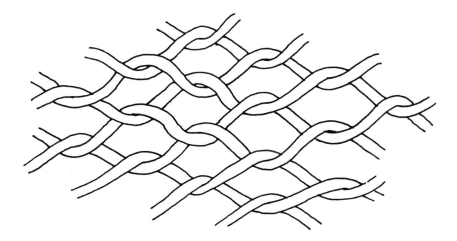

Trenzado sin nudo de la unión del quechquémitl
(Zontecomatlán, Veracruz).

EL USO DEL QUECHQUÉMITL

El quechquémitl, cuya técnica de tejido hemos descrito, era llevado hasta los años ochenta por las mujeres otomíes de Santa Ana Hueytlalpan.

En San Pedro Tlachichilco, poblado de fuerte mestizaje, sólo la alfarera Nicha seguía llevando el traje tradicional en dicha década. La historia de su vida es muy triste. Tenía 14 años cuando fue repudiada por su marido por no poder tener hijos; la enviaron entonces a la Ciudad de México para trabajar como empleada doméstica. Adoptó entonces la indumentaria de las muchachas citadinas. Ahorró parte de su salario y, cuando logró reunir un modesto peculio, volvió a San Pedro Tlachichilco. Se instaló en la humilde casa que le habían heredado sus padres y retomó voluntariamente el traje indígena de su infancia. Adoptó a una niña y, siguiendo el ejemplo de su madre, se dedicó a la alfarería, yendo a la sierra para vender su mercancía. Su retorno a la tradición fue una especie de respuesta al infortunio de su vida pasada.

Posteriormente, trabajó como informante de Jacques Galinier. Él nos la presentó en 1972. Siempre estaba en la mejor disposición para compartir su saber y sus recuerdos. Nos mostró una foto de sus padres. Su madre usaba un quechquémitl más amplio que el suyo, que llegaba hasta el ombligo y permitía cargar un bebé. Nicha también nos explicó que, antaño, no todos los quechquémitls de aquella región incluían una franja roja tan ancha. En ocasiones, la franja medía apenas 5 o 6 cm de ancho, y la tela blanca ocupaba mayor espacio.

Los quechquémitls en miniatura destinados a vestir los ídolos del oratorio pagano de Manuela, en San Pedro Tlachichilco, confirman las afirmaciones de Nicha. Se trata efectivamente de quechquémitls tejidos años atrás, ya que cada año era preciso cambiar la ropa de ambos ídolos (el de la "doncella" y el de su criada Meche). De no ser así, deidades poderosas y temibles podían vengarse y enviar enfermedades (G. Stresser-Péan, 2005: 121).

Sin embargo, independientemente de su ancho, la franja roja se encuentra siempre a lo largo de la orilla externa de la prenda. Obviamente, el tejido de la curva es más fácil de lograr cuando la franja es más estrecha; sin embargo, la técnica sigue siendo la misma.

El quechquémitl se suele llevar una como capa corta que cuelga sobre los hombros. La ancha franja roja forma pues una curva sobre el pecho de la mujer. De manera general, empero, las mujeres de ese pueblo prefieren llevar su quechquémitl con la curva sobre los hombros (véase la figura 72).

Hemos dicho ya que las mujeres del Altiplano que usan quechquémitl puntiagudo suelen llevar la prenda de tal manera que las puntas caen sobre los hombros y los antebrazos. Todo indica, en efecto, que ello resulta más cómodo durante las tareas cotidianas. No obstante, ésa no parece haber sido la usanza del las mujeres de antaño.

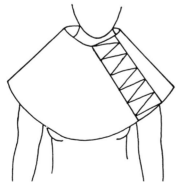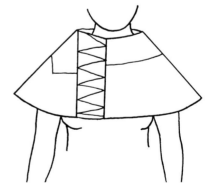

Figura 72.

La complejidad del tejido del quechquémitl constituye la causa principal de la paulatina desaparición de la prenda; en San Pedro Tlachichilco, para empezar, cuyos habitantes solían comprar su ropa en Santa Ana Hueytlalpan. En 1984 mi informante Fidela nos permitió penetrar en su oratorio. Uno de los baúles contenía dos ídolos de papel recortado: uno era Nicolás, el amo del pueblo; el otro, su hija. Fidela nos explicó en aquel momento que las tejedoras de Santa Ana Hueytlalpan exigían sumas de dinero tan exorbitantes que ella se había visto obligada a hacer un quechquémitl en tejido de punto para vestir al ídolo.

En Santa Ana Hueytlalpan se asiste hoy a un acortamiento del quechquémitl, a tal punto que las mujeres optan más bien por usarlo como tocado.

I. TRANSFORMACIÓN DEL QUECHQUÉMITL EN TOCADO

Figuras 73, 74 y 75. Las mujeres otomíes de este pueblo doblan los bordes del quechquémitl hacia adentro para convertirlo en una especie de sombrero. Pueden dejar un borde libre para proteger la nuca del sol (núm. 4) o bien transformar su quechquémitl en una especie de gorro (núm. 6).

Figura 76. En ocasiones, el quechquémitl es llevado sencillamente sobre la cabeza para cubrir la frente y la nuca.

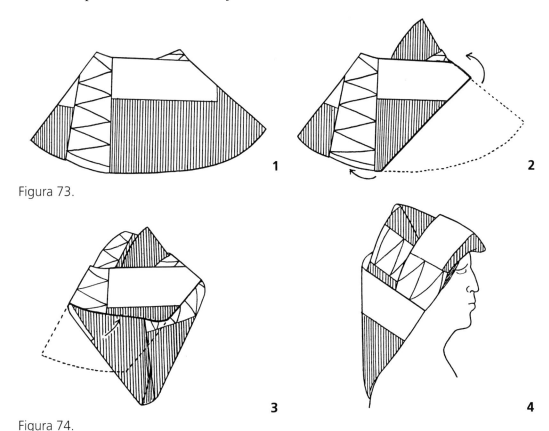

Figura 73.

Figura 74.

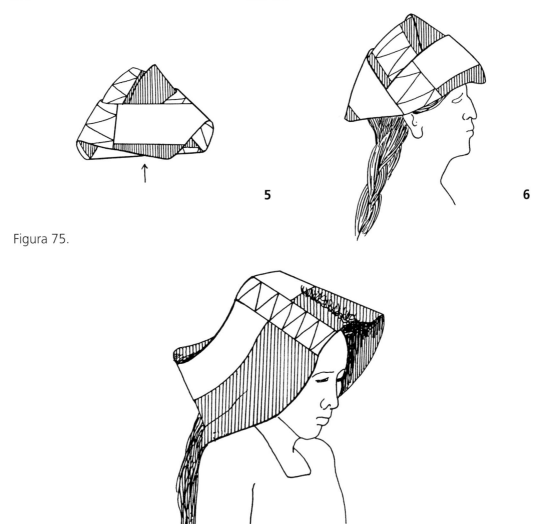

Figura 75.

Figura 76.

La dueña toma la precaución de llevar la prenda al revés, para proteger el derecho de los rayos del sol.

En 1937 Bodil Christensen fotografió a una mujer nahua de la región de Zontecomatlán (Ver.) que llevaba así su quechquémitl.

Figura 77. En San Pedro Tlachichilco, Nicha solía llevar el quechquémitl de una manera distinta, siguiendo la antigua usanza entre las mujeres de este pueblo. Habiéndose puesto el quechquémitl, levantaba el borde delantero para ponérselo en la cabeza. El escote servía así para enmarcar el rostro.

En los años 2000, el uso del quechquémitl se ha tornado muy poco frecuente en Santa Ana Hueytlalpan. Podemos ver en su transformación en tocado, que obedece a la disminución de su tamaño, una señal de su paulatino abandono. Algunas ancianas siguen tejiéndolo, sin embargo, para venderlo a las jóvenes que desean engalanarse con él el día de su boda.

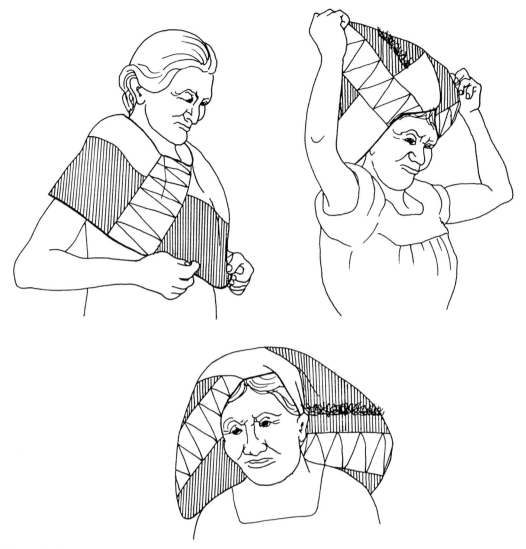

Figura 77.

De hecho, Santa Ana, patrona del pueblo, sigue yendo ataviada con el traje tradicional y, por ende, luce un quechquémitl.

En San Pablito (Pue.), las mujeres otomíes solían cubrirse la cabeza con una jícara de Olinalá (Gro.); las jícaras estaban a la venta en el mercado de Pahuatlán. Incluso en 1986 pudimos observar a algunas mujeres que llevaban puesta esa jícara aunque, naturalmente, el uso del rebozo tiende a hacerla desaparecer.

II. EL BORDADO

De manera general, la parte blanca del quechquémitl quedaba tal cual. Sin embargo, a partir de los años treinta, algunos de los quechquémitls incluían bordados sobre el fondo blanco. Los bordados, discretos a principio del siglo XX, cubrían ya toda la parte blanca en los años setenta. No obstante, ése no era el uso dominante.

El quechquémitl que Jacques Soustelle llevó al Musée de l'Homme (París, Francia) en 1933, sólo tiene bordados un pajarillo amarillo de patas azules y dos flores azules en su florero. Es un bordado cuyo dibujo lineal hace pensar en los decorados similares que es posible apreciar en las paredes de los oratorios otomíes.

Jacques Galinier compró en 1970 un quechquémitl en miniatura, tejido probablemente muchos años antes y destinado a ataviar un ídolo. Va adornado con un florero de flores azules y con dos pajarillos del mismo color, y presenta el mismo estilo de bordado que el quechquémitl de 1933.

Año tras año, es posible ver cada vez más quechquémitls con adornos bordados. En 1981, Paula Pablo, de 14 años, hija de mi informante, la tejedora Pascuala, bordó el escote de un pequeño quechquémitl tejido para ella por su madre. En uno de los lados bordó un pájaro, flores y la fecha del bordado; en el otro, su nombre, flores y un pavorreal. Los colores usados fueron el verde, el rojo, el morado, el amarillo, el naranja y el azul. Paula recurrió a una gran variedad de colores, y ello confiere a su bordado cierto modernismo. El bordado cubre toda la parte blanca. Las flores, de grandes pétalos, invaden la tela blanca. Quizá los motivos bordados en los quechquémitls de San Pablito inspiraron a las bordadoras de Santa Ana Hueytlalpan, quienes conservan empero su originalidad creadora.

III. Distribución geográfica

Casi todos los quechquémitls que uno podía encontrar antaño en la Huasteca y en la Sierra de Puebla llevaban una franja decorativa tejida en curva. No obstante, los métodos de tejido no eran siempre los mismos. Entre más estrecha era la franja, más sencillo resultaba el tejido en curva.

El nivel de complejidad en el tejido del quechquémitl de Santa Ana Hueytlalpan es excepcionalmente alto, pues tiene una franja decorativa muy ancha. Lo que más llama la atención es la necesidad por parte de la tejedora de recurrir sin cesar al tejido manual y de proceder a cierto cálculo empírico para equilibrar el avance de su tejido.

Pocos poblados poscortesianos parecen haber adoptado una técnica tan laboriosa.

Ya en el siglo XX, era posible encontrar en San Pablito y en Tenango de Doria quechquémitls con franjas decorativas muy anchas, con una técnica de tejido similar.

Las tradiciones de tejido han desaparecido desde hace mucho en Tenango de Doria, y en la década de 1980 tendían también a desaparecer en San Pablito. Sin embargo, las tejedoras de Santa Ana Hueytlalpan esta-

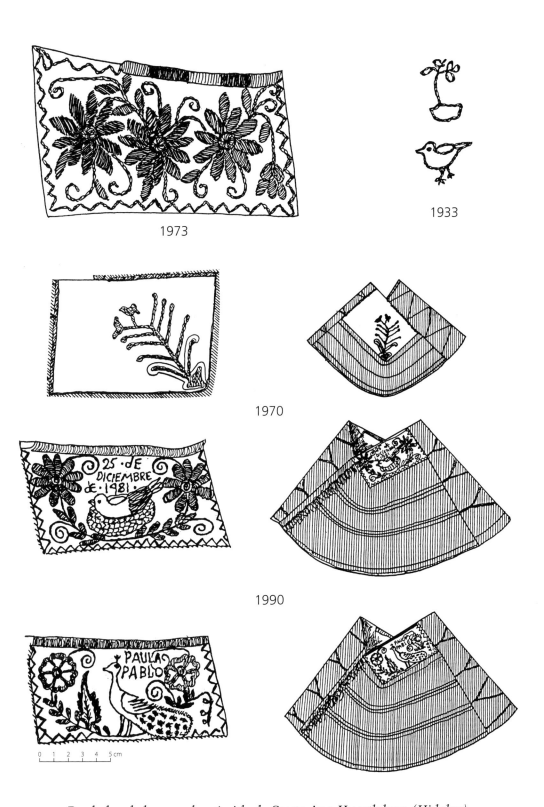

1973

1933

1970

1990

0 1 2 3 4 5 cm

Bordados de los quechquémitls de Santa Ana Hueytlalpan (Hidalgo).

ban acostumbradas a vender el producto de su trabajo en la sierra, y seguían tejiendo quechquémitls para ofrecerlos a las mujeres de ambos pueblos en 1980.

Entre los nahuas de la región de Zontecomatlán, el quechquémitl presenta un aspecto muy semejante al de Santa Ana Hueytlalpan. Su franja decorativa roja tiene entre 8 y 11 cm de ancho. Lleva un estrecho borde blanco exterior, al igual que en Santa Ana Hueytlalpan. La tela blanca está totalmente cubierta por un bordado de confite. Sin embargo, cada lienzo tiene sólo tres orillos. Bodil Christensen visitó aquella región en 1937. Algunas mujeres seguían llevando el quechquémitl. Sin embargo, cuando mi marido y yo estuvimos allá en 1981, el recuerdo mismo de este quechquémitl había caído en el olvido y a duras penas logramos encontrar a un viejo campesino que había conservado por milagro el quechquémitl de su difunta esposa. Pudimos comprarlo sin problema.

Es posible que ese tipo de quechquémitl haya sido más frecuente en tiempos de la conquista española y en los siglos subsecuentes. La hipótesis permanece empero sin confirmar.

EL TELAR

I. El telar amerindio

En este telar las varas de los extremos —o enjullos— sirven para tensar los hilos de urdimbre. Estos hilos efectúan un cruzamiento central para posibilitar la labor de tejido. La vara *A* sirve para separar las capas de hilos de urdimbre. La varilla de lizos *a* levanta los hilos de urdimbre de una de las dos capas con el fin de formar el cruzamiento necesario para la labor de tejido. La bobina *b* introduce el hilo de trama en la calada (también llamada "paso") obtenida gracias a la varilla de lizos. El machete *M* sirve para apretar el cruzamiento.

Una buena tejedora no se separa nunca de su machete, cuya superficie va puliéndose con el transcurso de los años. Es el instrumento más importante para ella: con él forma el cruzamiento, con él hace nacer el tejido.

En tiempos antiguos el machete era blandido por las divinidades, como un arma poderosa. Xochiquetzal, al igual que Chalchiutlicue *(Códice Telleriano Remensis)* y Cihuacoatl *(Códice Magliabechiano)*, tienen machetes pintados de azul.

En una de las escenas de conquista de la *cuauhchicalli* o piedra sacrificial de Moctezuma Ilhuicamina, Culhuacán está representada por una diosa guerrera de falda corta y torso desnudo. En su mano izquierda sostiene un haz de jabalinas y en su mano derecha un machete para tejer *(tzotzopaztli)* al cual estaría atado un elemento de telar. El machete de esa diosa guerrera está claramente adornado con grabados en su parte superior (Solís, 1991: 156-159; Pérez-Castro Lira, 1989: 142).

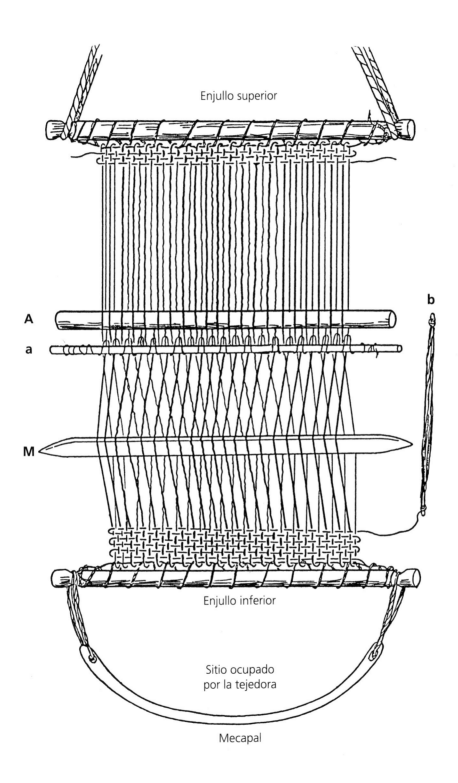

Enjullo superior

b

A

a

M

Enjullo inferior

Sitio ocupado
por la tejedora

Mecapal

Conquista de Culhuacán.
Piedra sacrificial de Moctezuma Ilhuicamina.

Un machete de apariencia idéntica fue descubierto en 1959, en una cueva seca de la región de Tehuacán. Seguramente fue depositado ahí como ofrenda y se encontraba junto a tiestos del Posclásico tardío. Su parte superior estaba decorada con dibujos geométricos. Una ranura situada a 7 mm del borde superior contenía siete pequeñas semillas redondas y duras que convertían ese machete en una sonaja. Se trataba pues de un instrumento ceremonial (Johnson, 1960).

El machete, símbolo de guerra y fecundidad creadora, ha conservado hasta nuestros días, entre los indígenas, parte de este significado sagrado.

Roberto J. Weitlaner (en Johnson, 1960) asistió en 1942 a la "Danza Marqués", entre los nahuas de San Juan Acapetlahuaca (Gro.). Los personajes principales de esa danza son Hernán Cortés y sus españoles, así como Moctezuma y su gente. Uno de los danzantes va disfrazado de anciana y enarbola un

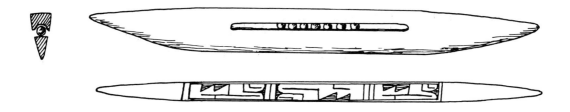

Machete-sonaja encontrado en una cueva seca cerca de Tehuacán (Puebla).
Longitud: 23 cm. Ancho máx.: 2.25 cm. Ancho dorsal: 1.1 cm.
(según un dibujo de J. L. Franco).

machete. Un viejo forma con ella una pareja que recuerda la existencia de la pareja primordial.

II. LOS DIVERSOS ELEMENTOS DE TELAR NECESARIOS PARA EL TEJIDO DEL QUECHQUÉMITL EN SANTA ANA HUEYTLALPAN

Llama la atención el hecho de que los elementos de telar que sirven para tejer el quechquémitl de Santa Ana Hueytlalpan sean tan numerosos, y que la tejedora opere durante el tejido cambios constantes de elementos. En efecto, ella habrá de utilizar cinco enjullos o varas tensoras de los hilos de urdimbre, diversas varas separadoras de las capas, dos varillas de lizos, dos bobinas de grosores distintos, una varilla reguladora de anchura —llamada también templero—, cuatro machetes de distintas anchuras, un peine y una espina de maguey, a veces reemplazada por una lezna de acero.

a) Amarre del enjullo superior a un árbol, o a un horcón, con un mecate.

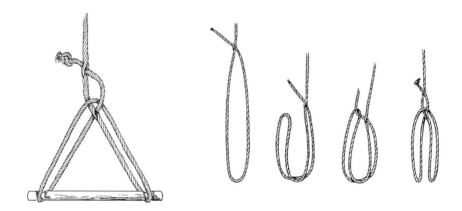

b) Amarre de la cuerda al tronco de árbol o a una viga. Ese nudo se deshace por sí solo cuando se suelta el bucle.

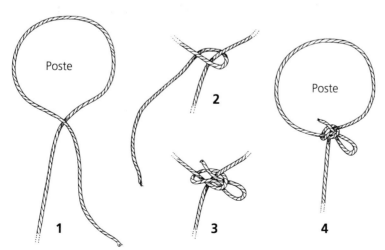

c) Manera en que la tejedora enrolla la tela alrededor de los dos enjullos inferiores, a medida que avanza en su tejido.

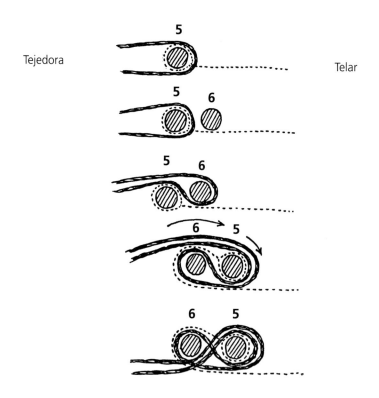

d) El templero. La función de la varilla reguladora de anchura o templero es esencial en todas las labores de tejido, pero más particularmente durante el tejido de este quechquémitl. La varilla está formada por un carrizo. La tejedora realiza orificios a intervalos regulares con el fin de utilizar la varilla sea cual sea la medida de la tela. Eso le permite, por ejemplo, dar la forma correcta a la curva durante la labor de tejido en diagonal o "en forma". La varilla es fijada a la tela con dos espinas de maguey. Ese carrizo proviene de San Pablito (Pahuatlán, Pue.)

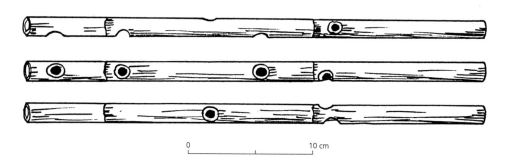

e) Los cuatro machetes *(M1, M2, M3, M4)*. El machete más largo *M1* mide aproximadamente 55 cm de longitud, 4 cm de ancho y entre 5 y 9 mm de grosor. Es el machete utilizado con mayor frecuencia durante este tejido.

Como el machete aprieta fuertemente los cruzamientos del tejido, unas finas ranuras terminan por marcarse en la madera, sobre el filo, provocadas por el contacto repetido con los hilos de urdimbre.

A veces, durante la labor de tejido de la diagonal, la tejedora utiliza el machete *M2*, que tiene la misma longitud que *M1*, pero sólo 2.5 cm de ancho.

Conforme el espacio que queda por tejer se vuelve más estrecho, la tejedora cambia de machete, eligiendo uno cada vez más angosto *(M3, M4)*.

Teóricamente, el machete es de madera muy dura, pero en esta región sólo hay madera de pino. Por otra parte, ya no hay árboles alrededor de Santa Ana Hueytlalpan, de tal manera que todos los elementos de telar que acabamos de describir provienen de Santa Ana Tzacuala (Acaxochitlán, Hgo.) y son de madera de pino.

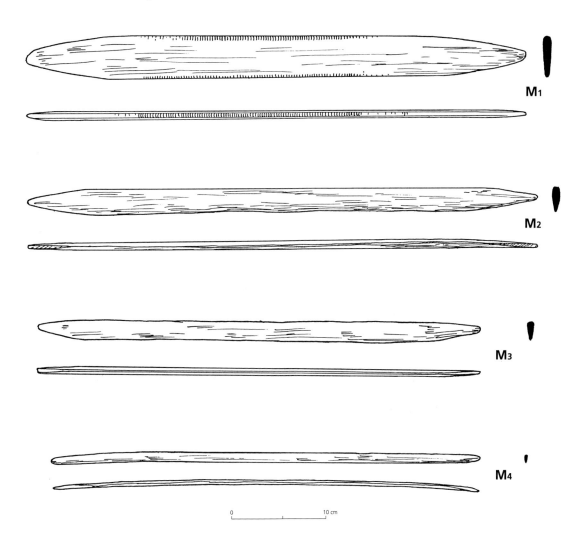

f) El peine. Como las mujeres de Santa Ana Hueytlalpan tejen esencialmente una tela con efecto de cara de urdimbre utilizan a menudo, para apretar todavía más los cruzamientos, un peine de madera de naranjo. Esos peines
son comprados a los vendedores ambulantes que vienen del estado de Puebla.

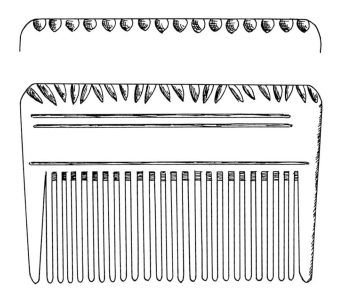

g) Espina grande de maguey que sirve como punzón. Durante toda la labor de tejido, la tejedora utilizará un punzón para reordenar constantemente
el paralelismo de sus hilos de urdimbre. Por lo general, ese punzón está hecho con una espina grande de maguey. En los años ochenta, la espina solía
ser reemplazada por una lezna de acero.

III. Los telares para tejer los quechquémitls de San Pablito, Pahuatlán, Puebla

Esos telares son de dos tipos: o bien el telar sirve para tejer los dos lienzos a la vez, o bien sirve para tejer sólo un lienzo. Hay un telar muy largo que puede medir hasta 2 m y un telar corto cuya longitud puede alcanzar entre 80 y 90 cm.

En 1934 Bodil Christensen hizo un primer viaje a San Pablito. En el transcurso de los años siguientes, se interesó especialmente por los ídolos que Santos García recortaba en el papel amate fabricado en el mismo pueblo, aunque también prestó atención al tejido en curva, mismo que dio a conocer en el mundo científico. Adquirió tres telares de San Pablito, dos largos (telares núm. 1 y 2 de su colección) y un telar corto (telar núm. 3). En su artículo "Otomi looms and quechquemitls from San Pablito, state of Puebla, and from Santa Ana Hueytlalpan, state of Hidalgo, Mexico" (1947), Bodil Christensen describe brevemente los dos telares que permiten tejer el quechquémitl de ese pueblo.

1. *El telar largo para tejer a la vez los dos lienzos de un mismo quechquémitl*

Se trata de un telar que puede medir entre 1.90 y 2 m de longitud, y aproximadamente entre 45 y 50 cm de ancho. Permite tejer al mismo tiempo los dos lienzos del quechquémitl.

Es difícil para la tejedora realizar sola la colocación de los hilos de urdimbre y generalmente pide ayuda a alguna vecina. Ambas van a urdir en primer lugar los hilos de algodón blanco, tanto los de la gran franja como los del borde externo blanco que mide aproximadamente 4 cm de ancho. Luego, entre la gran banda blanca y el borde externo, colocarán los hilos de lana roja. Tienen buen cuidado de efectuar un cruzamiento en el centro, el cual será mantenido por una vara separadora.

La tejedora se coloca ante el telar, acerca el cruzamiento e instala la varilla de lizos, uniendo todos los hilos de urdimbre de la capa inferior en unas lazadas continuas. Ese lizo está constituido por dos varillas.

Después de dicha operación la tejedora instala su vara tensora o enjullo definitivo. La bobina está cargada con un hilo de algodón doble.

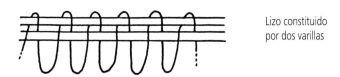

Lizo constituido
por dos varillas

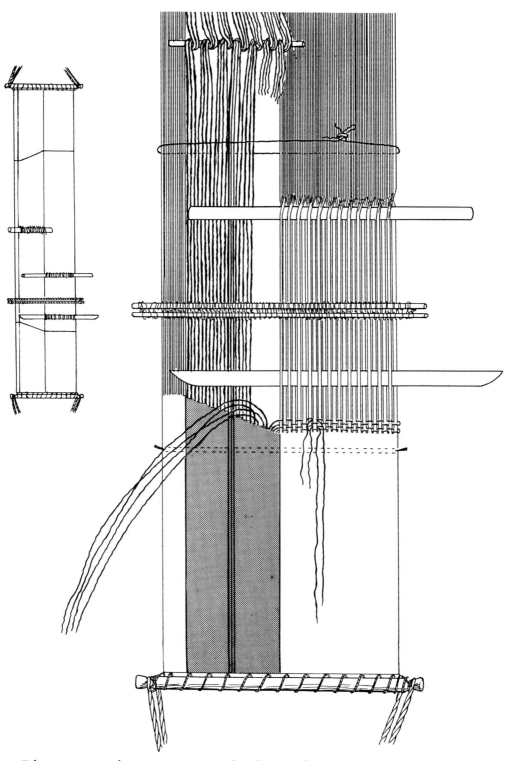

Telar para tejer al mismo tiempo ambos lienzos de un quechquémitl con franja decorativa tejida en curva (San Pablito, Pahuatlán, Puebla).

En un primer momento la tejedora elaborará una tela de 58 cm de longitud. Pero como el hilo de urdimbre de algodón blanco es mucho más delgado que los hilos de urdimbre de lana roja, introducirá entre cuatro y seis hilos de trama en la parte de algodón por cada hilo de trama en la parte de lana, gracias a lo cual el avance de su tejido es siempre horizontal. Por otro lado, la parte de lana presenta una cara de urdimbre y constituye así una franja completamente roja.

Una vez realizado ese primer tejido, da vuelta a su telar para proceder a la misma operación en el otro extremo.

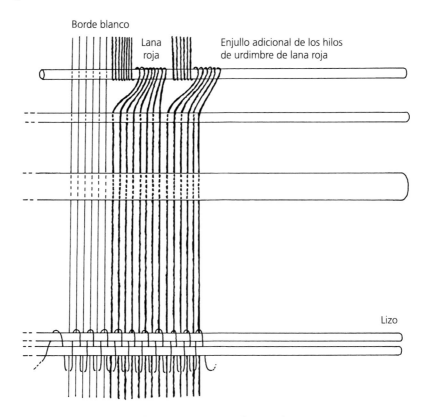

Según un dibujo de Irmgard W. Johnson.

a) Preparación para el tejido en curva

A partir de ese momento, la tejedora elaborará únicamente la franja de lana roja con pasadas gradualmente regresivas para formar un triángulo rectángulo. Este triángulo corresponde exclusivamente a la parte roja, pues el pequeño borde blanco fue tejido al mismo tiempo y probablemente con el mismo procedimiento: en una misma calada la tejedora introducirá más pasadas en la parte blanca que en la parte de lana roja. Una vara cuya función es la de tensar y separar por grupos de seis, ocho o 10 los hilos de urdimbre de lana roja, es instalada por la tejedora entre las capas de dichos hilos. Después, separando sus hilos por grupos, la tejedora los enrolla alrededor de esa vara. Se trata pues de un enjullo adicional.

Conforme los va necesitando para su tejido en curva, la tejedora va a seccionar los hilos de urdimbre de lana roja a igual distancia entre los dos lienzos del telar.

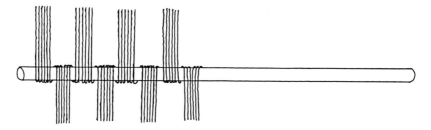

b) Tejido en curva

En primer lugar, la tejedora va a reordenar los hilos de urdimbre y las capas de algodón blanco. Con los dedos va a realizar una especie de "tejido de gasa". Nueve hilos de urdimbre, tanto de una capa como de la otra, pasan entonces bajo la gran vara separadora, mientras que los hilos de urdimbre siguientes pasan por encima. Pero del otro lado de la vara, son esos seis hilos de urdimbre los que pasan bajo los nueve anteriores. Y así sucesivamente… El cruzamiento efectuado de esa manera permanece en su lugar gracias a una vara separadora que genera una distribución diferente de las dos capas de hilos de urdimbre, distribución mantenida por la varilla de lizos.

La tejedora seccionará entonces un primer grupo de hilos de urdimbre de lana roja. Va a introducir cada hilo de urdimbre como hilo de trama en la parte que acaba de preparar. Para crear un orillo, el hilo de trama de lana roja vuelve hacia atrás y sale en trayecto parcial. El hilo siguiente, introducido como hilo de trama, completará ese segundo trayecto. La tejedora obtiene así una cara de trama roja que continúa la franja roja tejida anteriormente.

c) Tejido del borde blanco externo

Una vez tejida la curva como cara de trama, la tejedora suprime el tejido de gasa. Tejerá a todo lo ancho del telar el borde de tela blanca.

El quechquémitl de Santa Ana Hueytlalpan presenta un pequeño borde blanco externo que sigue la curva de la franja roja. En cambio, el quechquémitl de San Pablito presenta un borde blanco externo que mide entre 4 y 5 cm de ancho, y que dibuja una punta cuadrada. Esta última demuestra que el tejido de la curva está reservado a la franja ornamental interna. Ésta puede ser una franja muy ancha —llega a medir hasta 21 cm, pero en ocasiones sólo mide entre 6 y 7 cm—.

Sea cual sea el ancho de la franja ornamental del quechquémitl de San Pablito, la tejedora no recurre al tejido "en forma" como en Santa Ana Hue-

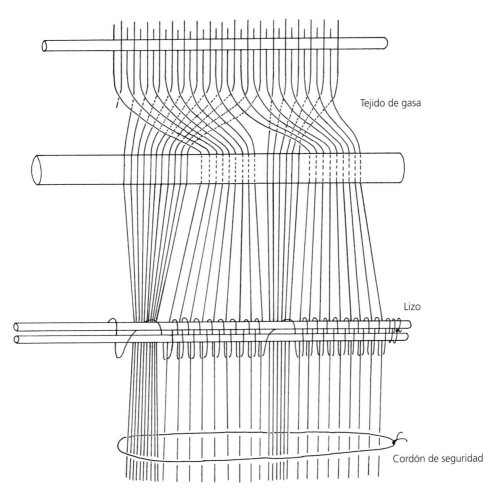

Tejido de gasa

Lizo

Cordón de seguridad

Modificación del orden de las capas de hilos de urdimbre de algodón blanco
para preparar el tejido en curva de la franja decorativa.
Según un dibujo de Irmgard W. Johnson

ytlalpan. Ello explica que la forma del quechquémitl de San Pablito sea un poco diferente de la de Santa Ana Hueytlalpan.

Mientras que en Santa Ana Hueytlalpan cada lienzo tiene cuatro orillos, en San Pablito tiene solamente tres, puesto que los hilos de urdimbre del telar van a ser seccionados después del tejido del borde blanco.

2. *Telar para tejer un solo lienzo*

Bodil Christensen (1947) menciona también un telar que sólo sirve para tejer un lienzo a la vez. Sin embargo, la técnica de tejido es idéntica a la del telar grande y cada lienzo tiene tres orillos.

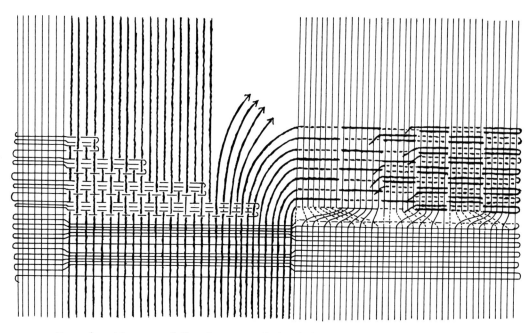

Introducción como hilos de trama de los hilos de urdimbre de lana roja.
Según un dibujo de Irmgard W. Johnson.

En toda esta región otomí de la Sierra de Puebla las mujeres indígenas usaban el quechquémitl con una banda ornamental tejida en curva.

En Tenango de Doria, en particular, la franja ornamental era tan ancha como en San Pablito y en Santa Ana Hueytlalpan. Aunque en San Pablito, como en los otros pueblos de la Sierra del Sur de la Huasteca, esa franja ornamental podía ser bastante estrecha; la técnica de tejido era la misma.

Ese tejido en curva desapareció paulatinamente de todos esos pueblos desde los años cuarenta, tal como lo indica Bodil Christensen, quien menciona la existencia de una imitación de ese tejido en curva que recurre a la costura en vez de al tejido.

Todavía en los años ochenta, las tejedoras de Santa Ana Hueytlalpan tejían quechquémitls, cinturones y faldas para venderlos en San Pablito y en Tenango de Doria.

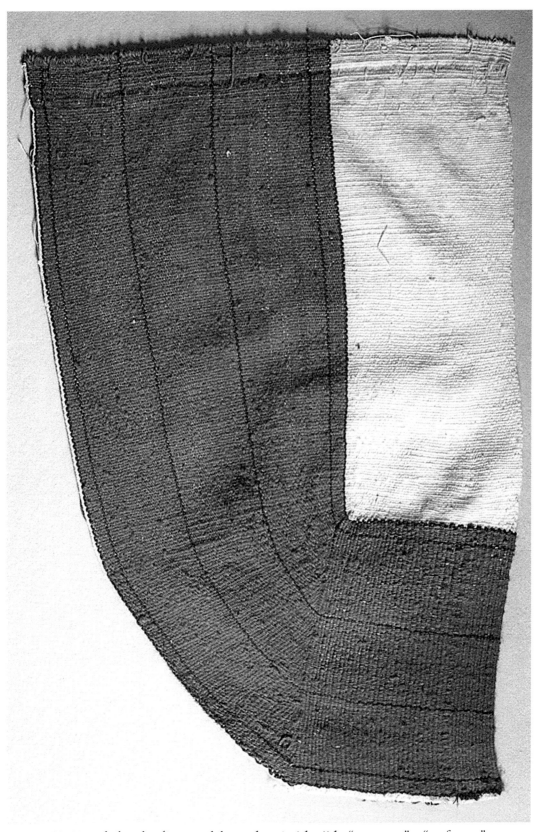

52. *Uno de los dos lienzos del quechquémitl tejido "en curva" y "en forma", visto por el derecho. Santa Ana Hueytlalpan (Hidalgo). Fotografía de Victor Lagarde.*

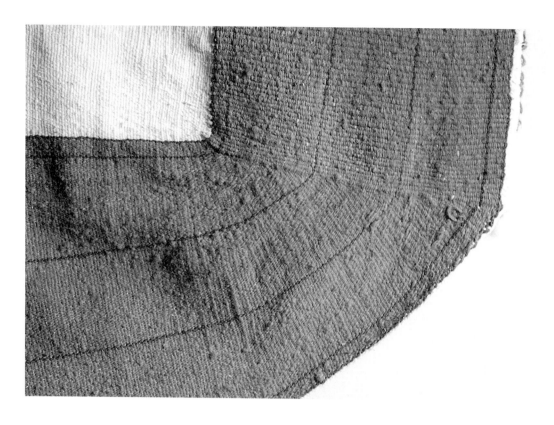

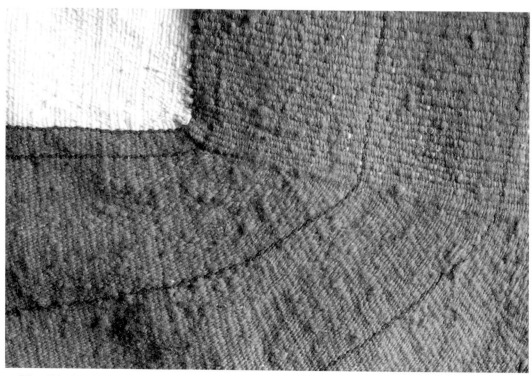

53 y 54. *Acercamiento que permite apreciar en detalle el tejido de la franja decorativa roja. Cara de trama y cara de urdimbre. Santa Ana Hueytlalpan (Hidalgo). Fotografías de Victor Lagarde.*

55. *Franja de unión de los dos lienzos del quechquémitl de Santa Ana Hueytlalpan (Hidalgo).*
Tejido con aguja con punto de zurcido.
Fotografía de Victor Lagarde.

53C. *El pequeño borde blanco es unido al grande. Los hilos de urdimbre de lana roja quedan sueltos.*

54C. *La tejedora introduce por pares los hilos de lana roja como hilos de trama.*

Tejido en curva del quechquémitl de Santa Ana Hueytlalpan.
Tejedora Pascuala. Fotografías de Guy Stresser-Péan, 1987-1988.

55C y 56C. *Introducción como hilos de trama de hilos de urdimbre de lana roja.*

Tejido en curva del quechquémitl de Santa Ana Hueytlalpan.
Tejedora Pascuala. Fotografías de Guy Stresser-Péan, 1987-1988.

57C y 58C. *Introducción por pares como hilos de trama de hilos de urdimbre de lana roja.*

Tejido en curva del quechquémitl de Santa Ana Hueytlalpan. Tejedora Pascuala. Fotografías de Guy Stresser-Péan, 1987-1988.

59C y 60C. *Tejido de la curva (tejido en "forma").*

Tejido en curva del quechquémitl de Santa Ana Hueytlalpan. Tejedora Pascuala.
Fotografías de Guy Stresser-Péan, 1987-1988.

61C y 62C. *Fase terminal del tejido de la curva.*

Tejido en curva del quechquémitl de Santa Ana Hueytlalpan. Tejedora Pascuala.
Fotografías de Guy Stresser-Péan, 1987-1988.

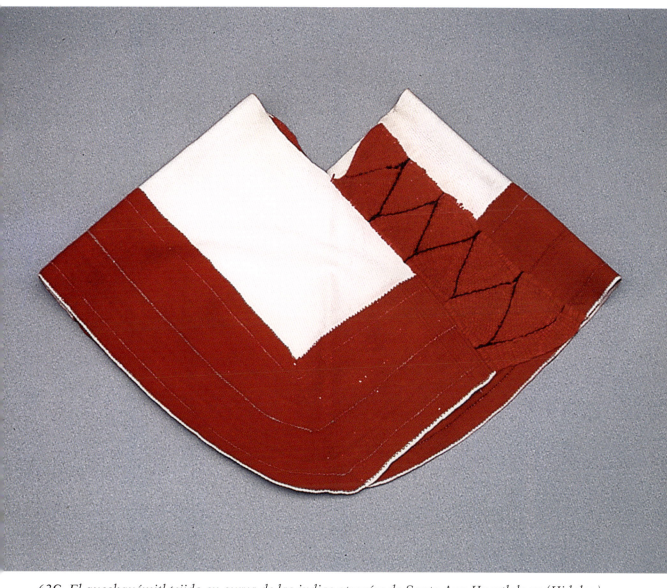

63C. *El quechquémitl tejido en curva de las indias otomíes de Santa Ana Hueytlalpan (Hidalgo).*
Fotografía de Claude Stresser-Péan.

56. *Rosa María Castelán, madre de Nicha, vestida con el amplio quechquémitl tradicional. Fotografía tomada en los años cuarenta. San Pedro Tlachichilco (Acaxochitlán, Hidalgo).*

57. *Mujeres otomíes vestidas con quechquémitls bastante amplios. Santa Ana Hueytlalpan (Hidalgo). Fotografía de Bodil Christensen, 1935.*

58. *Elena Pablo, hija de la tejedora Pascuala. Lleva el quechquémitl en la cabeza para protegerse del sol. Santa Ana Hueytlalpan (Hidalgo). Fotografía de Claude Stresser-Péan, 1974.*

59. *Mujer nahua protegiéndose del sol con su quechquémitl. Escena de mercado. Zontecomatlán (Veracruz). Fotografía de Bodil Christensen, 1937.*

60. *Nicha Felipe, india otomí de San Pedro Tlachichilco (Hidalgo),*
luciendo su quechquémitl como tocado.
Fotografía de Victor Lagarde, 1974.

61. *María Candelaria, tejedora otomí, con su quechquémitl y una jícara laqueada sobre la cabeza. San Pablito (Pahuatlán, Puebla). Fotografía de Bodil Christensen, 1949.*

62. *Mujer otomí con su quechquémitl y una jícara laqueada sobre la cabeza.*
San Pablito (Pahuatlán, Puebla).
Fotografía de Bodil Christensen, 1935.

63. *Manuel Reyes con su esposa y su hija. San Pablito (Pahuatlán, Puebla).*
Fotografía de Bodil Christensen, 1936.

64. *Mujer otomí de San Pablito (Pahuatlán, Puebla).*
Fotografía de Bodil Christensen, 1944.

65. *Niña otomí en traje tradicional. San Pablito (Pahuatlán, Puebla).*
Fotografía de Bodil Christensen, 1938.

64C. *Las mujeres utilizan su tiempo libre para hilar, tejer y bordar.*
Familia Pablo. Santa Ana Hueytlalpan (Hidalgo).
Fotografía de Claude Stresser-Péan, 1988.

65C. *Muchacha otomí de Santa Ana Hueytlalpan (Hidalgo)*
en traje tradicional. Fotografía de Claude Stresser-Péan, 1988.

66C. *Juana del "Barrio de la Luz". Santa Ana Hueytlalpan (Hidalgo).*
Fotografía de Claude Stresser-Péan, 1973.

67C. *La procesión. Fiesta de Santa Ana, patrona de Santa Ana Hueytlalpan (Hidalgo).*

68C. *La virgen de Santa Ana va ataviada con el quechquémitl tradicional.*
Fotografías de Claude Stresser-Péan, 26 de julio de 1990.

69C. *India otomí en oración ante la estatua de Santa Ana el día de su fiesta.*
Santa Ana Hueytlalpan (Hidalgo).
Fotografía de Claude Stresser-Péan, 26 de julio de 1990.

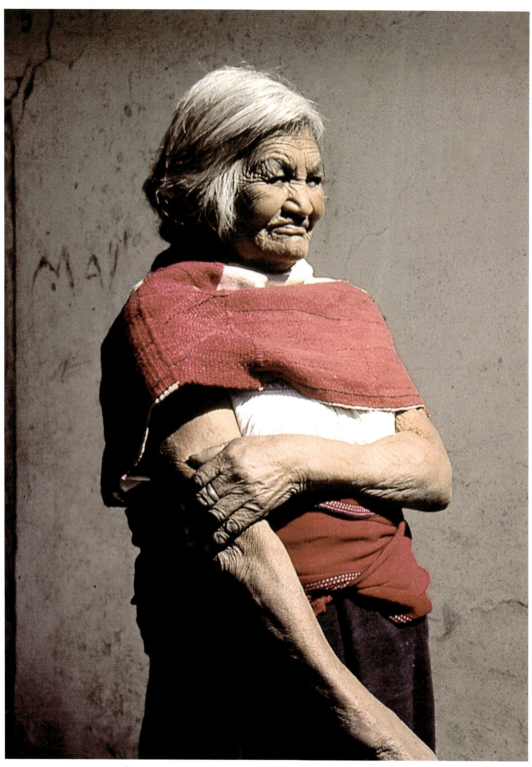

70C. *Nicha en traje tradicional. San Pedro Tlachichilco (Hidalgo).*
Fotografía de Claude Stresser-Péan, 1981.

71C y 72C. *En el oratorio de Manuela, varios de los quechquémitls que han servido para vestir cada año a los ídolos guardados dentro de la olla. Dos de ellos llevan la parte blanca bordada. (San Pedro Tlachichilco, Hidalgo). Fotografías de Claude Stresser-Péan, 1981.*

73C. *Ídolo de papel recortado por Santos García, vestido con una falda
y un quechquémitl. Recabado por Ruth Carolus en 1936
en San Pablito (Pahuatlán, Puebla).*

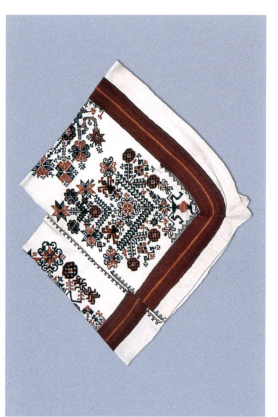

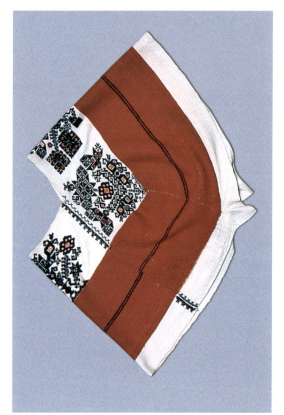

74C. *Quechquémitl de San Pablito (Pahuatlán, Puebla), 1935 a 1944. Fotografías de Claude Stresser-Péan.*

66. *"Danza Marqués". Un hombre disfrazado de anciana lleva un machete con el que "ella" habrá de bailar. San Juan Acapetlahuaca (Guerrero). Fotografía de Roberto Weitlaner, 1942.*

67. *Telar para tejer al mismo tiempo ambos lienzos de un mismo quechquémitl. San Pablito (Pahuatlán, Puebla). Fotografía de Bodil Christensen, 1944.*

68. *Telar para tejer un solo lienzo a la vez del quechquémitl con franja decorativa tejida en curva (San Pablito, Pahuatlán, Puebla). Ese lienzo tendrá sólo tres orillos. Fotografía de Bodil Christensen, 1941.*

69. *Telar para tejer al mismo tiempo ambos lienzos de un mismo quechquémitl.*
Un lienzo ya está completamente tejido. San Pablito (Pahuatlán, Puebla).
Fotografía de Bodil Christensen, 1945.

70. *Telar para tejer al mismo tiempo ambos lienzos de un mismo quechquémitl.*
Detalle. San Pablito (Pahuatlán, Puebla).
Fotografía de Bodil Christensen, 1945.

71. *Telar para tejer al mismo tiempo ambos lienzos de un mismo quechquémitl.*
Inicio del tejido en curva. San Pablito (Pahuatlán, Puebla).
Fotografía de Bodil Christensen, 1968.

75C. *Todos estos elementos de telar fueron necesarios para tejer el quechquémitl de Santa Ana Hueytlalpan (Tulancingo, Hidalgo). Fotografía de Claude Stresser-Péan, 1988.*

GLOSARIO

acolhuas: tribu que se estableció en Texcoco.

ajorca: aro grueso de metal que se coloca en diversas partes del cuerpo (como el brazo, la muñeca, la pierna o el tobillo), para embellecerlas.

amaranto: planta de la familia de las *Amaranthaceae*. Entre los aztecas, el cultivo del amaranto era muy importante, tanto por las cualidades nutritivas de la planta como por su uso en la fabricación de ídolos.

ápice: extremo superior o punta de algún objeto u órgano.

aztecas: tribus provenientes de Aztlán que se instalaron en Tenochtitlan, Tlatelolco y Texcoco.

bezote: adorno pendiente del labio inferior que solían llevar los jefes de alto rango en ocasión de ciertas ceremonias.

brocado de trama: hilos de trama extra, introducidos manualmente conforme avanza el tejido; cubren parcialmente el tejido básico.

brocado de urdimbre: hilos de urdimbres extras, añadidos durante la urdidura; permiten tejer adornos que cubren parcialmente el tejido básico.

cabo de hilo: un solo hilo torcido en "S" o "Z", es decir, de izquierda a derecha o de derecha a izquierda.

cacique: jefe de un poblado o de una tribu, que ejerce todo el poder.

calendario azteca: sistema de división del tiempo en meses de 20 días. Los nombres de los meses y de los días poseen un significado mítico y cosmogónico.

capisayo: término que proviene de "capa" y "sayo", casaca que se refiere a una prenda utilizada en el siglo XVI por los campesinos españoles. Especie de capa pequeña con capuchón.

carcañal: parte posterior del pie.

cenote: del maya *ts'onot*, cosa honda o profunda, pozo, lago de las profundidades. Depósito acuático que se halla a mayor o menor profundidad debajo de un suelo calcáreo, al fondo de una cueva.

cera perdida (técnica de la): metal fundido y vertido en un molde, cuya impronta la deja un modelo del objeto realizado en cera, mismo que se elimina por fusión. Este método permite, entre otros, realizar objetos en falsa filigrana.

cérvidos: constituyen la familia de animales mamíferos rumiantes (venados, alce, renos o ciervos).

Chalchiuhnenetzin: mujer de Nezahualpilli. Hija de Axayácatl.

Chalchiuhtlicue: la de la falda de jadeíta. Diosa del agua. Esposa o hermana de Tláloc.

chaqueta: prenda que cubre la parte superior del cuerpo, abierta al frente y que llega generalmente hasta la cintura.

Cihuateteo, Cihuatéotl: almas de las mujeres muertas durante el parto, compañeras del Sol de la tarde. Diosas.

Cipak: joven dios del maíz. Dios civilizador cuya representación más famosa es la estatua conocida como el "adolescente huasteco".

Citlalicue, Citlalinicue: la de la falda de estrellas. Diosa de la Vía láctea.

Ciuacóatl: serpiente hembra. Diosa madre de la Tierra.

coa: herramienta agrícola utilizada para cultivar el maíz.

Coatlicue: madre de Huitzilopochtli.

códice: documento pictográfico redactado en papel amate o en pergamino.

Códice Azcatitlán: historia del pueblo azteca-mexica desde su salida de Aztlán hasta los primeros años de la evangelización. Fue redactado 50 años después de la llegada de los españoles.

Códice Colombino: documento mixteco prehispánico. Genealogía de 8-Venado.

Códice de Huexotzinco: conocido también como *Códice Monteleone, Códice del Archivo de los Duques de Monteleone, Marqueses del Valle* y *The Harkness 1531 Huejotzingo Codex*. Documento redactado en 1531, en el cual los indígenas se quejan de Nuño de Guzmán. Los dibujos pictográficos fueron ordenados por los nobles de Huejotzingo (Pue.). Este códice incluye una lista detallada de los tributos, servicios y apoyos militares brindados a Nuño de Guzmán entre 1529 y 1530.

Códice de Xicotepec: documento pictográfico descubierto por Guy Stresser-Péan en Cuaxicala, localidad nahua del municipio de Huauchinango (Pue.). Relata la historia de la conquista de Xicotepec por Nezahualcóyotl y las incursiones de este último en territorio huasteco.

Códice en Cruz: conservado en la Biblioteca Nacional de París (colección Aubin). Documento acolhua de índole histórica, escrito en la región de Texcoco entre 1553 y 1569.

Códice Fejérváry-Mayer: forma parte del grupo Borgia. Según Miguel León-Portilla, es "el tonalámatl de los pochtecas" o libro adivinatorio de los comerciantes. Calendario de las fiestas durante las cuales los comerciantes honraban a sus divinos patronos.

Códice Florentino, Codex Florentino, Florentine Codex: historia y descripción de la vida material de los mexicas, relatada en náhuatl por los informantes de fray Bernardino de Sahagún.

Códice Ixtlilxóchitl: documento pictográfico atribuido a don Fernando de Alva Ixtlilxóchitl, descendiente de los señores acolhuas de Texcoco y Cuitláhuac.

Códice Kingsborough: es un documento pictográfico cuya primera parte relata la historia de Tepetlaoztoc, desde sus orígenes chichimecas hasta la llegada de los españoles. La segunda parte narra la transformación de aquel señorío en encomienda y enlista los tributos que los indígenas debían entregar a la Corona. Redactado en 1554, el documento tenía como fin obtener una reducción de tales impuestos.

Códice Magliabechiano: "libro de la uida que los yndios antiguamente hazian y supersticiones y malos Ritos que tenían y guardavan".

Códice Mendocino o *Códice Mendoza*: redactado en papel europeo por órdenes del virrey Antonio de Mendoza y destinado al rey Carlos V. Empieza relatando la historia desde la fundación de México-Tenochtitlan hasta Moctezuma II. Enumera después los tributos enviados a los mexicas por los diferentes poblados sometidos. La tercera parte brinda valiosos detalles sobre la vida cotidiana de los aztecas.

Códice Telleriano-Remensis: documento colonial. Calendario de las fiestas mensuales entre los aztecas. Historia del pueblo azteca, desde su salida de Aztlán hasta la llegada de los españoles.

Códice Vaticano Ríos, *Códice Vaticanus 3738* o *Códice Vaticanus A*: redactado entre 1570 y 1589 en México o en Italia, en papel europeo. Calendarios de los meses y de los días, relación histórica de los pueblos antiguos.

Códice Carolino: manuscrito anónimo del siglo XVI, anexo a la primera edición del *Vocabulario de Molina*.

Códice Madrid o *Códice Trocortesiano*: documento probablemente precortesiano. Almanaque agrícola que ayuda a determinar las mejores fechas de siembra y cosecha así como las fechas de los rituales y los sacrificios.

Códice Xólotl: códice colonial que, según afirma Fernando de Alva Ixtlilxóchitl, sería copia de un códice precortesiano. Relata la historia de la familia real de Xólotl.

copal: en náhuatl, *copalli*. Incienso mesoamericano. Resina del árbol *Protium copal* (Schlecht. y Cham.) Engl., de la familia de las burseráceas. Al ser quemada despide humo de un olor agradable, supuestamente del gusto de los dioses.

corregidor: jefe administrativo de una ciudad o un pueblo. Representa la autoridad del rey de España.

Coyolxauhqui: la Luna.

coyote, "lobo mexicano" (en náhuatl, *coyotl*): *Canis latrans*. Especie de zorro americano, de pelaje rojizo.

coyuchi: algodón de color café. Los antiguos mexicanos comparaban su color con el del coyote, de ahí su nombre.

cuacuachictin: guerreros que llevaban una concha marina colgada al cuello.

D. F.: Distrito Federal, capital de los Estados Unidos Mexicanos y sede del gobierno federal.

decúbito dorsal: posición del cuerpo humano que consiste en colocarse acostado boca arriba.

decúbito ventral: posición del cuerpo humano que consiste en colocarse acostado boca abajo.

delegación: región que depende administrativamente del Distrito Federal (México).

distrito: en México, división geográfica establecida durante el gobierno de Porfirio Díaz.

drapeada: prenda con muchos pliegues.

estuco: masa o pasta compuesta de mármol, cal y pigmentos naturales, que sirve para elaborar objetos o distintas texturas, con fines decorativos.

figura: llamamos aquí "figura" a las representaciones antropomorfas o zoomorfas de barro, de gran tamaño.

figurilla: representación antropomorfa o zoomorfa de barro, de tamaño pequeño.

glotocronología: método para calcular la separación temporal entre dos lenguas, las cuales se encuentran emparentadas.

Huehuetéotl: dios viejo del fuego.

huéhuetl: gran tambor cilíndrico y trípode.

huicholes: comunidad indígena ubicada en la Sierra Madre Occidental (Jalisco, Nayarit, Durango y Zacatecas), hablan una lengua de la familia cora-chol.

Huitzilopochtli: guía mítico durante la migración de los aztecas. Dios guerrero, Sol del sur, pues los aztecas consideraban que el sur estaba a la izquierda de la tierra.

huso: pequeña pieza de madera convexa cuyos dos extremos son puntiagudos. Sirve para hilar algodón, lana, etcétera.

ídolo: imagen o estatua que representa una deidad y que es objeto de culto.

ixtle: fibra de maguey.

izquierda, de la: guerrero resucitado del sur.

jaguar: en náhuatl, *ocelotl. Felis onca, Panthera onca*. Gran felino americano.

juego de pelota: juego mesoamericano de origen precolombino. Los jugadores recibían y devolvían la pelota con la cadera o con los codos.

lezna: herramienta que utilizan los zapateros y otros artesanos para la elaboración o compostura del calzado.

lienzo: pieza de tela con tres o cuatro orillos.

Lienzo de Ocotepec: documento pictográfico sobre tela, de la época Posclásica, estudiado por Alfonso Caso. Describe la región de Santo Tomás Ocotepec (Oax.).

Lienzo de Tlaxcala: documento pictográfico de la época colonial que relata, entre otros, la conquista de Tenochtitlan por los españoles y sus aliados tlaxcaltecas.

Lienzos de Tuxpan: son cinco lienzos conservados en Tihuatlán (*Mapa regional o local, Mapa regional primero, Mapa regional segundo, Mapa regional tercero, Mapa grande primero*). El documento llamado *Mapa regional primero* fue probablemente pintado a mediados del siglo XVI por un artista menos empapado ya de las tradiciones precolombinas. Representa la misma región que el *Mapa local* (Papantla, Ver., y sus alrededores). Si bien aquél posee un valor artístico inferior, difiere de este último en varios detalles y, sobre todo, contiene más glifos de nombres de lugares. Indica un triángulo de terrenos en litigio.

macehual: en náhuatl, *macehualli*. Campesino de los tiempos precortesianos.

machete: en náhuatl, *tzotzopaztle*. Pieza de madera dura, tallada en forma de cuchilla de un solo filo. Instrumento de tejido que sirve para apretar el cruzamiento de los hilos de urdimbre contra el hilo de trama introducido en el paso.

maguey: término general para designar el agave en México y hasta Venezuela.

malacate: en náhuatl, *malacatl*. Palo de madera con dos extremos puntiagudo, dotado de un peso generalmente de cerámica que sirve de volante durante el hilado.

Malinche (la): intérprete y compañera de Hernán Cortés.

Matlalcueye: la de la falda azul o verde.

Matrícula de tributos: documento pictográfico redactado en el siglo XVI en papel amate. Enumera los tributos que debían los vencidos a los mexicas. Al parecer, la segunda parte del *Códice Mendocino* fue redactada copiando precisamente la *Matrícula de tributos*.

Mesoamérica: debemos la primera definición de Mesoamérica a Paul Kirchhoff, antropólogo e historiador de origen alemán, autor de un artículo ahora clásico, publicado en 1943. En el momento de la conquista española, dicha área cultural se extendía entre 25° y 10° de latitud norte, bajo el Trópico de Cáncer, desde el litoral atlántico hasta el litoral pacífico. Incluía la parte meridional de México, al sur de los ríos Sinaloa, Lerma y Pánuco, así como la totalidad de los estados de Guatemala, Belice y El Salvador, la parte occidental de Honduras, el litoral pacífico de Nicaragua y el noreste de Costa Rica.

Se trataba de un área ocupada por una alta civilización, basada en el cultivo del maíz y del cacao, y capaz de edificar estructuras monumentales, como las pirámides y los juegos de pelota. Utilizaba un calendario específico, obtenido mediante la articulación de varios ciclos: uno de 18 meses de 20 días y otro de 260 días, formando así un periodo de 52 años. Otros de sus rasgos culturales eran el uso de varios tipos de escritura jeroglífica, la numeración posicional (que incluye el cero), la existencia de mercados, un panteón de deidades, la guerra con fines sacrificiales y ciertas formas de sacrificio humano entre las que se cuenta el desollamiento (Dehouve y Vié-Whorer, 2008: 12).

metate: en México, mortero fijo.

mexicas: habitaban Tenochtitlan y Tlatelolco.

Mictlán: lugar de los muertos.

Mictlantecutli: señor del mundo de los muertos.

Mixcóatl: dios "serpiente de nubes".

mixe: pueblo indígena situado al norte de Oaxaca y parte del Istmo de Tehuantepec.

Moctezuma Ilhuicamina "el Airado" (1398-1469): quinto emperador mexica (*huey tlatoani*).

Moctezuma Xocoyotzin "el Joven" (1466-1520): último emperador (*huey tlatoani*) de los mexicas, derrotado por los españoles.

Molina, fray Alonso de (1513-1579): lexicógrafo español. Reunió el vocabulario náhuatl más completo, que sirvió como base para trabajos posteriores.

Motolinía, fray Toribio de Benavente llamado (¿1489?-¿1569?): Motolinía fue uno de los doce apóstoles franciscanos que llegaron a México en 1524 con el fin de evangelizar a los indígenas, cuya causa defendió. Se hacía llamar "Motolinía", palabra náhuatl que significa "pobre". Lo poco que se conoce de su obra lo debemos a eruditos que salvaron parte de sus escritos.

municipio (abreviatura: mpio.): en México, región administrativa delimitada por el gobierno de un estado.

nahual: del náhuatl *nahualli*, brujo. Doble animal de una persona. Los destinos de ambas existencias, animal y humana, están estrechamente ligados entre sí.

nariguera: ornamento nasal, ya sea de forma tubular, en cuyo caso atravesaba el septum nasal, ya sea en forma de media luna, en cuyo caso cubría el labio superior.

necrópolis: significa ciudad de los muertos, pero el término se utiliza para referirse a los cementerios.

negro de humo: en náhuatl, *ocotlilli*. Ampliamente utilizado por los antiguos mexicanos para pintar ciertas prendas de ropa y probablemente los códices. Se obtenía recabando en un recipiente cerrado el hollín producido mediante la combustión de varas pequeñas de pino (*ocotl*).

Nezahualcóyotl (1402-1472): jefe (*tlatoani*) acolhua de Texcoco. Nezahualcóyotl (que en náhuatl significa "coyote hambriento") asistió en su temprana juventud al asesinato de su padre Ixtlilxóchitl y sólo recuperó el poder varios años más tarde. Participó en la Triple Alianza.

Nezahualpilli (1464-1515): sucedió a su padre Nezahualcóyotl como tlatoani de Texcoco. Poeta refinado al que se le atribuye la abolición de la pena de muerte.

Noche Triste: noche en la que los españoles huyeron derrotados de México-Tenochtitlan y durante la cual muchos de ellos fueron masacrados por los mexicas.

nopal: en náhuatl, *nopalli*. Planta de la familia de las cactáceas de pencas o tallos aplanados en forma de raqueta. Algunas especies de nopal producen frutos comestibles.

otomíes: pueblo indígena situado al centro de México (Hidalgo, México y Querétaro), sus antepasados abarcaron el Altiplano; y su lengua que lleva el mismo nombre ha sufrido diversas modificaciones.

papel amate, *amatl*: papel obtenido aplastando la corteza de un árbol de la familia de los *Ficus*. Uso ceremonial y pictográfico.

pecarí de collar: jabalí americano.

penacho: tocado adornado con plumas.

policroma: que posee diversos colores.

pulque: bebida embriagante obtenida del maguey, de consumo ritual entre los antiguos mexicanos.

puma: mamífero carnívoro de América. Pelaje de color leonado.

Quetzalcóatl: serpiente emplumada. Serpiente con plumas del ave quetzal. Dios creador, héroe cultural de la ciudad de Tollan o Tula. Dios del viento. Uno de los 13 señores del día.

quichés: indios de Guatemala que forman parte de la gran familia maya.

ranchería: en México, conjunto de ranchos o granjas pequeñas.

rancho: en México, granja pequeña.

rebozo: del español "arrebozar", que significa "cubrir" o "cubrirse". En México, especie de chal que sirve para cubrir la cabeza y los hombros.

Relación de Michoacán: redactada por don Antonio de Mendoza, virrey de Nueva España de 1535 a 1550. Describe la llegada de los chichimecas a Michoacán y su posterior conquista, así como su vida cotidiana y religiosa.

Relaciones geográficas del siglo XVI: reportes elaborados por órdenes de la Corona española por cada corregidor o funcionario a cargo de una región. Eran textos redactados a partir de un cuestionario. A René Acuña, historiador mexicano, pertenece el mérito de haber reunido esos documentos en diez volúmenes.

Relaciones histórico-geográficas de la gobernación de Yucatán: reportes elaborados por órdenes de Felipe II (rey de España entre 1556 y 1580) por los corregidores de Yucatán. Eran textos redactados a partir de un cuestionario. A Mercedes de la Garza pertenece el mérito de haber reunido esos documentos en dos volúmenes.

Sahagún, fray Bernardino de (1499-1590): religioso franciscano español. Llega a México en 1529. Aprende náhuatl y redacta varias obras de carácter religioso destinadas a los indígenas. Se suele ver en él al primer etnólogo de América, pues reunió a informantes de lengua náhuatl y les pidió que contaran todo lo relativo a la vida de los antiguos mexicanos. Nos queda como testimonio su obra más famosa, la *Historia general de las cosas de la Nueva España*, de la que existen tres versiones, una de las cuales fue hallada en la biblioteca de los Medici en Florencia, y conocida como *Códice Florentino*.

santiagueros (danza de los): danza colonial durante la cual Santiago el Mayor, líder de los cristianos, montado en un caballo blanco, combate a Poncio Pilatos. Este último representa a los infieles que condenaron a muerte a Jesucristo.

sarigüeya: *Didelphys marsupiales*. Pequeño carnívoro del continente americano.

sus vergüenzas: expresión comúnmente utilizada por los cronistas españoles del siglo XVI para referirse a las partes sexuales masculinas.

tafetán: tela en la que dos hilos de trama se cruzan con un hilo de urdimbre.

tapicería: el hilo de trama cubre por completo la urdimbre. Para formar el decorado, diversas tramas de variados colores son introducidas paulatinamente.

tejido en forma de aro: tejido elaborado con una urdimbre que forma la figura de un aro sin cortes.

tela: tejido regular.
Uno por uno: un hilo de trama se cruza con un hilo de urdimbre repetidamente.
Dos por uno: dos hilos de trama que se cruzan con un hilo de urdimbre repetidamente.

tarascos: asentados en el estado de Michoacán, también se denominan purépechas.

teponaztli: tambor de madera con dos lengüetas vibrantes. Instrumento musical utilizado por los antiguos mexicanos durante las ceremonias religiosas.

Tezcatlipoca: el Señor del espejo humeante. Patrono de la adivinación y de la noche, Sol del norte, uno de los 13 señores del día.

tintura con reserva: hay tres tipos de tintura con reserva, el batik, el plangi y el ikat. Se tiñe con reserva cuando parte de la tela queda protegida del tinte.

tlahuicas: cultura prehispánica asentada en lo que hoy es Morelos. Se dedicaban principalmente al algodón y su lengua era el náhuatl.

Tláloc: dios de las montañas, la lluvia, el rayo y la fertilidad.

tlalocan: es el lugar preferido de Tláloc, dios de la lluvia, en el cual habitaba con otros dioses y se caracterizaba por poseer infinidad de clases de árboles

tlatoani: gran señor. Inicialmente, era elegido por el pueblo. Sin embargo, entre los aztecas por ejemplo, el título de *tlatoani* terminó volviéndose hereditario. Ello explica la tentación de los historiadores modernos de traducir tlatoani como "rey" o "soberano".

tlaxcaltecas: vivían en el actual estado de Tlaxcala. De origen chichimeca, estaban continuamente en guerra contra los aztecas y fueron los mejores aliados de Hernán Cortés.

Tlazoltéotl: diosa de las tejedoras, del parto y de la "suciedad" (transgresión de las reglas de la sexualidad impuestas por la sociedad azteca).

toltecas: cultura prehispánica dominante, situada en gran parte de Mesoamérica; su principal centro ceremonial se ubicó en lo que ahora conocemos como Tula, Hidalgo.

tortilla: en México y otros países de Hispanoamérica, especie de oblea redonda hecha con masa de maíz y cal.

tóxcatl: quinto mes del año solar en el calendario azteca.

trama: hilo que cruza perpendicularmente la urdimbre.

urdimbre: conjunto de hilos paralelos tensados por los dos bastones del telar.

vara: medida de longitud que equivale a 835.9 mm aproximadamente.

Xaratanga: una de las principales diosas tarascas.

Xilonen: diosa azteca del jilote o maíz tierno.

Xipe Totec: dios del sacrificio por desollamiento. Se le llama también Tezcatlipoca rojo. Es representado vestido con una piel humana desollada.

Xiutecuhtli: el viejo dios del fuego.

Xochiquétzal: "hermosa pluma florida, pluma florida de quetzal". Joven diosa de la belleza, del amor, de los artistas en general y de la fertilidad. Es representada a menudo con una cuchilla de telar en la mano. Inventó el hilado y el tejido.

Xólotl: dios gemelo de Quetzalcóatl.

Yuca: plantas de la familia de las agaváceas que crecen en América del norte, América central y las Antillas. Arbustos vivaces de hojas lanceoladas y flores en racimo, blancas con reflejos amarillos.

BIBLIOGRAFÍA

Acosta, Jorge R. (1942), "La tercera temporada de exploraciones arqueológicas en Tula, Hgo., 1942", *Revista Mexicana de Estudios Antropológicos*, t. VI, núm. 3, Sociedad Mexicana de Antropología, México, pp. 125-157.

―――― (1961), *La indumentaria de las cariátides de Tula*, Homenaje a Pablo Martínez del Río en el xxv aniversario de la edición de *Los orígenes americanos*, INAH, México.

Adams, R. E. W. (1984), *Río Azul Reports*, núm. 2, editado por R. E. W. Adams, Center for Archaeology Research, University of Texas, San Antonio.

Alvarado, fray Francisco de (1962), *Vocabulario en lengua mixteca*, reproducción facsimilar con un estudio de Wigberto Jiménez Moreno, INI/INAH/SEP, México.

Anawalt, Patricia Rieff (1974), "The Xicolli: An Analysis of a Ritual Garment", *Actas del XLI Congreso Internacional de Americanistas*, vol. II, México, del 2 al 7 de septiembre de 1974, pp. 223-235.

―――― (1981), *Indian Clothing Before Cortés*, University of Oklahoma Press, Norman.

―――― (1984), "Memory Clothing: Costumes Associated with Aztec Human Sacrifice", *Ritual Human Sacrifice in Mesoamerica*, editado por Elisabeth H. Boone, Dumbarton Oaks, Washington, D. C.

―――― (2005). "Atuendos del México antiguo", *Arqueología Mexicana*, edición especial, núm. 19, Raíces, México, pp. 10-19.

Andrews IV, E. Wyllys (1969), *The Archaeological Use and Distribution of Mollusca in the Maya Lowlands*, Middle American Research Institute, Publicación 34, Tulane University, National Geographic Society-Tulane University Program of Research in Yucatan, Nueva Orleans.

Ángeles, Alonso (1994), *Huch Bem Chuy. Bordados antiguos*, folleto trilingüe, AMACUP, Mérida.

Arqueología Mexicana (2000), "Noticias. La ofrenda 102 del Templo Mayor", vol. VIII, núm. 43, Raíces, México, mayo-junio, p. 80.

Aubin, Joseph Marius Alexis (1885), *Mapa Tlotzin (Mappe Tlotzin)*, Mémoire sur la peinture didactique et l'écriture figurative des anciens Mexicains, Imprimerie Nationale, París.

Austin, O. y A. Singer, *Oiseaux*, Flammarion, París, 1961.

Barrera Rivera, José Álvaro, Ma. de Lourdes Gallardo Parrody y Aurora Montúfar López (2001), "La ofrenda 102 del Templo Mayor", *Arqueología Mexicana*, vol. VIII, núm. 48, Raíces, México, marzo-abril.

Barrera Vásquez, Alfredo (dir.) (1980), *Diccionario Maya Cordemex maya-español, español-maya*, Ediciones Cordemex, Mérida.

Baudot, Georges y Miguel León-Portilla (eds.) (1991), *Poésie nahuatl d'amour et d'amitié*, introducción de Miguel León-Portilla. Selección y paleografía de Georges Baudot y Miguel León-Portilla. Traducido del náhuatl al francés por Georges Baudot, Orphée, La Différence, Giromagny, Francia.

Becquelin, Pierre y Claude Baudez (1982), *Tonina, une cité maya du Chiapas*, t. III, Mission Archéologique et Ethnologique Française au Mexique, Éditions Recherche sur les Civilisations, París (Collection Études Mésoaméricaines, 6-3).

Benavente [Motolinía], fray Toribio de (1903), *Memoriales de fray Toribio de Motolinía: manuscrito de la colección del señor don Joaquín García Icazbalceta, publicado por primera vez por su hijo Luis García Pimentel...* - 2 t. reunidos en 1 vol. (Documentos históricos de México, t. 1 y apéndice) Casa del editor, México; Donnamette, París.

_____ (1989), *El libro perdido. Ensayo de reconstitución de la obra histórica extraviada de fray Toribio*, editado por Edmundo O'Gorman, Conaculta, México.

Bennett, Wendell C. y Junius B. Bird (1949), "Textiles", *Andean Culture*, American Museum of Natural History, Nueva York (Handbook Series núm. 15), pp. 256-293.

Berdan, Frances F. y Jacqueline de Durand Forest (1980), *Matrícula de Tributos (Códice de Moctezuma)*, Museo Nacional de Antropología (COD. 35-52) Vollständige Fabreproduktion de Codex in Verkleinertem Format, Akademische Druck-u. Verlagsanstalt Graz, Austria.

_____ y Patricia Rieff Anawalt (1992), *The Codex Mendoza*, 4 vols., University of California Press, Berkeley-Los Ángeles-Oxford.

Bernal, Ignacio y Mireille Simoni-Abbat (1986), *Le Mexique, des origines aux Aztèques*, Gallimard, París.

Berthe, Jean-Pierre (1988), "L'Évangile et l'outil: le changement technique dans un village indien du Mexique au XVIème siècle", *Techniques et culture*, Éditions de la Maison des Sciences de l'Homme, París.

Beyer, Hermann (1933), *Shell Ornament Sets from the Huasteca, México*, Department of Middle American Research, Tulane University of Louisiana, Middle American Pamphlets núm. 4, of publication núm. 5 in the "Middle American Research Series", Nueva Orleans.

Boas, Franz (1911-1912), *Handbook of American Indian Languages*, 2 vols. (Smithsonian Institution. Bureau of American Ethnology. Bull. 40, parts 1 y 2), U.S. Gov. Print Off., Washington, D. C.

_____ (1912), "Note on Mexican Folklore", *Journal of a Mexican Folklore*, XXV, pp. 204-260 y 374.

Carballo, David M. (2007), "Implements of State Power, Weaponry and Martially Themed Obsidian Production Near the Moon Pyramid, Teotihuacán", *Ancient Mesoamerica*, 18, pp. 173-190.

Carranza, Pedro de (1960), "Relación de la jornada que hizo Nuño de Guzmán, de la entrada y sucesos de la Nueva Galicia, hecha por Pedro de Carranza", *Crónicas de la conquista de Nueva Galicia y memoria de Guzmán*, Instituto Jalisciense de Antropología e Historia, Guadalajara, p. 151.

Carrasco Vargas, Ramón y Marinés Colón González (2005), "El reino de Kaan y la antigua ciudad maya de Calakmul", *Arqueología Mexicana*, vol. XIII, núm. 75, septiembre-octubre, Raíces, México, pp. 40-47.

Caso, Alfonso (1969), *El tesoro de Monte Albán*, Memorias del Instituto Nacional de Antropología e Historia, III, INAH/SEP, México.

Castelló Yturbide, Teresa (1993), *El arte plumaria en México*, Grupo Financiero Banamex-Accival, Fomento Cultural Banamex, México.

Castillo Tejero, Noemí y A. Dumaine L. (1986), "Escultura en piedra procedente de la zona arqueológica de Tula, Hidalgo, México", *Beiträge Zur Allgemeinen Und Vergleichenden Archäologie*, Band 8, Verlag Phillip Von Zabern, Mainz Am Rhein, pp. 213-282.

Charnay, Désiré (1863), *Cités et ruines américaines. Mitla, Palenque, Izamal, Chichén-Itzá, Uxmal*, Gide editor, París.

Chase Coggins, Clemency *et al.*, *Cenote of Sacrifice. Maya Treasures from the Sacred Well at Chichén Itzá*, University of Texas Press, Austin, 1984.

Christensen, Bodil (1942), "Notas sobre la fabricación del papel indígena y su empleo para 'brujerías' en la Sierra Norte de Puebla", *Revista Mexicana de Estudios Antro-pológicos*, t. VI, núms. 1-2, México.

————— (1947), "Otomi Looms and Quechquemitls from San Pablito, State of Puebla, and from Santa Ana Hueytlalpan, State of Hidalgo, Mexico", *Notes on Middle American Archaeology and Ethnology*, núm. 78, enero, Carnegie Institution of Washington, Division of Historical Research.

Clavijero, Francisco Javier (1958), *Historia antigua de México*, 4 t., Porrúa, México.

Cobean, Robert H. (2002), *Un mundo de obsidiana. Minería y comercio de un vidrio volcánico en el México antiguo / A World of Obsidian. The Mining and Trade of a Volcanic Glass in Ancient Mexico*, Serie Arqueología de México, INAH/University of Pittsburgh, México.

————— y Alba Guadalupe Mastache (2003), "Turquoise and Shell Offerings in the Palacio Quemado of Tula, Hidalgo, México", *Essays in Honour of Ted J. J. Leyenaar*, Colecciones Latinoamericanas, dirigido por Dorus Kop Jansen, Edward K. de Bock, Ed. Tetl, Leiden, pp. 51-65.

Codex Azcatitlan (1995), comentario de Robert H. Barlow; edición bilingüe francés-español, Bibliothèque Nationale de France et Société des Américanistes, París.

Codex Borbonicus (1899), manuscrito mexicano de la Bibliothèque du Palais Bourbon publicado en facsímil con un comentario explicativo por M. E.-T. Hamy, Ernest Leroux editor, París.

Codex de Huitzilac (1933), códice núm. 30, códices indígenas de algunos pueblos del marquesado del Valle de Oaxaca, publicados por el Archivo General de la Nación para el primer Congreso Mexicano de Historia, celebrado en la ciudad de Oaxaca. Talleres Gráficos de la Nación, México.

Codex en Cruz (1981), Charles Dibble, University of Utah Press, Salt Lake City.

Codex Ixtlilxochitl (1976), Bibliothèque Nationale de Paris (Ms. Mex. 65-71); reproducción del manuscrito en formato original; comentario de Jacqueline de Durand-Forest, Akademische Druck-u Verlagsanstalt, Graz.

Codex Laud (1966) (Ms. Laud Misc. 678) librería Bodleian, Oxford, Codices Selecti Phototypice Impressi, vol. XI, introducción de C. A. Burland, Akademische Druck-u. Verlagsanstalt, Graz.

Codex Magliabechiano. The Book of the Life of the Ancient Mexicans (1983), 2 vols., University of California Press, Berkeley.

Codex Mendoza (The): véase Berdan, Frances F. y Patricia Rieff Anawalt.

Codex Telleriano-Remensis (1899), manuscrito mexicano núm. 385 de la Bibliothèque Nationale de Paris, con comentario de E. T. Hamy, París.

Codex Tro-Cortesianus (Códice Madrid) (1967), Museo de América (Madrid), Akademische Druck-u. Verlagsanstalt, Graz.

Codex Vaticanus 3738, Detto Il Codice Rios (1900), (C. Vaticanus A). Il manoscritto messicano vaticano 3738, detto il Codice Ríos riprodotto in fotocromografia a spese di sua eccelenza il duque di Loubat pro cura della Biblioteca Vaticana. Stabilimento Danesi, Roma.

Codex Vaticanus 3738 (1979) en *Codices Selecti* vol. LXV, Akademische Druck-u. Verlagsanstalt, Graz.

Códice Borbónico (1981), Descripción, historia y exposición del *Códice Borbónico*, edición facsimilar, comentario de Francisco del Paso y Troncoso, Siglo XXI, México.

Códice Colombino (1966), interpretación de Alfonso Caso, Sociedad Mexicana de Antropología, México.

Códice Chimalpopoca. Anales de Cuauhtitlán y Leyenda de los Soles (1945), UNAM-Imprenta Universitaria, México.

Códice de Huexotzinco (1995), Ediciones Multiarte/The Library of Congress/Coca Cola de México, México.

Códice de Xicotepec (El) (1995), estudio e interpretación por Guy Stresser-Péan, Gobierno del Estado de Puebla/Centre Français d'Études Mexicaines et Centraméricaines/Fondo de Cultura Económica, México.

Códice Florentino (El) (1979), facsímil del manuscrito 218-220 de la colección Palatina de la Biblioteca Medicea Laurenziana. Códice Florentino para mayor conocimiento del pueblo de México, 3 t., Talleres de la Casa Editorial Giunti Barbera, México.

Códice Kingsborough. Memorial de los indios de Tepetlaoztoc al monarca español contra los encomenderos del pueblo (1912), publicado por Francisco del Paso y Troncoso, Fototipia de Hauser y Menet, Madrid.

Códice Madrid: véase *Codex Tro-Cortesianus*.

Códice Ramírez. Relación del origen de los indios que habitan esta Nueva España según sus historias (1944), Leyenda, México.

Códice Tudela (1980), José Tudela de la Orden, Ediciones Cultura Hispánica del Instituto de Cooperación Iberoamericana, Madrid.

Códice Xolotl (1951), Charles E. Dibble, Publicaciones del Instituto de Historia, 1a. serie, núm. 22, University of Utah/UNAM, México.

Córdoba, O. P. fray Juan de (1578), *Vocabulario castellano-zapoteco*, edición facsimilar (2006); introducción y notas de Wigberto Jiménez Moreno, INAH, México.

Cordry Donald y Dorothy Cordry (1968), *Mexican Indian Costumes*, The Texas Pan American Series, University of Texas Press, Austin y Londres.

Coto, fray Thomás de (1983), *[Thesavrvs verborvi] Vocabulario de la lengua Cakchique v[el] Guatemalteca, nuevamente hecho y recopilado con summo estudio y erudición*, edición de René Acuña, Instituto de Investigaciones Filológicas-UNAM, México.

Cousin, Françoise (2008), *Chemins de couleur. Teintures et motifs du monde*, textos reunidos por Françoise Cousin, fotografías de Françoise Huguier y Cyril Zannettacci, Musée du Quai Branly, Nicolas Chaudin, París.

Covarrubias, Sebastián de (1943), *Tesoro de la lengua castellana o española*, según la impresión de 1611 con las adiciones de Benito Remigio Noydens, publicadas en la de 1674, S. A. Horta, I. E., Barcelona.

Cyphers, Ann (2004), *Escultura olmeca de San Lorenzo Tenochtitlan*, Instituto de Investigaciones Antropológicas-UNAM, México.

Dahlgren de Jordan, Barbro (1954), *La Mixteca, su cultura e historia prehispánicas*, Imprenta Universitaria, México (Cultura Mexicana, 11).

Darras, Véronique (1999), *Tecnología prehispánica de la obsidiana*, CEMCA, México (Cuadernos de Estudios Michoacanos).

Davies, Nigel (1977), *The Toltecs until the Fall of Tula*, University of Oklahoma Press, Norman.

Dehouve, Danièle y Anne-Marie Vié-Whorer (2008), *Le monde des Aztèques*, Riveneuve París.

Descubridores del pasado en Mesoamérica (2001), Antiguo Colegio de San Ildefonso, México.

Díaz del Castillo, Bernal (1944), *Historia verdadera de la conquista de la Nueva España*, 3 t., Editorial Pedro Robredo, México.

Drucker, Susana (1963), *Cambio en la indumentaria*, Instituto Nacional Indigenista, México.

Dupey García, Elodie (2004), "Lenguaje y color en la cosmovisión de los antiguos nahuas", *Ciencias*, revista de difusión de la Facultad de Ciencias de la UNAM, UNAM, México, abril-junio, pp. 20-31.

Durán, fray Diego (1951), *Historia de las Indias de Nueva-España e islas de Tierra Firme*, 2 t., Editora Nacional, México.

———— (1967), *Historia de las Indias de Nueva-España e islas de Tierra Firme*, 2 vols.; edición paleográfica con notas de Ángel Ma. Garibay K. y con 116 láminas a color, Porrúa, México.

Ekholm, Gordon F. (1944), *Excavations at Tampico and Panuco in the Huasteca, Mexico*, Anthropological Papers of The American Museum of Natural History vol. XXXVIII, Part V, The American Museum of Natural History, Nueva York.

Espasa Calpe (1958), *Enciclopedia Universal Ilustrada Europeo Americana*, 69 t., Espasa Calpe, Madrid y Barcelona.

Foncerrada de Molina, Marta y Amalia Cardós de Méndez (1988), *Las figurillas de Jaina, Campeche, en el Museo Nacional de Antropología*, Corpus Antiquitatum Americanensium IX, Instituto de Investigaciones Estéticas-UNAM/INAH, México.

Forshaw, Joseph M. (1973), *Parrots of the World*, ilustrado por William T. Cooper, David y Charles, Newron Abbot, Londres.

Friedlander, Judith (1977), *Ser indio en Hueyapan*, Fondo de Cultura Económica, México (Colección Popular, 164).

Fuente, Beatriz de la y Nelly Gutiérrez Solana (1980), *Escultura huasteca en piedra. Catálogo*, Instituto de Investigaciones Estéticas-UNAM, México.

Fuente, Beatriz de la, Silvia Trejo y Nelly Gutiérrez Solana (1988), *Escultura en piedra de Tula*, Instituto de Investigaciones Estéticas-UNAM, México.

Fuente, Julio de la (1949), *Yalalag, una villa zapoteca serrana*, Museo Nacional de Antropología, México (Colección Científica, 1).

Fuentes y Guzmán, Francisco Antonio (1932-1933), *Recordación florida. Discurso historial y demostración natural, material, militar y política del reyno de Guatemala*, prólogos de J. Antonio Villacorta C., Ramón A. Salazar y Sinforoso Aguilar, 3 vols., Guatemala, Sociedad de Geografía e Historia (Biblioteca Goathemala, VI-VIII).

Galdemar, Edith (1992), "Peintures faciales de la femme mexica: système chromatique des cosmétiques", *Estudios de cultura náhuatl*, vol. 22, UNAM, México, pp. 143-165.

Galinier, Jacques (1979), "N'y h . Les Indiens Otomis. Hiérarchie sociale et tradition dans le sud de la Huasteca", *Études Mésoaméricaines*, II-2. Mission Archéologique et Ethnologique Française au Mexique, Mexico.

Gallop, Rodney (1939), *Mexican Mosaic*, Faber and Faber Ltd., Londres.

Gamboa Cabezas, Luis Manuel (2007), "El palacio quemado, Tula", *Arqueología Mexicana*, vol. XV, núm. 85, mayo-junio, Raíces, México.

García Moll, Roberto, Felipe Solís y Jaime Bali (1990), *El tesoro de Moctezuma*, Colección Editorial de Arte Chrysler, México.

García Payón, José (1947), *Los monumentos arqueológicos de Malinalco*, Gobierno del Estado de México, México [edición conmemorativa del sesquicentenario de la erección del Estado de México 1824-1974, Biblioteca Enciclopédica del Estado de México, México, 1974].

García Sáiz, María Concepción (1989), *Las castas mexicanas. Un género pictórico americano*, Olivetti, Italia.

Garibay, Ángel María (1943), "Huehuetlatolli, Documento A", *Tlalocan*, vol. I, núm. 1, The House of Tlaloc, Sacramento, California.

_____ (1967), "Códice Carolino, manuscrito anónimo del siglo XVI en forma de adiciones a la primera edición del *Vocabulario* de Molina", *Estudios de cultura náhuatl*, UNAM, México, vol. II, pp. 11-58.

Gómez de Cervantes, Gonzalo (1944), *La vida económica y social de Nueva España al finalizar el siglo XVI*, Antigua Librería Robredo de José Porrúa e Hijos, México (Biblioteca Histórica Mexicana de Obras Inéditas, 19).

González-Hermosillo A., Francisco y Luis Reyes García (2002), *El Códice de Cholula. La exaltación testimonial de un linaje indio*, INAH/Gobierno del Estado de Puebla/ CIESAS/Miguel Ángel Porrúa, México.

Greenwalt, Crawford H. (1960), *Hummingbirds*, The American Museum of Natural History, Doubleady y Company, Inc., Garden City, Nueva York.

Gruzinski, Serge (1985), *Les hommes-dieux du Mexique. Pouvoir indien et société coloniale XVI-XVIIIème siècles*, Editions des Archives Contemporaines, París.

Harcourt, Raoul d' (1934), *Les textiles anciens du Pérou et leurs techniques*, Les Éditions d'Art et d'Histoire, París.

Haudricourt, André-Georges (1987), *La technologie, science humaine: recherches d'histoire et d'ethnologie des techniques*, Éditions de la Maison des Sciences de l'Homme, París.

Henniger, Roger (1974), "Notes sur l'Akhnif", *Cahier des Arts et Techniques d'Afrique du Nord*, STD éditeur, 7, pp. 37-41.

Hernández, Francisco (1960-1984), *Obras completas*, 7 t., UNAM, México.

Hosler, Dorothy y Guy Stresser-Péan (1992), "The Huastec Region: A Second Locus for the Production of Bronze Alloys in Ancient Mesoamerica", *Science*, vol. 257, agosto, pp. 1215-1220.

Jiménez Moreno, Wigberto (1958), *Historia antigua de México*, 3a. ed. mimeografiada, Escuela Nacional de Antropología e Historia, México.

Johnson, Irmgard Weitlaner (1953), "El quechquémitl y el huipil", *Huastecos, totonacos y sus vecinos*, Ignacio Bernal y Eusebio Dávalos Hurtado (eds.), *Revista Mexicana de Estudios Antropológicos*, t. XIII, 2 y 3, México, pp. 241- 257.

——— (1954), "Chiptic Caves Textiles from Chiapas. Mexico", *Journal de la Société des Américanistes*, 43, París, pp. 137-147.

——— (1957a), "An Analysis of Some Textile Fragments from Yagul", *Mesoamerican Notes*, 5, México, pp. 77-81.

——— (1957b), "Survival of Feather Ornamented Huipiles in Chiapas, Mexico", *Journal de la Société des Américanistes*, 46, París, pp. 189-196.

——— (1959a), "Un antiguo huipil de ofrenda decorado con pintura", *Revista Mexicana de Estudios Antropológicos*, 15, México, pp. 115-122.

——— (1959b), "Hilado y tejido", *Esplendor del México antiguo*, t. 1, Centro de Investigaciones Antropológicas de México, México, pp. 439-478.

——— (1960), "Un tzotzopaztli antiguo de la región de Tehuacán", *Anales 1957-1958*, t. XI, núm. 10, INAH, México, pp. 75-85.

——— (1962), "Cooper-Preserved Textiles from Michoacán and Guerrero", XXXV Congreso Internacional de Americanistas, México, 1, pp. 525-536.

——— (1966), "Análisis textil del Lienzo de Ocotepec", *Summa Anthropologica* en homenaje a Roberto J. Weitlaner, INAH, México.

——— (1966-1967), "Miniatura Garments Found in Mixteca Alta Caves, Mexico", Fol., vol. 8-9, Kobenhavn, pp. 179-190.

——— (1970), "A Painted Textile from Tenancingo, Mexico", *Archiv für Völkerkunde 24*, Museum für Völkerkunde, Im Selbstverlag, Viena, pp. 265-272.

——— (1977), *Los textiles de la Cueva de la Candelaria, Coahuila*, INAH, México.

——— (1988), "Fragmento de un huipil emplumado del siglo XVI", comunicación leída en el Simposio Internacional: "Tehuacán y su entorno. Balance y perspectivas", Tehuacán, Puebla.

——— (1989), "Antiguo manto de plumón de San Miguel Zinacantepec y otros tejidos emplumados de la época colonial", *Enquêtes sur l'Amérique Moyenne*, Mélanges offerts à Guy Stresser-Péan, INAH/CEMCA, México, pp. 163-184.

——— (1996), "Análisis de un tejido de Tlatelolco", *Tlatelolco a través de los tiempos: 50 años después (1944-1994): 1. Arqueología*, Francisco González Rul (ed.), México, pp. 387-390.

——— (1997), "Un xicolli miniatura de la cueva de Atzcala, Guerrero", *Arqueología* núm. 18, segunda época, julio-diciembre, INAH, México, pp. 139-150.

Kankainen, Kathy (ed.) (1995), *Treading in the Past, Sandals of the Anasazi*, University of Utah Press, Salt Lake City.

Kirchhoff, Paul (1967), "Mesoamérica, sus límites geográficos, composición étnica y caracteres culturales", *Tlatoani* 3, 3a. ed., ENAH, México.

Landa, fray Diego de (1938), *Relación de las Cosas de Yucatán sacada de lo que escribió el padre Fray Diego de Landa de la orden de San Francisco*, MDLXVI de la ed. yucateca; precedida de una "Nota sobre la vida y escritos de Fray Diego de Landa", escrita por el prof. Alfredo Barrera Vásquez, Triay e hijos, Mérida, Yucatán, Porrúa, México (Biblioteca Porrúa, 13).

_____ (1959), *Relación de las cosas de Yucatán*, 8a. ed., introducción de A. M. Garibay, Porrúa, México (Biblioteca Porrúa, 13).

Landa A., María Elena, Eduardo Pareyón M. *et al.* (1988), *La Garrafa*, Gobierno del Estado de Puebla/Centro Regional de Puebla/INAH/SEP, México.

Larsen, Helga (1964), "Trip from Chichen Itza to Xcacal", *Ethnos*: 1-2, pp. 6-42.

León-Portilla, Miguel (1972), "Religión de los Nicaraos. Análisis y comparación de tradiciones culturales nahuas", *Estudios de cultura náhuatl*, núm. 10, UNAM, México, pp. 11-112.

_____ (2005), "El Tonalámatl de los pochtecas (Códice Fejérváry-Mayer)", *Arqueología Mexicana*, edición especial: *Códices*, núm. 18, febrero, Raíces, México.

Leopold, A. Starker (1959), *Wildlife of Mexico. The Game Birds and Mammals*, University of California, Berkeley y Los Ángeles.

Lienzo de Tlaxcala (El) (1983), textos de Josefina García Quintana y Carlos Martínez Marín; edición privada de Papel y Cartón de México, México (Colección Cultura y Pasado de México).

López Austin, Alfredo (1980), *Cuerpo humano e ideología. Las concepciones de los antiguos nahuas*, 2 vols, UNAM, México.

López Luján, Leonardo (1993), *Las ofrendas del Templo Mayor de Tenochtitlan*, INAH, México.

_____ y Marie-France Fauvet-Berthelot (2005), *Aztèques. La collection de sculptures du Musée du Quai Branly*, Musée du Quai Branly, París.

_____ (2006), "La Casa de las Águilas. Un ejemplo de la arquitectura religiosa de Tenochtitlan", *Mesoamerican Archive and Research Project*, 2 t., Harvard University/Conaculta/INAH/FCE, México.

Lothrop, Samuel Kirkland (1936), *Zacualpa. A Study of Ancient Quiche Artifacts*, Carnegie Institution, Publ. 472, Washington, D. C.

Lothrop, Joy Marler (1992), "Textiles", *Artifacts from the Cenote of Sacrifice Chichen Itza, Yucatan*, Clemency Chase Coggins (ed.), Peabody Museum of Archaeology & Ethnology, Harvard University, vol. 10, núm. 3, Cambridge, Mass., pp. 33-90.

Lowe, Gareth W. (1981), "Olmec Horizons Defined in Mound 20, San Isidro, Chiapas", E. P. Benson (ed.), *The Olmec & their Neighbors. Essays in Memory of Matthew W. Stirling*, Washington, D. C. y Dumbarton Oaks, pp. 231-255.

Lumholtz, M. A., Carl (1902), *Unknown Mexico*, 2 vols., Charles Scribner's Sons, Nueva York.

_____ (1986), *El México desconocido*, 2 t., Instituto Nacional Indigenista, México.

Mac Neish, Richard S. (1967), *The Prehistory of the Tehuacan Valley*, 2 vols. I, publicado por Robert S. Peabody Foundation, University of Texas Press, Austin y Londres.

Manuscrit Tovar. Origines et croyances des Indiens du Mexique (1972), relación de los indios que habitan en esta Nueva España según sus historias. Tratado de los ritos y ceremonias y dioses que en su gentilidad usaban los indios de esta Nueva España. Édition Jacques Lafaye, Akademische-u. Verlagsanstalt, Graz.

Mastache, Guadalupe (1996), "El tejido en el México antiguo", *Arqueología Mexicana*, edición especial, núm. 19, Raíces, México, pp. 17-25.

————, Robert Cobean y Dan Healan (2002), *Ancient Tollan, Tula and the Toltecs Heartland*, University Press of Colorado, Colorado.

Matos Moctezuma, Eduardo (1988), *Ofrendas*, Hewlett Packard, México.

———— y Felipe Solís (2002), *Aztecas*, catálogo, publicaciones de la Royal Academy of Arts, con el apoyo de México Tourism Board, Pemex/Conaculta/INAH, México.

Matrícula de Tributos (1980), Kommentar: Frances Berdan, Jacqueline de Durand-Forest, Akademische Drück u. Verlagsanstalt, Graz.

Melgarejo Vivanco, José Luis (1970), *Los Lienzos de Tuxpan*, fotografía de Manuel Álvarez Bravo, La Estampa Mexicana, México.

Meneses Lozano, Héctor Manuel (2008), *Un paño novohispano, tesoro del arte plumaria*, Adabis Mexico, Museo Textil de Oaxaca, México.

Menonville, Thierry de (1787), *Traité de la culture du nopal et de l'éducation de la cochenille dans les colonies françaises de l'Amérique; précédé d'un Voyage à Guaxaca... avec des figures coloriées*; recueilli et publié par le Cercle des Philadelphes établi au Cap-Français. La veuve Herbault... 2 vols.

———— (2005), *Tratado del cultivo del nopal y de la crianza de la cochinilla precedido de un viaje a Guaxaca*, Conaculta, México.

Molina, fray Alonso de (1970 [1571]), *Vocabulario en lengua castellana y mexicana y mexicana y castellana*, 4a. ed., Porrúa, México (Biblioteca Porrúa).

Moliner, María (1989), *Diccionario del uso del español*, 2 t., Gredos, Madrid.

Morett Alatorre, Luis, Fernando Sánchez Martínez y José Luis Alvarado (2000), "Ofrendas agrarias del Formativo en Ticumán, Morelos", Jaime Litvak y Lorena Mirambell (coords.), *Arqueología, historia y antropología. In memoriam José Luis Lorenzo Bautista*, INAH, México (Colección Científica), pp. 103-115.

Morris, Desmond (1968), *Le singe nu*, Bernard Grasset, París.

———— (1967), *The Naked Ape*, Jonathan Cape editores, Londres.

———— (1973), *El mono desnudo*, Plaza y Janés, Barcelona.

Morris, Earl, H. Jean Charlot y Ann Axtell Morris (1931), *The Temple of Warriors at Chichen Itzá, Yucatan*, publicado por The Carnegie Institution of Washington, núm. 406, 2 vols., Washington, D. C.

Morris, Percy A. (1966), *A Field Guide to Pacific Coast Shells. Including Shells of Hawaii and the Gulf of California*, National Audubon Society and National Wildlife Federation, Houghton Mifflin Company, Boston.

Muñoz Camargo, Diego (1972), *Historia de Tlaxcala*, facsímil de la edición de 1892, Edmundo Alviña Levy (ed.), Guadalajara.

Muñoz Camargo, Diego (1981), *Descripción de la ciudad y provincia de Tlaxcala de las Indias y del Mar Océano para el buen gobierno y ennoblecimiento dellas*, edición facsimilar del manuscrito de Glasgow con un estudio preliminar de René Acuña, UNAM, México.

Nicholson, H. B. y Eloise Quiñones Keber (1983), *Art of Aztec Mexico: Treasures of Tenochtitlan*, National Gallery of Art, Washington, D. C.

Noguera, Eduardo (1935), "La cerámica de Tenayuca y las excavaciones estratigráficas", *Tenayuca*, Departamento de Monumentos, SEP, México.

Núñez Cabeza de Vaca, Álvar (1944), "Naufragios de Álvar Nuñez Cabeza de Vaca y relación de la jornada...", *Páginas para la historia de Sinaloa y Sonora*, t. I, Layac, México, pp. 9-74.

_____ (1980), *Naufrages et relation du voyage fait en Floride. Commentaires de l'adelantado et gouverneur du Río de la Plata*, introducción, notas y traducción de Patrick Menget, Fayard éd., París.

_____ (1985), *Naufragios*, edición de Trinidad Barrera, Alianza, Madrid.

Olivier, Guilhem (1997), *Moqueries et métamorphoses d'un dieu aztèque. Tezcatlipoca, le "Seigneur au miroir fumant"*, Institut d'Ethnologie, París, con el concurso del Centre Français d'Études Mexicaines et Centroaméricaines, París.

_____ (1999-2000), "Mixcoatl, 'Serpent de Nuage', étude d'une divinité de l'ancien Mexique", *Annuaire de l'École Pratique des Hautes Études*, t. 108, París, pp. 83-89.

_____ (2001), "Images et discours: à propos de quelques représentations de Mixcoatl, divinité des anciens Mexicains", *L'image au Mexique. Usages, appropriations et transgressions*, CEMCA/L'Harmattan, París, pp. 35-50.

_____ (coord.) (2008), *Viaje a la Huasteca con Guy Stresser-Péan*, FCE/CEMCA, México.

Ortiz Echagüe, José (1953), *España. Tipos y trajes*, Publicaciones Ortiz Echagüe, Madrid y Bilbao.

Ortiz Macedo, Luis (1989), *Edouard Pingret. Un pintor romántico francés que retrató el México del mediar del siglo XIX*, Fomento Cultural Banamex, México.

Otis Charlton, Cynthia, L. (1993), "Obsidian as Jewelry. Lapidary Production in Aztec Otumba, Mexico", *Ancient Mesoamerica*, vol. 4, núm. 2, pp. 231-243.

Paso y Troncoso, Francisco del (1905), *Papeles de Nueva España*, t. IV, *Relaciones geográficas de la diócesis de Oaxaca*, 2ª serie, La Real Casa, Madrid, p. 55.

Pastoureau, Michel (2000), *Bleu, histoire d'une couleur*, Éditions du Seuil, París.

Pastrana Cruz, Alejandro (2007), *La distribución de la obsidiana de la Triple alianza en la Cuenca de México*, INAH, México (Colección Científica).

Pérez-Castro Lira, Guillermo (1989), *El cuauhxicalli de Moctezuma I, Arqueología* 5, INAH, México, pp. 131-151.

Peterson, Roger y Eduard L. Chalif (1973), *A Field Guide to Mexican Birds*, The Peterson Field Guide Series, National Audubon Society, National Wildlife Federation, Houghton Mifflin Company Boston.

Piho, Virve (1973), *El peinado entre los mexicas, formas y significados*, tesis mecanografiada, UNAM, México (inédita).

Piña Chan, Román (1968), *Jaina, la casa en el agua*, INAH, México.

Pomar, Juan Bautista de (1891), "Relación de la ciudad y provincia de Tezcoco", *Relaciones geográficas del siglo XVI*, t. 8, UNAM, México, 1986, pp. 20-114.

Ponce, fray Alonso (1873), *Relación breve y verdadera de algunas cosas de las muchas que sucedieron al padre fray Alonso Ponce en las provincias de Nueva España siendo comisario general de aquellas partes, escrita por dos religiosos sus compañeros*, 2 vols., Madrid.

Prem, Hanns J. (1974), *Matrícula de Huexotzinco* (Ms. mex. 387 de la Bibliothèque Nationale de Paris), introducción de Pedro Carrasco, Akademische Druck-u Verlagsanstalt, Graz.

Proskouriakoff, Tatiana (1974), *An Inscription on a Jade Probably Carved at Piedras Negras*, Carnegie Institution of Washington, Notes on Middle American Archaeology and Ethnology, núm. 47, Washington, D. C.

Ragot, Nathalie (2000), "Les au-delàs aztèques", *Paris Monographs in American Archaeology* 7, Series Editor: Eric Taladoire, The Basingstoke Press, Oxford, Inglaterra (Bar International Series, 881).

Ramírez Castilla, Gustavo A. (2000), "El entierro doble de Tierra Alta", *Arqueología Mexicana*, vol. VIII, núm. 44, julio-agosto, Raíces, México, pp. 68-71.

_____, Sophie Marchegay y Alejandra Sosa Florescano (2006), *Piedra, arcilla y caracol. Obras maestras del Museo de la Cultura Huasteca*, Tractebel-Suez, Tampico.

Real Academia Española (1992), *Diccionario de la lengua española*, Espasa Calpe, Madrid.

Relación de la conquista que hizo Nuño Beltrán de Guzmán (1963), anónima segunda del Instituto Jalisciense de Antropología e Historia, Crónicas del reino de Nueva Galicia, en territorio de la Nueva España, Guadalajara.

"Relación de Michoacán" (2000), *Relación de las ceremonias y ritos y población y gobierno de los indios de la provincia de Michoacán*, Jerónimo de Alcalá y Moisés Franco Mendoza (coord. de ed. y est.), El Colegio de Michoacán, Gobierno del Estado de Michoacán, Zamora.

Relaciones geográficas del siglo XVI (1982-1988), René Acuña (ed.), 10 vols., UNAM, México.

Relaciones histórico-geográficas de la gobernación de Yucatán (Mérida, Valladolid y Tabasco) (1983), Mercedes de la Garza (coord.), 2 t., Instituto de Investigaciones Filológicas-UNAM/Centro de Estudios Mayas, México.

Rivet, Paul y Henri Arsandaux (1946), "La métallurgie en Amérique précolombienne", *Travaux et mémoires de l'Institut d'Ethnologie XXXIX*, París, pp. 182-185.

Roche, Daniel (1989), *La culture des apparences. Une histoire du vêtement XVIIe-XVIIIe siècle*, Fayard, París.

Romanría de Cantú, Graciela y Román Piña Chan (1993), *Adela Breton, una artista británica en México (1894-1908)*, Mario de la Torre (ed.), edición privada de Smurfit Cartón y Papel de México, México.

Ruvalcaba, Jesús y Ariane Baroni (1994), *Congregaciones civiles de Tulancingo*, CIESAS, México.

Ruz Lhuillier, Alberto (1965), *Costumbres funerarias de los antiguos mayas*, tesis de doctorado en Ciencias Antropológicas, Facultad de Filosofía y Letras-UNAM, México.

_____ (1973), *El templo de las inscripciones. Palenque*, INAH/SEP, México (Colección Científica, Arqueología 7).

Sahagún, fray Bernardino de (1905-1907), *Códices Matritenses (de Real Palacio y de la Real Academia de la Historia)*, edición parcial de F. del Paso y Troncoso, 4 vols., Madrid.

———— (1938), *Historia general de las cosas de Nueva España*, 5 vols., Pedro Robredo editor, México.

———— (1950-1969), *Florentine Codex*, traducido del azteca por Charles E. Dibble y Arthur J. O. Anderson, en trece partes, vols. 1-13, University of Utah, Salt Lake City.

———— (1956), *Historia general de las cosas de la Nueva España*, edición de Ángel Ma. Garibay K., 4 vols., Porrúa, México.

———— (1982), *Historia general de las cosas de la Nueva España*, introducción, paleografía, glosario y notas de Alfredo López Austin y Josefina García Quintana, 2 t., Fomento Cultural Banamex, México.

———— (1993), *Primeros memoriales*, facsímil, edición y fotografia de Ferdinand Anders, University of Oklahoma Press, Norman.

———— (1997), *Primeros memoriales*, paleografía y traducción del náhuatl al inglés por Thelma Sullivan, University of Oklahoma Press, Norman.

Sánchez Martínez, Fernando, José Luis Alvarado y Luis Morett Alatorre (1998), "Las cuevas del Gallo y de la Chagüera. Inventario arqueobotánico e inferencias", *Arqueología*, núm. 19, segunda época, enero-junio, INAH, México, pp. 81-89.

Santamaría, Francisco J. (1978), *Diccionario de mejicanismos*, Porrúa, México.

Saville, Marshall H. (1920), *The Golsdmith's Art in Ancient Mexico*, Museum of the American Indian, Heye Foundation, Nueva York.

Scheinman, Pamela (2005), "Ixcacles: Maguey-fiber Sandals in Modern Mexico", *The Latin American Fashion Reader*, Regina Root (ed.), Berg Publishers Londres, junio, pp. 79-92.

Scott, Sue (1993), *Teotihuacan Mazapan Figurines and the Xipe Totec Statue: A Link between the Basin of Mexico and the Valley of Oaxaca*, Vanderbilt University, Publications in Anthropology núm. 44, Nashville, Tennessee.

Séguy, E. (1936), *Code universel des couleurs*, Encyclopédie Pratique du Naturaliste, Paul Lechevalier editor, Librairie pour les Sciences Naturelles, París.

Séjourné, Laurette (1966), *El lenguaje de las formas en Toetihuacán*, Litoarte, México.

Seler, Eduard (1960-1967), *Gesammelte Abhandlungen zur Amerikanischen Sprach-und Alterthumskunde*, 6 vols, Berlín, 1902-1923 (2a. ed.; 6 vols.), Akademische Druck-u. Verlagsanstalt, Graz.

———— (1963), *Códice Borgia*, facsímil, 2 vols., Fondo de Cultura Económica, México (Sección de Obras de Antropología).

Serra Puche, Mari Carmen (1998), *Xochitécatl*, Gobierno del Estado de Tlaxcala, Tlaxcala.

———— (2001), "The Concept of Feminine Places in Mesoamerica. The Case of Xochitécatl, Tlaxcala, Mexico", *Gender in Pre-Hispanic America*, simposio en Dumbarton, Oaks, 12 y 13 de octubre de 1996, Dumbarton Oaks Research Library and Collection, Washington, D. C., pp. 255-283.

Siméon, Rémi (1965), *Dictionnaire de la langue nahuatl ou mexicaine*, Akademische Druck-u. Verlagsanstalt, Graz.

Siméon, Rémi (1977), *Diccionario de la lengua náhuatl o mexicana*, Siglo XXI, México.

Solís, Felipe (1981), *Escultura del Castillo de Teayo*, Veracruz, México. Catálogo, Instituto de Investigaciones Estéticas-UNAM, México (Cuadernos de Historia del Arte, 16).

———— (1982), *El Estado azteca y sus manifestaciones escultóricas. Análisis de la escultura antropomorfa*, tesis profesional, México (inédita).

———— (1991), *Gloria y fama mexica*, Mario de la Torre (ed.), Smurfit Cartón y Papel de México, México.

———— y Martha Carmona (1995), *El oro precolombino de México. Colecciones mixteca y azteca*, Américo Arte Editores/Ixe, México.

———— (2001), "La época mexica revelada por estudios arqueológicos", *Descubridores del pasado en Mesoamérica*, Antiguo Colegio de San Ildefonso, México.

Soustelle, Jacques (1937), *La famille Otomi-Pame du Mexique Central*, Institut d'Ethnologie, París.

———— (1955), *La vie quotidienne des Aztèques à la veille de la conquête espagnole*, Hachette, París.

Spranz, Bodo (1982), "Archaeology and the Art of Mexican Picture Writing", *The Art and Iconography of Late Post-Classic Central Mexico*, conferencia en Dumbarton Oaks, el 22 y 23 de octubre de 1977, Dumbarton Oaks, Trustees for Harvard University, Washington, D. C., pp. 159-173.

Starr, Frederick (1899), *Indians of Southern Mexico. An Ethnographic Album*, Chicago.

———— (1900), *Notes Upon the Ethnography of Southern Mexico* (reprinted from Volume III, Proceedings of Davenport Academy of Natural Sciences, Davenport, Iowa), Putnam Memorial Publication Fund.

———— (1908), *In Indian Mexico. A Narrative of Travel and Labour*, Forbes and Company, Chicago.

Stresser-Péan, Guy (1953), "Les Indiens huastèques", Ignacio Bernal y Eusebio Dávalos H. (eds.), *Huastecos, totonacos y sus vecinos*, Sociedad Mexicana de Antropología, México.

———— (1962), "La légende aztèque de la naissance du soleil et de la lune", *Annuaire 1961-1962, École Pratique des Hautes Études*, Section des Sciences Religieuses, París.

———— (1971), "Ancient Sources on the Huasteca", vol. 11, *Handbook of Middle American Indians*, University of Texas Press, Austin.

———— (1977), *San Antonio Nogalar. La Sierra de Tamaulipas et la frontière Nord-est de la Mésoamérique*, Mission Archéologique et Ethnologique au Mexique, México (Collection Études Mésoaméricaines, 3).

———— (1982), "Joyas de oro desconocidas de la antigua colección Bellon, en Oaxaca", *Anales de Antropología*, vol. XIX, México, pp. 187-190.

———— (1998), *Les Lienzos d'Acaxochitlán, Hidalgo, et leur importance pour l'histoire du peuplement de la Sierra nord de Puebla et des zones voisines*, coédition de l'état de Hidalgo et du CEMCA, México.

———— (2003), "El antiguo calendario totonaco y sus probables vínculos con el de Teotihuacan", *Estudios de cultura náhuatl* 34, Instituto de Investigaciones Históricas-UNAM, México, pp. 15-66.

Stresser-Péan, Guy (2005), *Le Soleil-Dieu et le Christ. La christianisation des Indiens du Mexique vue de la Sierra de Puebla*, L'Harmattan, París.

Stresser-Péan, Guy, y Claude Stresser-Péan (2001, 2005), *Tamtok. Sitio arqueológico huasteco*, 2 vols., Gobierno del Estado de San Luis Potosí/Conaculta/INAH/Fomento Cultural Banamex/CEMCA, México.

Suárez de Peralta, J. (1878), *Noticias históricas de la Nueva España*, publicado por Justo Zaragoza con el auspicio del Ministerio de Fomento, Hernández Impr., Madrid.

Sugiyama, Saburo *et al.* (2004), *Viaje al centro de la Pirámide de la Luna*, Conaculta/INAH, Arizona State University, catálogo de la exposición temporal en el Museo Nacional de Antropología, México, mayo-agosto de 2004.

_____ y Leonardo López Luján (eds.) (2006), Sacrificios de consagración en le Pirámide de la Luna, Museo del Templo Mayor, Arizona State University, México.

_____ (2007), "Dedicatory burial/Offering complexes at the Moon Pyramid, Teotihuacan", *Ancient Mesoamerica* 189, Cambridge University Press, Cambridge.

Swadesh, Morris (1954-1955), "Algunas fechas glotocronológicas importantes para la prehistoria nahua", *Revista Mexicana de Estudios Antropológicos*, t. 14-1, pp. 173-192.

_____ y Madalena Sancho (1966), *Los mil eventos del mexicano clásico, base analítica de la lengua nahua*, UNAM, México.

Taylor, Walter W. (2003), *Sandals from Coahuila Caves*, Dumbarton Oaks Research Library and Collection, Studies in Pre-Columbian Art & Archaeology núm. 35, Washington, D. C.

Tezozómoc, Hernando Alvarado (1878), *Crónica mexicana*, Imprenta y litografía de Irineo Paz, México.

Thouvenot, Marc (1982), *Chalchiuitl. Le jade chez les Aztèques*, ouvrage publié avec le concours du Centre National de la Recherche Scientifique, Institut d'Ethnologie, Musée de l'Homme, París.

Torquemada, fray Juan de (1975-1983), *Monarquía indiana*, 7 t., Miguel León-Portilla (ed.), UNAM, México.

Toscano, Salvador (1970), *Arte precolombino de México y de la América Central*, Instituto de Investigaciones Estéticas-UNAM, México.

Thompson, J. Eric S. (1958), *Grandeur et décadence de la civilisation maya*, Payot, París.

Vaillant, George C. (1941), *Aztecs of México. Origin, Rise and Fall of the Aztec Nation*, Doubleday, Doran and Company, Inc., Garden City, Nueva York.

Velázquez Castro, Adrián *et al.* (2004), *Ofrendas de concha: tesoros de fertilidad*, Conaculta/INAH-Museo del Templo Mayor, México.

_____ (2006), "Producción de objetos de concha en el Templo Mayor", *Arqueología Mexicana*, vol. XIV, núm. 80, julio-agosto, Raíces, México.

Vié-Wohrer, Anne-Marie (1999), *Xipe Totec, Notre seigneur l'écorché. Étude glyphique d'un dieu aztèque*, 2 vols., CEMCA, México.

Zingg, Robert M. (1940), *Report on Archaeology of Southern Chihuahua*, Contributions to the University of Denver, Denver.

ÍNDICE GENERAL

De la vestimenta y los hombres. Una perspectiva histórica de la indumentaria indígena en México, de Claude Stresser-Péan, se terminó de imprimir en el mes de julio de 2012 en Impresora y Encuadernadora Progreso S. A. de C. V. En su composición se utilizaron tipos New Aster. La edición, al cuidado de la autora y Agustín Herrera Reyes, consta de 2 000 ejemplares